나만 몰랐던 가격의 진실

담합 이야기

이성복 지음

COLLUSION

우리 생활에 너무나 밀접한
'가격'의 진실에 대한 이야기

생각의집

차 례

서문 – 담합을 잡아라.

우리나라 시장 대부분은 몇몇 기업이 시장을 지배하는 과점시장이다. 이때 기업은 초과이윤을 얻는다. 그런데도 기업은 더 많은 초과이윤을 얻기 위해 다른 기업과 담합하고 싶어 한다. 가격을 높게 올리고 서로 경쟁하지 말자고 몰래 약속한다. 기업은 본능적으로 경쟁을 싫어하고 독점을 좋아하기 때문이다. 이러한 현실을 고려할 때 기업에게 시장을 내맡기는 것은 시장경제의 꽃인 경쟁을 포기하는 것과 같을 수 있다.

  그렇다고 경쟁이 항상 좋은 것일까? 나쁠 때도 있다. 담합도 마찬가지다. 항상 나쁘지 않다. 좋을 때도 있다. 물론 어느 누구도 나쁜 경쟁과 좋은 담합이 존재할 수 있다는 것에 쉽게 동의하지 않을 듯하다. 사람은 누구나 마음속에 두 마리의 개를 키운다고 한다. 편견과 선입견이다. 그런데 이들을 잠재울 수 있는 또 다른 개가 있다고 한다. 어떤 이는 백문이불여일견百聞而不如一見이라고 한다. 필자는 식견識見이라고 생각한다. 그렇다. 이 책은 경쟁과 담합에 대한 우리의 편견과 선입견에 작은 돌을 던지기 위해 쓰였다. 필자는 담합이 항상 나쁘다고 생각하지 않는다. 이 책을 읽다 보면 담합이 좋을 때도 있다는 것을 부인하지 못할 것이다.

이 책은 크게 세 부분으로 구성되어 있다. 제1장부터 제4장까지는 '기업은 왜 담합하는 것일까?'에 대한 정답을 우리가 사는 세상 속에서 찾고자 하였다. 필자의 주장에 수긍하는 독자도 있겠지만, 반문을 던지는 독자도 있을 것이다. 제5장부터 제8장까지는 '기업은 왜 담합하는 것일까?'를 경제학 이론에 입각하여 풀어내고자 하였다. 글로만 설명하기가 어려워 부득이하게 수학을 조금 사용하였다. 오랜 세월로 수식이 읽히지 않으면 수식은 건너뛰듯 읽어도 괜찮다. 이 책에서 사용된 수학의 기본개념은 부록 1에 정리되어 있다. 제9장부터 제12장까지는 담합 규제와 관련된 전반의 내용을 상세히 다루었다. 직장인이라면 두세 번 읽어볼 것을 권한다.

이 책에는 여러 담합사건이 기록되어 있다. 담합사건을 재구성해야 할 때 공정거래위원회 의결서, 법원 판결문, 정부 보도자료, 신문 기사, 학술논문, 블로그 등 많은 자료를 참고하였다. 이 책에서 인용한 참고 문헌에 관한 정보는 부록 2에 나열되어 있다. 참고로 필자는 이 책의 본문에서 인용한 참고 문헌을 독자가 부록 2에서 쉽게 찾아볼 수 있도록 각 장마다 위 첨자 번호로 표시하였다. 이 책에 쓰인 그림의 자료나 출처도 부록 2에서 찾아볼 수 있도록 동일한 방식으로 표시하였다. 한편 이 책에는 쉽게 기억되지 않을 전문 용어가 많이 실려 있다. 마치 표도르 도스토옙스키Fyodor M. Dostoevsky(1821-1881)의 소설 「카라마조프 가의 형제」에 나오는 인물들의 이름처럼 말이다. 이 책에 쓰인 전문 용어의

색인은 부록 3에 기록되어 있다. 그 뜻을 다시 찾고 싶을 때 참고하길 바란다.

이 책은 전문서적에 가까운 교양서적이다. 필자가 이 책을 쓰기로 처음 작심했을 때 시중에서 담합을 다룬 책을 찾아보기란 쉽지 않았다. 담합에 관한 책 자체가 없었다. 놀라웠다. 필자는 이 책을 집필하면서 그 이유를 깨달았다. 담합을 쉽게 설명한다는 것은 어려운 작업이었다. 필자도 쓰기 어려운데 누가 이 책을 사서 읽겠는가? 필자보다 훌륭한 전문가들도 그렇게 생각했을 법하다. 한 친구는 필자에게 잘 팔리지도 않을 책은 쓰지 않는 게 좋겠다고 조언하였다. 하지만 필자는 그 친구의 조언을 따르지 않기로 결정하였다. 이 책을 6년 넘게 집필하는 동안 아무도 담합을 다룬 책을 내지 않았다는 사실이 필자에게 위로가 되었다. 필자도 경쟁보다는 독점을 사랑한다. 누구나 그럴 것이라고 확신한다.

필자는 이 책이 모든 직장인에게 큰 도움과 위로가 되길 바란다. 지금도 수많은 직장인들은 담합으로 오인당할 수 있는 행위에 자의 반 타의 반으로 연루되어 있다. 담합이 중대한 경제 범죄인 줄 알면서 말이다. 기업도 이 책에 큰 관심을 가져주길 바란다. 기업이 공정한 경쟁을 추구할 때 비로소 시장경제가 꽃을 피울 수 있다. 제10대 공정거래위원회 전윤철(1939–) 위원장의 말씀이다. 담합을 규제하는 공정거래위원회 사무처에 속한 공무원도 이 책을 많이 읽어주면 좋겠다. 기업이 왜 담합하는지를 잘 알아야 할 테니 말이다. 한편 필자는 이 책을 읽고 독자가 담합을 제대로 이해하기를 바라는 마음에서 이 책의 제목을 '담합을 잡아라'로 쓰고 싶었다. 서문에 필자의 아쉬움을 남기는 것으로 그 마음을 달래 본다.

이 책을 구성하고 집필하는 데 아내의 조언이 가장 컸다. 철없는 남편을 믿어주는 그 힘은 필자를 살리는 자양분이다. 이 책을 새까맣게 잊고 있을 때마다 "책은 어떻게 되가요?"라며 물어준 아들과 딸에게도 '깊이 사랑하노라.'라고 전한다. 이 책이 나오면 제일 기뻐하실 분은 어머니시다. 어머니께 평생 진 빚을 언제나 갚을 수 있을는지. 끝으로 이 책을 읽어주실 모든 독자께도 진심으로 감사드린다.

2019년 10월 一山에서,

이성복.

제 1 장

라면가격 담합사건

장사꾼들의 담합이 없는 곳은 없다.[1]

– 「영웅 2300」 중에서 –

담합collusion은 몇몇 기업이 공동으로 경쟁competition을 제한하기 위해 남 모르게 자기들끼리 짜고 하는 약속이나 수작을 뜻한다. 순수한 우리말로 짬짜미라고 부른다. 그렇다면 기업은 왜 담합하는 것일까? 서로 경쟁하는 것보다 서로 경쟁을 자제하는 것이 더 이득이기 때문일 것이다. 과연 이 때문만일까? 이 질문에 대한 답변은 각자의 입장에 따라 다를 수 있다.

기업 입장에서 생각해 보자. 기업은 담합하지 않았어도 억울하게 오인당할 때가 있다. 어쩌다 보니 모든 기업이 가격을 동일하게 올리거나 내리는 경우가 그렇다. 원가가 인상되면 가격이 동일하게 올라갈 수 있고, 경쟁하다 보면 가격이 동일하게 내려갈 수 있다. 어쩔 수 없이 담합을 선택할 때도 있다. 부당하게 더 많은 이윤을 취하려고 하는 것이 아니다. 너무 심하게 경쟁하는 것을 자제하려고 할 뿐이다. 경쟁은 언제나 기업에게 잔혹한 고문과 같다.

소비자 입장에서 생각해 보자. 가격은 낮을수록 좋다. 기업이 경쟁해야 가격도 낮아지고 품질도 좋아진다. 그런데 왜 기업마다 가격이 저렇게 똑같은지 모르겠다. 어떻게 가격을 똑같게 올리는지 의심될 때가 많다. 기업이 담합하면 소비자는 상품이나 서비스를 더 비싸게 사거나 이용해야 한다. 소비자가 누릴 수 있는 혜택이 줄어들 수밖에 없다. 화가 날 수밖에 없다. 기업의 담합은 있어서는 안 될 일이다.

정부 입장에서 생각해 보자. 정부는 「독점규제 및 공정거래에 관한 법률」(이하, 공정거래법) 제1조에 따라 국가경제의 균형 있는 발전과 자유로운 경쟁의 촉진과 소비자의 권익을 보호할 책임을 갖는다. 그런데 기업의 담합은 소비자가 얻을 수 있는 행복을 빼앗는다. 다른 기업의 자유로운 경쟁을 제한한다. 국가경제의 균형 있는 발전을 어렵게 한다. 정부가 담합을 중대한 경제 범죄로 규정하고 담합하는 기업을 엄벌하는 이유다. 그렇지 않으면 소비자가 정부를 비난할 것이기 때문이다.

이렇게 기업, 소비자, 정부는 자신의 이해와 입장에 따라 기업의 담합을 달리 본다. 2012년 3월에 공정거래위원회가 발표한 라면가격 담합사건도 마찬가지였다. 라면회사는 어쩌다 보니 라면가격을 비슷한 시기에 비슷한 폭으로 올렸다. 라면을 사랑하는 소비자는 라면가격 담합소

식에 '어떻게 먹는 걸로 장난치냐?'며 탄식을 터뜨렸을 것이다. 정부는 라면회사들이 담합하지 않고서는 몇 차례나 그렇게 똑같이 라면가격을 인상할 리가 없다고 주장한다. 과연 라면회사들은 담합한 것일까? 아니라면 왜 정부는 그들이 라면가격을 담합하였다고 보았던 것일까? 누구의 말이 맞든지 소비자의 상한 기분을 되돌리기는 쉽지 않을 듯하다.

수상한 라면가격

라면은 우리에게 특별한 국민식품이다. 어렸을 적에 누군가 라면을 먹고 있으면, 한 입만이라도 달라고 떼쓰던 시절도 있었다. 라면 앞에서 굴욕이란 말은 사치였다. 소설가 이외수(1946-)는 자신이 고생하던 시절에 라면이라도 사 먹을 수 있었다면 열흘씩 물배만 채우고 살지는 않았을 것이라고 말하였다.[2] 2010년 2월 5일에 방송된 MBC 창사 48주년 특집 다큐멘터리 「아마존의 눈물」의 에필로그 [250일간의 여정]에서는 라면을 이렇게 극찬하였다.[3] "짭짭… 어흐… 도대체 누가 만든 거냐. 정말 노벨 평화상 감이야~ 후루룩~." 산꼭대기에 올라가서까지 컵라면을 먹는 것도 우리나라 국민의 유별난 라면 사랑 때문일 것이다. 몇몇 국내 항공사는 비즈니스석 고객에게 간식으로 라면을 끓여준다. 이코노미석 고객에게도 컵라면을 제공할 때도 있다.

그뿐만이 아니다. 우리나라 라면은 전 세계적으로도 유명하다. 전 세계 100여 개 국가가 한국 라면을 수입하고 있다. 면요리를 즐기는 중

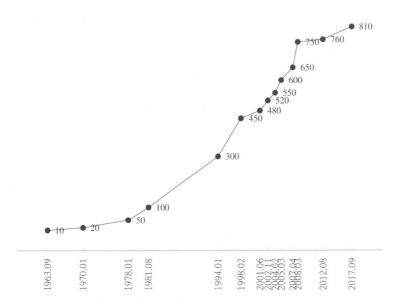

〈그림 1.1〉 SY라면의 가격 추이 [8]

국뿐만 아니라, 베트남, 태국, 인도네시아, 말레이시아 등도 한국 라면을 즐겨 먹는다. 최근에는 유럽과 중동도 가세하였다. 러시아에서는 C파이에 이어 라면도 큰 인기를 끌고 있다. 특히 마요네즈를 곁들인 P식품의 'D 플러스' 컵라면의 인기가 매우 높다고 한다.[4] 2016년 라면의 수출규모는 2015년과 비교해 32.7% 성장한 2억 9천 41만 달러를 기록하였다.[5] 이 기록은 계속 깨질 것 같다.

우리나라에서 최초로 출시된 라면제품은 1963년 9월 15일부터 생산되기 시작한 SY라면이다.[6] 라면은 일본이 원조라고 알려져 있지만, 짜장면처럼 중국에서 유래되었다는 설도 있다. 당시 100g짜리 라면의 가격은 10원이었다.[7] 짜장면 한 그릇이 30원이었으니 라면이 지금처럼 그리 값싼 것은 아니었다. 〈그림 1.1〉은 SY라면의 가격 변천사를 보여준다.[8] 2017년 9월 현재 SY라면의 가격은 810원이다. 지난 세월 동안 짜장면 가격은 약 170배 증가한 반면, 라면가격은 81배 증가하였다.

그동안 SY라면의 가격이 크게 오르지 않은 이유는 무엇 때문일까? 우선 정부가 1997년까지 라면가격을 직접 통제하였다. 이 때문에 라면가격은 회사마다 크게 다르지 않았다. 이후 라면가격은 조금씩 올랐다. 2000년대 들어서는 꽤 자주 올랐다. 10년 동안 무려 여섯 차례나 올랐다. 1963년부터 1999년까지 36년 동안 라면가격이 인상된 횟수와 동일하다. 2010년대에 들어서는 2017년까지 두 번 올랐다. 자주 올랐지만 큰 폭으로 오른 것은 아니다.

라면만큼 값싸면서 배까지 부르게 채울 수 있는 끼니도 없다. 그런데 2012년 3월 22일에 충격적인 일이 벌어졌다. 공정거래위원회가 라면회사 4곳이 라면가격을 담합하였다고 발표한 것이다.[9] 이 소식을 접한 국민은 그동안 먹었던 수많은 라면을 떠올리며 라면회사를 괘씸하게 생각했을 법하다. 다만 라면가격 담합이 확정된 것은 아니다. 그렇게 의심된다고 공정거래위원회가 발표한 것일 뿐이다.

〈그림 1.2〉를 살펴보자.[10] 라면회사 4곳이 2001년부터 2008년까지 라면가격을 인상한 시기와 폭을 한눈에 볼 수 있다. 언뜻 봐도 라면가격이 비슷한 시기에 비슷한 폭으로 인상된 것을 쉽게 알 수 있다. 그것도 다섯 차례나 말이다. 누가 봐도 이건 담합이다. 그렇지 않고서 어떻게 라면가격이 저렇게 똑같이 오를 수 있단 말인가. 공정거래위원회는

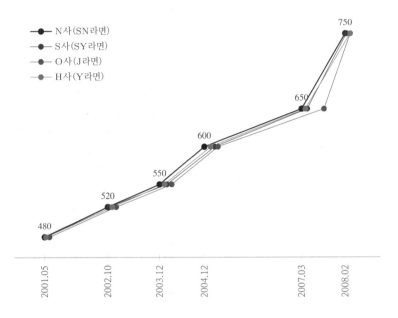

〈그림 1.2〉 각 라면회사의 라면가격 인상시기 [10]

- N사(SN라면)
- S사(SY라면)
- O사(J라면)
- H사(Y라면)

750

650

600

550

520

480

2001.05
2002.10
2003.12
2004.12
2007.03
2008.02

라면에 대한 수요가 가격에 매우 민감하기 때문에 라면회사가 그동안 라면가격을 쉽게 올리지 못하였다고 평가하였다. 라면은 품질 차이가 크지 않기 때문에 라면회사 입장에서 가격이 중요한 경쟁요소라는 것이다. 그래서 라면회사들이 서로 눈치만 보았다고 판단하였다. 그랬던 라면가격이 정부가 1998년에 라면가격 규제를 풀자 자주 올랐다는 것이다. 특히 N사가 매번 라면가격을 선도적으로 인상하면 다른 회사들이 한두 달 간격으로 뒤따라 라면가격을 인상하였다.

공정거래위원회는 2002년과 2004년에도 라면회사의 가격담합을 조사하였다.[11] 그러나 뚜렷한 증거를 찾지 못해 담합조사를 접어야 했다. 그러다가 2010년에 라면회사를 다시 조사하였다. 라면가격이 2007년

3월과 2008년 8월에도 이전과 같은 양상으로 올랐기 때문이다. 결국 공정거래위원회는 2012년 3월 22일에 라면회사 4곳에게 라면가격 담합을 이유로 가격담합과 정보교환을 금지하는 명령과 함께 총 1,360억 원의 과징금을 부과할 것이라고 발표하였다. N사는 1,080억 원, S사는 120억 원, O사는 98억 원, H사는 62억 원의 과징금을 부과받았다. 그런데 S사는 과징금 전액을 면제받는 특혜를 받았다. 라면가격 담합이 사실이라고 자백한 덕분이다.

공정거래위원회가 재구성한 라면가격 담합사건은 다음과 같다.[12] 라면 시장은 N사, S사, O사, H사가 거의 100%를 점유하고 있는 과점시장이다. 2010년 매출액 기준으로 N사가 70.7%, S사가 12.4%, O사가 9.5%, H사가 7.4%를 차지하고 있다. 누가 뭐라고 해도 라면 시장에서 N사의 지위는 독보적이다. 그만큼 N사는 다른 회사들이 가격인상을 추종할 것이라는 사실을 알았다. 이를 이용해 N사는 라면협의회를 통해 자신의 가격인상 정보를 다른 회사들에게 제공하였다. N사가 다른 회사에 제공한 정보에는 라면가격의 인상계획, 인상내역, 인상일자, 생산일자, 출고일자, 판촉기간 등이 포함되어 있었다. 또한 각 회사는 가격인상 정보뿐만 아니라, 판매실적, 판매목표, 영업지원, 홍보 및 판촉, 신제품 출시 등에 대한 정보도 자주 교환하였다.

N사는 가격인상을 이행하지 않는 라면회사를 보복할 목적으로 구가舊價지원 행사를 가졌다고 한다. 구가지원 행사란 일정기간 동안 종전 가격으로 라면을 판매할 수 있도록 대형마트, 슈퍼마켓 등 판매처를 지

원하는 행사를 말한다. N사는 가격을 먼저 인상한 후 다른 라면회사가 가격을 인상할 때까지 길게는 석 달까지 구가지원 행사를 가진 것으로 알려졌다. 공정거래위원회는 N사의 구가지원 행사를 약속대로 라면가격을 인상하지 않는 라면회사를 보복하기 위해 사용한 장치로 보았다.

N사는 공정거래위원회의 심결에 강하게 반발하였다.[13] "(라면)가격인상은 원가상승을 고려해 독자적으로 결정한 것이며, 라면 시장의 70% 이상을 점유하고 있는데 담합을 주도할 이유가 전혀 없다."라고 주장하였다. 이에 N사는 2012년 8월에 공정거래위원회의 과징금 납부명령을 취소해달라는 소송을 서울고등법원에 제기하였다. 누구의 주장이 맞을까? 1년이 조금 넘게 지난 후였다. 2013년 11월 8일에 서울고등법원은 N사가 아닌 공정거래위원회의 손을 들어주었다.[14] 라면가격 담합이 허구가 아닌 사실로 밝혀지는 순간처럼 보였다. N사는 "이번 판결을 수용할 수 없다."며 "대법원에 상고해 진실을 밝힐 계획이다."라고 발표하였다.[15]

그 와중에 라면가격 담합사건은 엉뚱한 방향으로 흘러갔다. 2014년 하반기에 미국 동부에 있는 한국계 대형마트들이 국내 라면회사의 가격담합으로 손해를 보았다며 미국 법원에 소송을 냈기 때문이다.[16] 이 때문에 라면가격 담합이 사실로 판결되면 그 영향은 일파만파로 퍼질 듯하였다. 한국 라면을 수입하는 국가라면 비슷한 소송을 낼 수 있기 때문이다. 이를 우려했는지 공정거래위원회는 해외로 수출된 라면은 담합사건의 심사대상이 아니라고 선을 그었다.[17]

몇 가지 의문들

라면가격 담합사건에는 여러 가지 의문들이 존재한다. 그 의문들을 차례대로 살펴보자. 첫째, 정말 라면회사들이 라면가격을 담합한 것일까? 또는 라면가격이 비슷한 시기에 비슷한 폭으로 인상되었다고 해서 라면회사가 담합하였다고 주장할 수 있을까? 원가가 상승하자 라면회사들이 비슷한 시기에 비슷한 폭으로 가격을 인상한 것인지도 모른다. 라면은 대개 팜유로 튀긴 밀가루 면발로 이루어진 120g짜리 가공식품이다. 이 때문에 팜유나 밀가루 가격이 상승하면 라면회사는 일제히 라면가격을 올려야 한다. 그렇지 않으면 이윤이 크게 줄어들기 때문이다.

한편 라면회사가 라면가격을 인상하면 매출이 감소할 수 있다. 가격이 오른 만큼 수요가 줄 수 있기 때문이다. 또한 라면가격을 먼저 올렸다가 경쟁사에게 고객을 뺏길 수도 있다. 이 때문에 라면회사들은 서로 눈치를 보았을 법하다. '누가 먼저 종을 울려줄까?' 하며 말이다. 그렇다고 서로가 눈치만을 볼 수 없었다. 원가상승으로 언젠가는 라면가격을 올려야 했다면 말이다. 만약 그렇다면 라면가격은 비슷한 시기에 비슷한 폭으로 오를 수밖에 없다.

둘째, 원가상승이 있을 때 누가 가장 먼저 라면가격을 올려야 할까? 시장점유율이 가장 높은 N사다. 그렇지 않으면 N사의 이윤이 가장 크게 줄어들 것이다. 라면 시장의 연 매출 규모가 100억 개라고 가정하자. 또한 라면가격은 650원이고 생산원가는 550원이라고 가정하자. 생산원가에는 원재료뿐만 아니라 포장, 물류, 판매 비용 등이 포함되어 있다. 이 경우 라면회사들은 총 1조 원의 이윤을 벌어들인다. 생산원가가 50원 인상되면 어떻게 될까? 라면회사의 전체 이윤은 5,000억 원 줄어든다. 이때 시장점유율이 가장 높은 라면회사가 가장 크게 손해 본다. 예를 들면, 시장점유율이 10%인 회사는 500억 원의 이윤을 잃고, 시장점유율이 50%인 회사는 2,500억 원의 이윤을 잃는다. N사가 원가상승이 있을 때 누구보다 빨리 라면가격을 올려야 했던 이유다.

셋째, 다른 라면회사들은 왜 N사를 뒤따라 라면가격을 올렸을까? 그것도 비슷한 시기에 말이다. 다른 라면회사들은 라면가격을 N사보다 먼저 인상할 용기가 부족했을 것이다. 그럴 경우 시장점유율이 더 낮아질 수 있다. 또한 원가상승으로 가장 큰 피해를 볼 라면회사가 N사라는 것도 잘 알고 있었다. 그래서 다른 라면회사들은 N사가 먼저 라면가격을 올려줄 것을 기다렸을지도 모른다. 얼른 따라 올리고 싶었기 때문이다. 원가상승으로 손해 보기는 마찬가지였을 것이기 때문이다.

넷째, N사는 왜 자신의 가격인상을 널리 알렸을까? N사는 원가상승으로 줄어든 이윤을 만회할 목적으로 라면가격을 부득이하게 인상하였다. 그런데 다른 라면회사가 라면가격을 안 올리고 버티면 N사만 라면가격을 올렸다는 사회적 비난을 감수해야 할 수 있다. 라면이 국민식품인 만큼 모든 국민이 라면가격에 민감하기 때문이다. 그래서 N사는 두 가지 전략을 선택한 듯하다. 첫 번째 전략은 자신의 가격인상 시기와 정도를 알려 다른 라면회사에게 가격을 올려도 좋다는 신호를 보내는 것이다. 두 번째 전략은 가격을 안 올리고 버티는 다른 라면회사를 구가지원 행사로 압박하는 것이다.

공정거래위원회는 '왜 N사가 항상 먼저 인상하고 나머지 회사가 뒤따랐는가?'라는 의문에 '라면은 품질 차이가 크지 않고, 소비자들은 가격에 민감'하기 때문이라고 평가하였다. 또한, 공정거래위원회는 라면회사가 순차적으로 가격을 올린 것은 동시에 가격을 올리면 담합으로 오인당할 것을 우려했기 때문이라고 판단하였다. 그러나 공정거래위원회는 매번 N사가 먼저 라면가격을 인상한 이유를 근본적으로 설명하지 못하였다. 공정거래위원회의 판단대로 라면회사들이 가격담합을 들키고 싶지 않았다면 라면가격을 번갈아 가면서 먼저 올리는 방식을 선택했을 수도 있기 때문이다.

다섯째, 공정거래위원회의 판단처럼 소비자들은 라면가격에 정말로 민감한 것일까? 엠브레인 이지서베이embrain EZsurvey가 라면 소비자 1,080명을 대상으로 2009년부터 2011년까지 라면 소비실태를 조사한 결과, 라면 소비자는 가격보다 품질을 더 중시하는 것으로 나타났다.[18] 예를 들면, 설문 응답자의 45%는 라면을 선택할 때 라면 브랜드를, 35%는 라면가격을 가장 중요하게 보는 것으로 조사되었다. 브랜드가 그 제품의 품질을 대표한다면 소비자가 가격보다 품질에 더 민감하게 반응한다는 것으로 풀이될 수 있다.

여섯째, S사의 자백은 진실일까? 공정거래위원회의 주장처럼 소비자가 라면가격에 민감하다면 S사는 N사와 담합할 이유가 없다. S사는

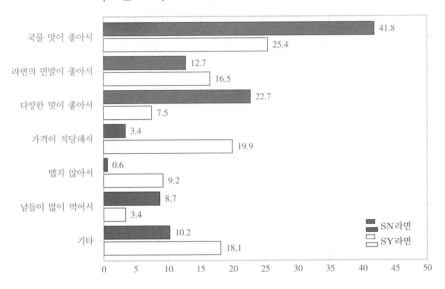

〈그림 1.3〉 SN라면과 SY라면에 대한 선택 이유 [18]

N사를 따라 라면가격을 올리지 않았다면 업계 1위 자리를 되찾을 수 있었다. S사가 라면 시장에서 N사에 뒤지기 시작한 것은 1985년부터 다.[19] 당시 S사의 시장점유율은 40.9%, N사의 시장점유율은 42.2%였다. 그러나 25년이 지난 2010년에 S사의 시장점유율은 12.4%, N사의 시장점유율은 70.7%였다. 그런데도 S사는 매번 N사를 따라 라면가격을 올렸다. 왜일까?

〈그림 1.3〉은 라면 소비자가 N사의 SN라면과 S사의 SY라면을 선택한 이유를 설명한다. 설문응답자 중에서 77.2%가 '국물 맛이 좋아서', '면발이 좋아서', '다양한 맛이 좋아서' N사의 SN라면을 선택한다고 응답한 것으로 조사되었다. 이와 달리 '가격이 적당해서' SN라면을 선택한다는 설문응답자는 전체에서 3.4%밖에 안 된다. 따라서 N사의 SN

라면을 선택하는 소비자는 가격보다 품질에 더 민감해 보인다. 반면에 Y사의 SY라면을 선택하는 소비자는 가격에 더 민감해 보인다. 설문응답자 중에서 19.9%가 '가격이 적당해서' S사의 SY라면을 선택한다고 응답한 것으로 조사되었다. 이와 달리 '국물 맛이 좋아서', '면발이 좋아서', '다양한 맛이 좋아서' S사의 SY라면을 선택한 설문응답자는 전체에서 49.4%를 차지한다.

이 설문 결과가 라면 시장을 제대로 대변하고 있다면 S사가 라면가격을 N사보다 낮춰도 N사의 SN라면을 좋아하는 고객이 S사의 SY라면을 사 먹을 가능성은 낮아 보인다. N사의 SN라면을 선택하는 소비자는 상대적으로 품질에 더 민감하고 가격에 덜 민감하기 때문이다. 그렇다고 원가상승으로 S사가 라면가격을 N사보다 먼저 인상하기도 어렵다. S사의 SY라면을 선택하는 소비자는 상대적으로 품질에 덜 민감하고 가격에 더 민감하기 때문이다. S사의 시장점유율이 더 낮아질 수 있기 때문이다.

그렇다면 S사는 N사보다 가격을 늦게 올리는 것이 최선의 선택일 수 있다. 실제 S사는 잠깐이나마 N사가 라면가격을 올린 때를 즐긴 듯하다. 가격에 민감한 소비자를 조금이라도 N사로부터 빼앗아 올 수 있는 기회였기 때문이다. 그러나 N사처럼 원가상승으로 라면가격을 올려야 하고 N사가 구가지원으로 가격인상을 압박하면 S사도 어쩔 수 없이 N사를 따라 라면가격을 올려야 했다. 마치 라면 시장에서는 경쟁의 결과가 가격인상인 것처럼 보인다. 그럴 수 있다. 가격보다 품질에 민감한 시장의 특성을 고려하면 경쟁이 가격을 인상할 수 있다. 품질을 더 높이려면 비용을 더 써야 하기 때문이다.

반전의 슬픔

2015년 12월 24일, 이날은 라면가격 담합사건에 대한 대법원의 판결이 내려지는 날이었다. 라면회사와 공정거래위원회는 서로 다른 결과를 기대했을 것이다. 라면회사는 대법원이 서울고등법원의 판결을 파기하길 바랐을 것이고, 공정거래위원회는 대법원이 서울고등법원의 판결을 인용하길 바랐을 것이다. 라면가격 담합사건을 새까맣게 잊고 있던 소비자는 어떤 소식을 들어도 그리 기쁘지 않을 듯하다. 라면가격 담합이 사실이라면 그동안 비싸게 먹었던 라면을 떠올리며 억울해할 것이고, 라면가격 담합이 사실이 아니라고 하면 대법원의 판결을 의심하며 분개할 것이다.

반전이었다. 대법원은 서울고등법원의 판결을 파기하고 라면회사의 손을 들어주었다. 라면회사가 라면가격을 담합하였다고 인정할 수 있는 증거가 부족하다고 보았기 때문이다.[20] 공정거래위원회의 오랜 노력이 물거품이 되는 순간이었다. 두 번의 실패에도 불구하고 포기하지 않고 다시 도전했던 굴기가 꺾이는 순간이었다. 아무리 봐도 담합인데 그렇지 않다니. 최종 심판을 믿지 못할 순간이었다.

라면가격 담합사건은 우리에게 세 가지 교훈을 남겼다. 첫째, 담합을 입증하는 것은 까다롭고 어렵다. 몰래 숨어서 하기 때문이기도 하지만 가격이란 원래 오를 때 비슷한 시기에 오르기 때문이다. 이는 공정거래위원회가 내세우고 싶은 교훈일 것이다. 둘째, 공정거래위원회가 잘못 판단할 때도 있다. 그럴듯했지만 그렇지 않을 수 있다는 것이다. 담합처럼 보인다고 해서 담합으로 단정 짓지 말라는 것이다. 이는 N사가 내세우고 싶은 교훈일 것이다. 셋째, 함부로 자진신고하면 안된다. 자백하면 모든 게 끝날 줄 알았는데 끝난 게 아니었다. 이것은 S사가 얻어갈 교훈일 듯하다.

한 걸음 더 들어가 보자. 라면가격이 겉보기에 담합처럼 보인 것은 라면가격이 비슷한 시기에 비슷한 폭으로 인상되었기 때문이다. 이를 전문 용어로 외형상 일치라고 한다. 그래 보인다는 뜻이다. 대법원의 판결이 진실에 가깝다면 외형상 일치가 존재하더라도 반드시 담합이 아닐 수 있다는 뜻이다. 한편 라면회사가 라면가격에 대한 정보를 교환한 것은 라면가격을 담합하기 위한 것이 아니냐고 의심할 수 있다. 그럴 수 있다. 가격에 대한 정보교환이 가격담합으로 이어질 수 있기 때문이다. 그럼에도 불구하고 정보교환 자체만으로 가격담합이 존재하였다고 판단할 수 없다. 정보교환이 때로는 시장의 경쟁을 제한하며 담합을 조장할 수도 있지만, 때로는 시장의 투명성을 개선하며 경쟁을 촉진할 수도 있기 때문이다.[21]

제 2 장

담합의 역사

The cartels made Hitler and Hitler made war.

- Edward S. Mason -

기업의 담합은 인류의 역사와 함께 수없이 반복되고 있다. 등장하는 인물과 그 인물이 서는 무대만 바뀌고 있을 뿐이다. 왜일까? 기업의 끊임없는 탐욕貪慾 때문이 아닐까? 공자孔子(551BC-479BC)는 제자 중 하나인 자장子張(503BC-447BC)에게 군자君子의 다섯 가지 아름다움을 가르치면서 욕심과 탐욕을 이렇게 구분하였다.[1] 욕이불탐欲而不貪, 욕심은 가지되 탐욕은 부리지 말라. 남의 욕심까지 탐하지 말라는 뜻처럼 읽힌다.

기원전 3,000년경 이집트에서 일어난 일이다. 당시 상인들이 서로 짜고 양털 가격을 터무니없이 올려받았다고 한다. 인류 최초의 담합사건으로 종종 인용되는 사건이다.[2] 다만 고대 이집트에서는 아마섬유linen를 많이 사용하였다.[3] 양털은 동물로부터 나온 것이기 때문에 신성하지 않다고 믿었다. 양털은 융단carpet를 짜는 데 주로 사용되었다. 고대 이집트보다 양털을 많이 사용한 곳은 고대 메소포타미아 지역이다.[4] 특히 양털로 옷감을 만드는 기술이 비약적으로 발달하였다고 전해진다. 고대 메소포타미아는 지금의 이라크 지역이다.

로마 황제 디오클레티아누스Diocletianus(244-311)가 301년에 내린 가격통제칙령Price Edict이 담합의 폐해를 막기 위해 도입된 제도로 보는 이도 있다.[5] 당시 로마는 극심한 인플레이션inflation을 겪고 있었다. 이 때문에 가격통제칙령은 모든 상품과 서비스의 가격뿐만 아니라 직업별 임금까지도 규제하였다. 예를 들면, 사자의 가격도 규제하였다고 한다. 당시 사자의 가격 상한은 15만 데나리denarii였다. 현재가치로 1억 5천만 원에 상당하는 가격이다. 당시 로마의 극심한 인플레이션이 가격담합 때문이었는지는 분명하지 않다. 가격통제칙령의 서문을 살펴보면 당시 극심한 인플레이션은 상인들의 탐욕 때문에 발생했다고 기술하고 있을 뿐이다.[6]

기업의 담합이 수없이 반복되었다면 그만큼 역사적 기록도 많을 듯하다. 그런데 그렇지 않다. 너무 자주 반복되는 사건은 역사에서 비중있게 기록되지 않기 때문인 듯하다. 밥 먹는 사건이 역사에 잘 기록되지 않듯이 밥 먹듯 일어나는 담합도 그렇지 않을까 싶다. 그나마 중세 유럽의 상인길드merchant guild, 조선시대의 보부상단, 미국의 트러스트trust, 독일의 카르텔cartel에서 담합에 대한 역사적 기록을 자세히 엿볼 수 있다. 이들 담합이 그만큼 당시 정치, 사회, 경제 전반에 걸쳐 커다란 영향을 미쳤기 때문인 듯하다.

담합에 대한 역사적 기록을 조사하다가 놀라운 사실 하나를 발견하였다. 지금은 담합을 무조건 나쁜 것이라고 여기지만, 그렇지 않다고 생각한 시절도 존재한다는 점이다. 담합이 시장경제의 발전을 가져다주었을 뿐만 아니라 시장질서를 유지하는 데 기여하였다고 보던 시절도 있었다. 이래저래 따져보면 담합을 나쁘다고 여긴 세월보다 그렇지 않다고 여긴 세월이 더 길 듯하다. 1890년 미국에서 세계 최초로 담합을 규제하는 반독점법이 제정되고, 1945년 제2차 세계대전이 종료되기 이전에는 담합이 좋다고 여길 때가 더 길었다.

상인길드와 보부상단

중세 유럽의 상인길드는 담합의 역사적 의미를 가장 분명하게 보여주는 사례.[7,8,9,10,11,12] 중세 유럽의 상인들은 8세기 이전까지만 해도 대개 독자적으로 활동하였다. 그러다가 약 9세기 이후부터 서로를 보호하기 위해 상인길드를 결성하기 시작하였다. 예를 들면, 기독교 상인들은 자신들의 신변과 물품의 안전을 약속받지 않으면 무슬림Muslim 지역에 들어가지 않았다. 그래서 무슬림 지역의 영주는 기독교 상인들에게 아멘amen을 제공해야 했다. 아멘은 기독교 상인의 안전과 권리를 보장한다는 종교적 약속이었다.

11, 12세기 유럽에서 도시국가가 발전하고 영주의 권한이 커지면서 지역마다 상인길드가 결성되기 시작했다. 영주는 도시에서 상거래가 많이 일어나면 더 많은 세금을 걷을 수 있었다. 이 때문에 더 많은 외지 상인을 유치하려고 도시 안에 무역 중심지guild hall를 설치하고 외지 상인들의 안전을 보장한다는 약속도 제공하였다. 그런데 어떤 영주는 상인들에게 과도한 세금을 매기며 횡포를 부리기도 하였다. 예를 들면, 시칠리안 영주들은 유대인 상인들에게만 높은 관세를 매겼다. 시칠리안은 이탈리아 남부지역과 시칠리아섬에 거주하는 사람을 가리킨다. 또한 상인들을 공격해 물품을 압수하는 영주들도 있었다. 외지 상인들이 살기 위해 물품을 버리고 도망갔다는 기록도 있다.

　　영주들의 횡포가 잦자 외지 상인들은 상거래 중단boycott으로 대응하였다. 그런데 상거래 중단의 구속력은 약하였다. 다른 외지 상인이 물품을 공급하면 상거래 중단은 쉽게 깨질 수밖에 없었기 때문이다. 그래서였는지 횡포를 부리는 영주는 또 횡포를 부렸다. 영주들의 횡포는 외지 상인들뿐만 아니라 지역 상인들에게까지도 영향을 미쳤다. 외지 상인들이 물품을 공급하지 않으면 도시국가의 상거래가 위축되었고 지역 상인들의 손해로 이어졌다. 지역 상인들이 지역 상인길드를 결성하기 시작한 이유도 이 때문이다.

　　지역 상인길드는 도시국가 영주들의 횡포를 막는 데 효과적이었다. 예를 들면, 어떤 도시국가 영주가 외지 상인들에게 횡포를 부리면 모든 상인길드는 그 도시국가를 상대로 금수조치embargo를 내렸다. 금수조치가 내려지면 어느 누구도 그 도시에 물품을 공급할 수 없다. 각 지역의 상인길드는 금수조치를 어기는 외지 상인들을 강력하게 제재하였다. 또한 언제 금수조치가 내려지고 언제 철회되는지도 결정하였다. 상인길드의 금수조치는 상당히 강력하게 집행되었다.

1284년에 일어난 사건이다. 노르웨이 사람들이 한 독일 상선의 물품을 전부 약탈하였다. 이에 독일 상인들은 각 지역 상인길드의 힘을 빌려 노르웨이에 전면적인 금수조치를 내렸다. 특히 곡물, 밀가루, 야채, 맥주 등을 수출하지 못하도록 하였다. 노르웨이는 상인길드의 금수조치로 심각한 기근까지 겪어야 했다. 그만큼 상인길드의 위력은 대단하였다고 볼 수 있다. 결국 노르웨이는 독일 상인들에게 약탈한 물품만큼 보상한 후에야 상인길드의 금수조치를 해제받을 수 있었다.

지역 상인길드의 역할이 점차 확대되면서 지역 상인길드는 도시국가의 견고한 지역 세력으로 성장하였다. 지역 상인길드는 매일 도시국가의 상거래를 조직하였다. 외지 상인들에게 숙박과 창고를 제공하여 상인과 물품을 보호하였다. 외지 상인을 위한 상거래 구역을 만들고 그곳에 상거래를 집중시켰다. 상거래가 한곳에 집중되면 물품의 공급과 수요가 잘 맞아떨어져 외지 상인과 지역 상인 모두가 만족할 수 있었다. 이렇게 중세 유럽의 상인길드는 원거리 무역long-distance trade뿐만 아니라 지역 상거래를 활성화하여 시장의 공정한 질서를 확립하는 데 크게 기여하였다.

물이 고이면 썩듯이 권력도 고이면 썩는다고 했던가? 지역 상인길드는 시간이 지날수록 도시국가 영주와 결탁하기 시작하였다. 영주 입장에서 지역 상인길드는 외지 상인들과 달랐다. 몇 가지 특권을 챙겨주면 대가를 챙겨 받을 수 있는 관계였다. 지역 상인길드도 영주의 힘을 빌리고 싶었다. 지역 시장을 지배할수록 더 큰 이윤을 얻을 수 있기 때문이다. 이렇게 도시국가 영주와 지역 상인길드는 특권과 금전을 서로 교환하는 관계로 발전하였다.

지역 상인길드의 세력이 커지면서 중세 유럽의 도시국가 대부분은 외지 상인들을 차별하였다. 외지 상인은 지역 상인길드가 운영하는 창고에 물품을 하역해야 했고, 지역 상인길드가 정한 가격으로 물품을 공급해야 했다. 외지 상인들은 특별 통행세와 같은 세금도 납부해야 했다. 지역 상인길드는 중요 물품에 대한 권한rights of staple을 가졌으며 중개 권한rights of brokerage도 독점하였다. 그래서 외지 상인들은 지역 상인길드를 통하지 않고서는 서로 거래할 수 없었다. 지역 주민에게도 물품을 직접 판매할 수 없었다. 외지 상인들은 지역 상인길드가 정해주는 지역 중개인을 통해서만 상거래를 할 수 있었다.

지역 상인길드는 지역 상인들도 통제하였다. 지역 상인이더라도 상인길드의 회원이 아니면 지역 주민과 거래할 수 없었다. 영주가 지역 상인길드에게 지역 상인의 상거래를 금지할 수 있는 특권을 부여했기 때문이다. 지역 상인길드에 가입하는 것도 쉽지 않았다. 가입 자격을 갖춘 지역 상인들만 길드회원이 될 수 있었다. 기존 회원들의 충분한 동의가 있어야 하고, 상당 수준의 입회비를 지불해야 하고, 평판이 좋고, 성별,

인종, 종교, 시민권, 재산소유 등과 같은 요건을 충족해야 했다. 더구나 지역 상인길드는 길드 회원에게 상인길드가 채택한 규칙을 준수토록 강제하였다. 그 규칙에는 가격, 수량, 용선chartering, 선적lading, 호송, 분쟁 조정에 관한 사항들이 포함되어 있었다. 당시 지역 상인길드는 담합을 대놓고 했다.

지역 상인길드의 세력이 날로 커지면서 상인길드의 회원이 누리는 경제적 지대economic rents도 날로 커졌다. 경제적 지대가 크다는 것은 더 많은 초과이윤을 얻을 수 있다는 것을 뜻한다. 11세기 후반에 어느 프랑스 지역의 상인길드 규칙에는 '동지의 적이면 우리 모두의 적이다.'라고 규정되어 있었다. 적의 의미는 매우 포괄적이었다. 외지 상인들도 일종의 적이었다. 그래서 지역 상인길드는 지역 상거래에 대한 독점적 지위를 이용하여 외지 상인들의 경쟁을 제한하고 자신들의 경제적 지대를 보호하였다. 외지 상인들이 물건을 싸게 팔면 상인길드의 회원이 얻을 수 있는 경제적 지대가 줄어들기 때문이다.

지역 상인길드는 점점 자신들만의 이익을 좇는 괴물로 변해 갔다. 처음에는 원거리 무역을 활성화해 도시국가를 부흥시키는 데 기여했으나, 시간이 지날수록 지역 상거래에 대한 독점적 지위를 유지하는 데 몰두하였다. 특히 도시국가 영주의 곳간을 채워주는 대가로 가격과 수량을 담합할 수 있는 권한을 부여받고 그에 상응하는 초과이윤을 얻었다. 이 때문에 지역 상인길드는 예전과 달리 사회적으로 비난받기 시작했다.

15세기 초부터 도시국가 영주와 지역 상인길드의 관계에 새로운 변화가 일었다. 도시국가 영주들은 지역 상인길드의 떡고물만 먹는 것이 아쉬웠던 모양이다. 그래서 도시국가 영주들은 보호무역을 명분으로 직접 세금을 걷고 상거래를 직접 관장하기 시작했다. 지역 상인들이 먹던 떡까지 탐났던 모양이다. 외지 상인들로부터 도시국가의 산업을 보호해야 한다는 명분이 그럴 듯했는지 도시국가 영주들의 간섭은 갈수록 심해졌다. 지역 상인길드의 위세는 점차 위축될 수밖에 없었다.

15세기 말에는 강력한 전제국가absolute monarchy가 들어서면서 중세 유럽의 도시국가가 몰락하기 시작하였다. 도시국가 영주와 공생관계였던 지역 상인길드도 덩달아 약화되었다. 예를 들면, 영국 중앙정부는 도시국가 영주의 경제적 기반을 무력화하기 위해 1530년 초부터 약 20년에 걸쳐 수천 개의 지역 상인길드를 대대적으로 억압하였다. 그 과정에서 영국 중앙정부는 거의 모든 지역 상인길드에 감사를 파견하였고, 상거래 특권을 인정하는 조건으로 높은 세금을 부과하였다.

18세기 말에는 지역 상인길드에 대한 사회적 비판이 더욱 거세졌다. 지역 상인길드가 자유무역을 반대하고, 기술의 혁신과 이전을 방해하며, 기업의 발전을 가로막는다는 것이 비판의 주요내용이었다. 장자크 루소Jean-Jacques Rousseau(1712-1778)와 애덤 스미스Adam Smith(1723-1790)가 대표적인 비판론자였다. 또한 프랑스에서는 1791년에 노동자 단체와 고용주 단체를 모두 불법으로 규정하는 르 샤플리에법Le Chapelier Law이 제정되었다. 이후 프랑스 지역의 모든 상인길드는 강제적으로 해산되었다. 특히 나폴레옹 보나파르트Napoléon Bonaparte(1769-1821)는 유럽 대륙을 정복하면서 지역 상인길드를 강제로 해산하였다.

중세 유럽에 상인길드가 있었다면 조선시대(1392-1897)에는 보부상단褓負商團이 있었다.[13,14,15,16,17] 보부상은 보상褓商과 부상負商으로 구분된다. 보상과 부상은 모두 행상行商이지만 취급하는 물품에 따라 구분되었다. 보상의 물품은 각종 직물, 유기, 금은제품, 모자, 문방구 등 비교적 비싸고 보자기에 싸서 다니기에 적합한 것들이었다. 부상의 물품은 어물漁物, 소금, 수철水鐵, 담배, 초석草席 등 비교적 값싸고 지게로 지고 다니기에 적합한 것들이었다. 그래서 보상은 봇짐장수, 부상은 등짐장수라고 불렸다.

보부상들이 조선시대에 보부상단을 꾸려 하나의 세력으로 성장할 수 있었던 것은 부상 백달원과 태조 이성계(1335-1408)의 특별한 인연 때문이라는 설이 있다. 이성계가 고려 말기에 여진족과 싸우다가 부상을 당했을 때 백달원이 이성계의 목숨을 구하였다고 전해진다. 이후 이성계가 강원도 고산군 설봉산에 석왕사釋王寺를 건립하고 삼척에서 불체를 옮길 때 백달원에게 도움을 요청하였다고 한다. 석왕사는 이성계가 고려의 대신에서 조선의 태조로 거듭나기 전에 무학대사(1327-1405)로부터 해몽을 받고 그 사은의 뜻으로 지은 사찰이다. 이렇게 중차대한 일을 맡길 만큼 이성계는 백달원을 은인으로 생각했던 모양이다.

보부상단은 조선시대에 오조물종五條物種에 대한 전매특권을 부여받은 공인기관이었다. 오조물종은 어魚, 염鹽, 수철水鐵, 토기土器, 목물木物을 일컬으며, 전매특권은 시장을 독점할 수 있는 권한을 말한다. 보부상단은 개성에 수임방首任房, 팔도에 도임방道任房, 각 군에 군임방郡任房을 설치하였다. 전국의 보부상에 대한 통제는 수임방이 담당하였다. 조선시대의 보부상은 이전과 달리 보부상단의 엄격한 규제를 받았다. 보상은 부상의 물품을, 부상은 보상의 물품을 취급할 수 없었다. 보부상은 서로의 신의를 중시하였고, 장시場市에서 소란을 피우면 안 되며, 물품을 강제로 판매해서도 안 되었다. 장시는 지금의 시장market을 뜻한다. 또한 폭리를 취하거나 사기를 쳐서도 안 되었다. 서로 작은 돈을 꿔주고 받을 수 있었으며, 관을 대신해 시장세를 걷기도 하였다. 보부상단은 장시를 순회하며 전매특권이 있는 물품의 수급도 조절했다.

보부상단은 국가가 어려운 상황에 처했을 때 군충애국軍忠愛國의 정신도 발휘하였다. 보상은 봇짐장수이니까 통신이나 정탐에, 부상은 등짐장수이니까 운반이나 전투에 능했다. 임진왜란(1592년, 선조 25년) 때는 보부상들이 상병단商兵團을 조직하여 군수물자를 수송하거나 왜놈을 정찰하고 부대 간의 통신을 도왔다. 왜놈은 왜국사람을 낮춰 부르는 말로, 왜국倭國은 지금의 일본을 뜻한다. 권율(1537-1599) 장군이 행주산성에서 왜놈과 대치하고 있을 때 수천 명의 부상이 비밀리에 식량을 운반하기도 하였다. 병자호란(1636년, 인조 14년) 때는 인조(1595-1649)가 남한산성에 피난 가고 청군에게 포위되었을 때 군량을 운반하는 작전을 수행하기도 했다.

한편 보부상단이 수십만 명의 단원을 보유할 정도로 크게 성장한 때는 지방에 장시 또는 향시鄕市가 크게 발달한 18세기 중엽이었다. 당시 장시는 전국적으로 1천여 개가 열렸다고 한다. 보부상은 장시를 다니면서 장사했기 때문에 행적이 일정하지 않았다. 이 때문에 보부상단이 보부상을 엄격하게 규제하기는 쉽지 않았다. 그럼에도 불구하고 보부상 사이에서는 상호 부조와 의례를 중시하였다. 환란이 생기면 서로 구하고患亂相救, 질병이 생기면 서로 문안하고疾病相問, 사망하면 서로 조문하고死亡相助, 경사 나면 서로 참석하는慶會相參 것을 미덕으로 여겼다. 이러한 미덕이 제대로 지켜지지 않으면 서로에 대한 신의가 없는 것으로 판단하고 서로가 상거래를 끊기도 했다.

흥선대원군(1820-1898)은 보부상단의 조직력과 단결력을 군사적으로 또는 정치적으로 잘 이용한 인물이다. 병인양요(1866년, 고종 3년) 때 보부상단은 흥선대원군의 뜻을 따라 큰 공을 세우기도 하였다. 이에 흥선대원군은 1866년(고종 3년)에 보부청褓負廳을 세워 보부상단이 공권력을 가지고 전국의 보부상을 통합하고 관장토록 하였다. 이렇게 보부상은 군충애국의 헌신에 대한 대가로 집권층으로부터 수많은 특권을 받아 누렸다.

조선이 1876년(고종 13년)에 일본제국(1868-1947)과 강제로 강화도조약을 체결하면서 보부상단에게 큰 시련이 닥쳤다. 일본, 청국, 서양에서 외국 상인들이 들어와 보부상단의 상권을 침해하기 시작했던 것이다. 보부상단이 오랫동안 지켜왔던 시장질서는 무너지고 보부상의 지위는 크게 위축되었다. 이에 고종(1852-1919)은 1883년(고종 20년)에 보부상을 보호할 목적으로 보부청을 흡수한 혜상공국惠商公局을 설치하였다. 혜상공국은 1884년(고종 21년)에 상리국商理局으로 개칭되었다. 상리국에는 좌단과 우단을 두어 각각 부상과 보상을 관리토록 하였다. 고종이 적극적으로 보부상을 보호한 이유는 경제적 목적보다는 정치적 목적이 더 컸다. 예를 들면, 1894년(고종 31년)에 동학농민운동이 일어났을 때 농민군을 토벌하기 위하여 보부상 1천여 명을 동원한 적도 있었다. 상리국은 1899년(광무 3년)에 상무사相武社로 이관되었다.

조선 왕조는 개항 이후에도 보부상단을 보호하려고 노력하였다. 그러나 외국 상인들의 입김이 점차 거세지면서 보부상단의 세력은 빠르게 약화되었다. 또한 우리나라가 1910년에 일본제국의 식민지가 되면서 보부상단은 대대적으로 탄압받기 시작하였다. 일본제국은 민족상업의 기반이 되는 보부상단이 장차 큰 위협이 될 수 있다고 판단한 듯하다. 결국 일본제국의 탄압에 못 이겨 보부상단은 전국적인 조직망을 잃어갔고 역사의 뒤안길에 묻히게 되었다.

중세 유럽의 상인길드와 조선시대의 보부상단의 흥망성쇠興亡盛衰에는 여러 가지 공통점이 있다. 둘 다 원거리 무역을 활성화하는 데 기여했다. 또한 물품을 한 곳에 집중시켜 거래비용을 낮추고 상인 간에 지켜야 할 질서를 확립하는 데도 기여하였다. 그러나 상인길드와 보부상단은 정치세력에게 금전을 받치는 대가로 특권을 누리는 괴물로 변하였다. 그러다가 상인길드는 절대왕정이라는 새로운 권력에, 보부상단은 개항이라는 새로운 변화에 제대로 적응하지 못하고 쇠퇴의 길로 빠져버렸다. 그들이 누렸던 특권은 쉽게 포기할 수 없을 만큼 대단한 것이었다. 그만큼 새로운 변화에 적응하지 못하고 저항하다가 역사 속으로 사라진 것이다.

트러스트와 카르텔

담합의 역사는 제2차 산업혁명Second Industrial Revolution(1865-1900)과 제2차 세계대전Second World War(1939-1945)에 의해 완전히 바뀌었다.[18] 제2차 산업혁명에 힘입어 대량생산이 가능해지면서 영국뿐만 아니라 미국과 독일이 빠르게 산업화되었고 새로운 형태의 담합이 각 국가에서 발현하였다. 대표적인 사례가 미국의 트러스트trust와 독일의 카르텔cartel이다. 1890년에는 세계 최초로 미국에서 담합을 규제하는 반독점법Antitrust Act이 제정되었다. 이후 제1차 세계대전First World War(1914-1918)이 발발하였고 곧이어서 세계 경제는 미국을 시작으로 대공황Great Depression(1929-1939)을 겪었다. 이 시기에 독일의 카르텔은 우여곡절迂餘曲折을 거듭하며 그 세를 확장하였다. 제2차 세계대전은 독일이 카르텔에 힘입어 폴란드를 침공하면서 시작되었다. 그러나 독일이 패전하면서 카르텔로 대변되는 담합은 전 세계적으로 악의 축이라는 평가받기 시작하였다.

　미국은 왜 세계 최초로 담합을 규제하는 반독점법을 제정하게 된 것일까?[19,20,21,22] 미국 경제는 남북전쟁Civil War(1861-1865) 이후 빠르게 산업화되었다. 그 결과, 1860년대에 세계 4위 공업 국가였던 미국은 1890년대에 세계 1위 공업 국가로 성장하였다. 인구가 빠르게 증가하면서 수요가 크게 증가했고, 기술혁신으로 대량생산이 가능했던 덕분이다. 이 과정에서 대기업의 형성은 자연스러운 결과였다. 또한 이들 대기업은 점차 경쟁을 배제하는 여러 형태의 기업연합industrial combination을 주도하며 시장지배력market power을 강화하였다. 이 중에서 가장 대표적인 기업연합의 형태가 풀pool과 트러스트trust였다.

풀은 경쟁기업 간에 가격을 고정하고, 이익을 배분하며, 시장을 할당하는 일종의 합의공동체였다. 풀은 은밀한 합의에 기초하기 때문에 강제력이 약하였다. 그래서 자주 깨졌다. 트러스트는 시장을 독점할 목적으로 여러 기업을 하나로 묶어 대기업을 형성하고 이익을 지분에 따라 배분하는 형태의 기업연합이었다. 트러스트는 법에 따라 별도의 회사를 설립하는 것이기 때문에 법적 강제력을 행사할 수 있었다. 참고로 트러스트는 재산의 관리나 처분을 남에게 맡기는 사업의 형태를 말한다. 우리말로는 신탁信託이라고 한다.

미국의 최초 트러스트는 1882년에 뉴저지에 설립된 스탠더드 오일 컴퍼니Standard Oil Company였다. 당시 뉴저지는 미국에서 유일하게 기업이 다른 기업의 주식을 신탁받을 수 있도록 허용한 주state였다. 이에 한 변호사가 스탠더드 오일 컴퍼니에게 담합의 구속력을 강화하기 위한 방법으로 트러스트를 제안하였다. 이 덕분에 스탠더드 오일 컴퍼니는 미국 정유산업의 90%를 통제할 수 있었다. 거의 독점기업이라고 보면 된다.

스탠더드 오일 컴퍼니는 석유왕이자 자선가로 널리 알려진 존 록펠러John D. Rockefeller(1839-1937)가 설립한 회사다. 1868년에 펜실베니아 피츠버그에 처음 설립되었고, 이후 1870년에 미국 석유의 3분의 1을 생산하는 오하이오 주에도 설립되었다. 스탠더드 오일 컴퍼니는 트러스트를 결성하기까지 오하이오 주에서 가격을 터무니없이 낮게 책정하여 경쟁기업이 손해 보게 만들고, 철도업자들에게 리베이트rebate를 제공하여 철도운임을 할인받으며, 입법부를 매수하여 처벌을 피하거나 기업스파이를 고용하는 등의 방식으로 몸집을 불려 나갔다.

또한 정유, 송유, 철도 운송, 저장, 배럴barrel 제조 등 석유생산의 모든 단계를 수직적으로 통합하며 사업을 확장하였다. 이 때문인지 모르겠으나 당시 스탠더드 오일 컴퍼니는 문어Octopus로 불렸다. 기업의 문어발 확장이라는 말도 여기서 유래된 듯싶다. 그뿐만 아니라 판매지역도 인디애나, 일리노이, 미시건, 애리조나, 콜로라도, 아이다호, 몬테나, 네바다, 뉴멕시코, 와이오밍, 캘리포니아, 유타 등 미국 전지역으로 넓혀갔다.

그런데도 스탠더드 오일 컴퍼니는 다른 석유회사들과 경쟁하는 게 피곤했던 모양이다. 몸집을 불리는 데 성공했지만 다른 석유회사와 계속 경쟁해야 했기 때문이다. 그래서 스탠더드 오일 컴퍼니는 담합을 여러 번 시도하였다. 처음에는 잘 되는 듯하였지만 다른 석유회사의 배신으로 번번이 실패하였다. 그러던 어느 날 존 록펠러에게 뜻밖의 선물이 찾아왔다. 그것은 트러스트였다. 트러스트로 다른 석유회사들을 법적으로 옮아매 시장을 독점할 수 있다는 것이다.

이후 스탠더드 오일 컴퍼니는 미국의 기업 세계에서 독보적인 성공 신화가 되었다. 수년 내에 200개가 넘는 산업에서 트러스트가 형성될 정도였다. 오하이오 주의 상원의원 존 셔먼John Sherman(1823-1900)은 1889년에 트러스트를 이렇게 평가하였다. "트러스트라고 불리는 이 괴물은 지난 수년 동안 성장해 오면서 우리를 오싹하게 했다. 트러스트는 모든 산업에서 찾아볼 수 있을 정도다. 법과 도덕의 모든 원칙을 무시하고 각 산업을 착취하며 일반 대중을 희생물로 삼고 약탈하고 있다." 존 셔먼이 트러스트를 괴물에 빗댄 것은 당시 대형 문어를 바다 괴물이라고 불렀기 때문인 듯하다.

어떤 이는 트러스트가 과당경쟁을 억제하기 위해 결성되었다고 주장한다. 당시 기업들이 과잉생산으로 적재된 재고를 없애기 위해 치열하게 경쟁해야 했던 것은 부인할 수 없다. 그러나 누구의 입장에서 과잉생산이라고 판단할 수 있는지는 불명확하다. 또한 어떤 이는 트러스트가 노동자의 고용과 임금을 안정화하는 데 기여하였다고 주장한다. 기업이 정상적인 이윤조차 벌지 못하면 노동자는 임금삭감이나 구조조정을 감수해야 할 수 있기 때문이다. 그런데도 대부분의 사람들은 트러스트를 거대악으로 보았다. 트러스트를 규제해야 한다는 여론도 점차 거세졌다. 트러스트와 관련된 노동자 시위가 1881년부터 1900년까지 22,793건이 일어난 것만 봐도 알 수 있다. 미국노동연맹American Federation of Labor은 1886년에 독점을 금지하는 법을 제정할 것을 공식적으로 요구하기도 했다.

1888년 대통령 및 상·하원 선거에서는 민주당뿐만 아니라 공화당까지도 트러스트를 규제하겠다고 나섰다. 당시 민주당의 선거공약에는 "불필요한 세제 때문에 트러스트와 기업연합이 용인되었다. 다수의 국민은 자연스러운 경쟁의 이점을 얻지 못하고 소수의 기업들만 부당하게 높은 이윤을 즐기고 있다. 따라서 트러스트는 규제되어야 한다."고 적혀 있다. 전통적으로 친기업 성향을 가진 공화당도 선거에서 승리하기 위해 트러스트를 규제하겠다는 선거공약을 제시해야 했다. 코네티컷 주의 상원의원 오빌 플랫Orville H. Platt(1827-1905)은 "상원의원 대부분은 오로지 '트러스트 처벌'이라는 제목이 달린 법안을 가지고 지역구에 가는 일에만 몰두하였다."라고 당시 상황을 묘사했다.

결국 1890년에 미국에서 세계 최초로 담합을 규제하는 반독점법이 제정되었다. 당시 상황을 고려하자면 반담합법이 더 어울리는 번역이 아닐까 싶다. 참고로 이 법은 셔먼법Sherman Act이라고도 불린다. 이후 1911년에 대법원은 뉴저지 스탠더드 오일 컴퍼니가 셔먼법을 위반했다고 판결하고 트러스트를 해체할 것을 명령하였다. 당시 스탠더드 오일 컴퍼니는 33개의 정유회사로 분리되었다. 현재 미국 정유회사인 엑슨, 모빌, 쉐브론, 코노코 등이 스탠더드 오일 컴퍼니에서 분리된 회사라는 점은 놀랍지도 않다.

미국에 괴물과 같은 트러스트가 있었다면 독일에는 그 유명한 카르텔이 있었다.[23,24,25,26,27,28,29] 우리가 흔히 담합을 말할 때 트러스트보다 카르텔을 더 쉽게 떠올리는 것은 카르텔이라는 단어에 담합의 본질적인 특성이 내포되어 있기 때문이다. 카르텔cartel은 독일어 카르텔kartell의 영어식 표현이고, 독일어 카르텔은 라틴어 카르타charta에서 파생된 단어이다. 카르타는 중세 유럽에서 사용된 용어로 전쟁을 휴전하기 위해 서로 합의한 문서를 뜻한다. 카르텔은 전쟁터에서 병사들이 치열하게 싸우듯 경쟁해야 하는 기업에게 휴전협정과 같은 것이다. 실제 독일에서는 같은 지역의 동업자끼리 비공식적으로 아침에 식사하면서 서로의 애환을 나누는 것이 관행이었다. 이는 아침식사카르텔Frühstückskartell로 불렸다.

독일에서 가장 잘 알려진 아침식사카르텔은 1899년 4월 1일에 결성된 독일전기회사협회가 주관한 모임이었다. 당시 전기회사 대표들은 협회 모임을 빙자하여 아침 식사를 같이 하며 이런저런 이야기를 나눴던 모양이다. 열심히 경쟁해도 얼마 남기지 못하는 자신을 원망하다가도 동업자를 만나서 아침 식사를 하다 보면 왠지 모를 포만감에 약간의 위로를 얻었던 모양이다. 그러다가 이들은 무엇인가를 깨달은 듯하다. 우리는 누구를 위해 서로 경쟁하는 것일까? 서로 경쟁할수록 손해라는 사실을 깨닫고, 얼마 지나지 않아 전기 공시가격을 10% 인상하기로 합의하였다. 밥을 먹다가 친구가 되고, 친구가 되니 싸울 이유가 없었다.

처음에 독일에서는 카르텔을 나쁘다고 보지 않았다. 1871년에 독일제국(1871-1918)으로 통일된 이후 독일은 기술발전에 힘입어 빠르게 공업화되었다. 지역경제도 빠르게 통합되었다. 그러나 공업화 과정에서 과잉투자가 일어났고, 과잉생산으로 가격경쟁이 치열해지자 기업은 정상이윤조차 벌지 못하는 상황에 직면해야 했다. 결국 독일 경제는 경기불황에 빠졌고 경기불황은 몇년 동안 계속되었다. 이 때 독일에서는 카르텔에 대한 사회적 공감대가 형성되었다. 카르텔을 옹호했던 프리드리히 클라인베히터Friedrich von Kleinwächter(1838-1927)는 '카르텔은 과잉생산을 방지하여 가격의 안정화를 도모하고 경기불황에 공동으로 대처하여 서로가 손해 보는 경쟁을 예방할 수 있다.'고 평가하였다. 당시 경제 상황과 맞아떨어지는 주장이었다.

카르텔에 대한 평가는 1890년대부터 조금씩 달라졌다. 1894년에 열린 경제정책협의회에서 카르텔을 규제해야 한다는 주장이 제기된 것이다. 카르텔이 일부 지나친 경쟁을 완화하는 역할을 하더라도 상당 수준의 경제적 자유를 제한하기 때문에 국가가 입법화를 통해 보호카르텔과 독점카르텔을 구분하여 규제해야 한다는 주장이었다. 미국에서 담합을 규제하는 셔먼법이 1890년에 제정되었다는 소식도 상당한 영향을 미친 듯하다. 어디나 기업이 독점을 사랑하는 것은 똑같다. 그러니 독일도 기업의 독점을 가만두고 볼 수는 없었던 모양이다.

당시 논쟁에서는 카르텔에 대한 두 가지 가설이 제기되었다. 첫 번째 가설은 클라인베히터가 주장한 시장질서 가설이다. 두 번째 가설은 칼 뷔허Karl Bücher(1847-1930)가 주장한 시장지배 가설이다. 전자의 경우 카르텔의 긍정적인 역할이 크기 때문에 규제하지 않아야 하고, 후자의 경우 카르텔의 부정적인 결과를 방지하기 위해 규제해야 한다고 보았다. 카르텔에 대한 찬반 논란은 7년간 지속되다가 1987년에 당시 독일제국 법원의 판결로 일단락되었다. 법원은 "카르텔이 산업 자유의 원칙에 위배되지 않았다."라며 클라인베히터의 시장질서 가설에 손을 들어주었던 것이다. 이후 20년 동안 독일에서 카르텔은 유행처럼 번졌다.

카르텔 규제에 대한 찬반 논쟁은 1902년에 열린 법학술대회에서 다시 점화되었다. 라인-베스트팔렌 석탄 신디케이트Rhenish-Westphalian Coal

Syndicate가 1901년에 석탄 가격을 크게 인상한 것이 계기가 되었다. 신디케이트는 각 기업에 납품할 제품의 수량을 할당하고 사전에 결정된 가격으로 시장에 제품을 판매하는 공동판매회사를 말한다. 독일제국은 법학자들의 요구에 못 이겨 1902년부터 1906년까지 라인-베스트팔렌 석탄 신디케이트를 조사하였다. 그러나 뚜렷한 결론을 짓지 못하고 갑론을박을 제기하는 수준에서 그쳤다.

라인-베스트팔렌 석탄 신디케이트는 루르 지역Ruhr district의 탄광회사들이 1893년에 결성한 신디케이트다. 이들 탄광회사는 1870년대 후반대부터 여러 차례의 담합을 시도했으나 번번이 실패하고 말았다. 담합의 구속력이 약했기 때문이다. 1892년 1월에는 이 지역에서 석탄의 90%를 생산하는 탄광회사들이 담합의 구속력을 높이고자 협회를 창립하였다. 그러나 이마저도 실패했다. 이후 모두는 뼈아픈 경쟁을 경험해야 했다. 아픈 만큼 성숙한다고 했던가. 스탠더드 오일 컴퍼니가 여러 번의 실패 끝에 트러스트를 고안한 것처럼 루르 지역의 탄광회사들은 신디케이트를 생각해냈다.

라인-베스트팔렌 석탄 신디케이트는 1893년부터 1913년까지 독일 전체의 석탄 생산 50%, 루르 지역의 석탄 생산 90%를 통제할 정도로 막강하였다. 미국의 스탠더드 오일 컴퍼니의 트러스트만큼이나 강력하였다. 이후 신디케이트는 다른 산업으로까지 빠르게 전염되었다. 미국에서 트러스트가 빠르게 확산된 것처럼 말이다. 이에 사회민주당은 1908년에 신디케이트가 시장지배력market power을 남용하고 있다고 지적하며 신디케이트를 국유화해야 한다고 주장하기까지 하였다.

　한편 독일 정부는 1910년에 법으로 칼륨 산업potash mining 신디케이트를 유지하도록 명령하였다. 정부가 국가산업을 보호하기 위해 담합을 공인한 역사적인 사건이다. 원래 독일의 칼륨 산업은 1860년부터 신디케이트를 결성해 가격을 고정하는 방법으로 담합을 지속하였다. 그런데 대기업들이 1909년 6월부터 신디케이트를 연장하는 데 적극적이지 않자 무한경쟁에 직면한 중소기업들이 줄줄이 도산할 위험에 처하였다. 미국 기업들의 공격적인 가격 인하도 한몫하였다. 이에 독일 정부는 국가산업을 보호해야 한다는 명분을 내세워 칼륨 산업 신디케이트를 법으로 강제하였다. 그 덕분에 독일은 1918년 11월에 제1차 세계대전이 종료되기 직전까지 세계 칼륨 시장을 독점할 수 있었다.

　라인-베스트팔렌 석탄 산업도 1915년에 신디케이트를 연장하는 데 난항을 겪었다. 독일 정부는 칼륨 산업 신디케이트처럼 1915년 6월에 라인-베스트팔렌 석탄 신디케이트를 법으로 강제하는 조치를 내렸다. 그 덕분에 라인-베스트팔렌 석탄 신디케이트는 독일이 제2차 세계대전에서 패전한 이후인 1947년까지 유지될 수 있었다. 당시 독일 기업들이 정부가 법으로 신디케이트를 강제하는 것을 무조건 찬성한 것은 아니다. 법에 의한 강제는 합의에 의한 강제보다 기업의 자유를 더 침해할 수 있다고 보았기 때문이다. 그럼에도 불구하고 독일 정부의 적극적인 태도 때문인지 독일에서 카르텔은 빠르게 확산되었다. 카르텔 수가 1922년에 약 900개였으나 1925년에 약 2,400개로 증가할 정도였다.

카르텔이 짧은 기간에 급증하면서 그 폐해도 속속히 보고되었다. 제 1차 세계대전 이후 패전국인 독일은 승전국에 전쟁보상금을 지급하기 위해 대량의 통화를 찍어야 했다. 이 때문에 물가가 급등하는 초인플레이션hyperinflation 현상이 나타났다. 1923년 11월에 미국의 1달러가 독일의 4조 2천 105억 마르크Mark일 정도였다. 독일 정부는 극심한 인플레이션을 극복하기 위해 물가를 엄격하게 통제하였다. 그러자 기업은 카르텔을 악용해 인플레이션 부담을 노동자 또는 소비자에게 전가하였다. 이에 독일 정부는 카르텔을 통제할 목적으로 1923년 11월 2일에 경제력남용규제령Kartellverordnung을 제정하였다. 그런데 오히려 경제력남용규제령은 카르텔을 합법화하는 수단으로 악용되었다. 그 결과, 독일의 카르텔 수는 1926년에 약 3,000개로 늘어났다.

세계 경제가 1930년 전후로 대공황the Great Depression에 빠지자 독일의 카르텔도 심각한 위기에 직면하였다. 독일 대통령은 1930년에 소비자 물가를 인하할 목적으로 긴급명령을 발동하여 카르텔의 전부 또는 일부를 무효화할 수 있는 권한을 행정부에 부여하였다. 1931년에는 또 다른 긴급명령을 발동하여 모든 카르텔의 가격을 10%씩 삭감하는 조치를 내렸다. 대공황으로 매출이 급감하는 상황에서 정부의 긴급명령은 상당수의 카르텔의 존속을 위협하였다.

역사는 반전의 연속이다. 독일 나치당의 수장인 아돌프 히틀러Adolf Hitler(1889-1945)의 등장으로 역사 속으로 사라질 뻔한 카르텔이 더 번성하였기 때문이다. 히틀러는 1933년 7월 15일에 카르텔강제령을 내려 전

산업에서 카르텔을 결성하도록 명령하였다. 이전 시대의 카르텔이 계약자유liberty of contract의 원칙에 따라 결성되었다면, 히틀러 시대의 카르텔은 정치적 목적으로 전 산업에 걸쳐 강제되었다. 기업들은 이 조치에 크게 반발하지 않았다. 1934년에 접수된 133건의 카르텔 결성에 대한 승인신청이 이를 뒷받침한다. 그동안 자율적으로 카르텔을 결성하기 힘들었던 산업들이 대거 신청한 것이다. 이 중에서 110건은 승인 이전에 자율적으로 카르텔을 결성하였고, 나머지 23건은 강제로 결성되었다.

히틀러가 1933년에 카르텔강제령을 조치한 것은 카르텔의 이익을 보호하기 위해서가 아니었다. 전쟁에 대비해 기업을 더 효과적으로 통제하기 위해서였다. 제2차 세계대전의 전범 국가인 일본도 1931년에, 이탈리아의 독재자 베니토 무솔리니Benito Mussolini(1883-1945)도 1932년에 동일한 이유로 비슷한 조치를 내렸다. 이를 두고 하버드 대학교 에드워드 메이슨Edward S. Mason(1899-1992) 교수는 "카르텔이 히틀러는 만들었고, 히틀러가 전쟁을 일으켰다."라고 평가한다.[30]

1939년에 제2차 세계대전이 발발하고 1945년에 독일의 패배로 끝나자 카르텔의 운명도 완전히 뒤바뀌었다. 독일의 카르텔은 히틀러와 함께 역사에 씻지 못할 오명을 얻었다. 연합군이 독일에 경쟁의 자유freedom of competition를 제한하는 어떠한 계약도 불법이라고 선언하고 금지하였기 때문이다. 1945년 8월 2일에 결의된 포츠담 합의Potsdam Agreement 제3장 제12조에서는 '독일 경제는, 가장 빠르게 실행할 수 있는 날짜에, 특히 카르텔, 신디케이트, 트러스트 및 다른 독점 계약과 같은 경제 권력의 과도한 집중이 제거될 수 있도록 분권화되어야 한다.'라고 규정되어 있다. 이는 독일이 다시는 전쟁을 일으키지 못하도록 기반산업을 무력화하고 경제력을 약화하기 위한 조치였다.

1945년 이후 국제사회는 독일 정부에 더 명확하게 카르텔을 금지할 것을 요구하였다. 이에 독일 국회는 1952년에 카르텔을 명시적으로 금지하는 경쟁제한방지법Act Against Restraints of Competition을 상정하였고, 1957년에 제정하는 데 성공하였다. 독일이 카르텔에 대한 미련을 버리는 데 5년이나 걸린 셈이다. 참고로 독일의 경쟁제한방지법은 미국의 셔먼법보다 반세기가 넘는 62년이나 늦게 제정되었다.

반복되는 역사

기업의 담합은 지금도 계속되고 있다. 그러나 역사 속에서 담합은 그리 나쁜 것만은 아니었다.[31] 처음에는 좋은 목적에서 시작되었던 담합도 있었다. 중세 유럽의 상인길드가 그랬고, 조선시대의 보부상단이 그랬으며, 독일의 카르텔이 그랬다. 미국의 트러스트만 처음부터 나쁜 의도로 시작되었다. 이 때문에 미국이 세계 최초로 담합을 규제하는 법안을 만들었는지도 모른다. 또 다른 역사적 교훈이 있다. 담합이 처음에 선한 의도로 시작되었다고 하더라도 나중에 기업의 탐욕만을 채우는 수단으로 변질되었다는 점이다. 중세 유럽의 상인길드가 그랬고, 조선시대의 보부상단이 그랬으며, 독일의 카르텔이 그랬다.

한편 독일에서 일었던 카르텔에 대한 찬반 논란은 되짚어 볼 가치가 있다. 우리가 당연하게 여기고 있는 것이 반드시 그렇지 않을 수 있다는 교훈을 가르쳐 주기 때문이다. 클라인베히터의 시장질서 가설은 담합을 무조건 나쁘다고 보지 않는다. 반면 뷔허의 시장지배 가설은 담합을 무조건 나쁘다고 본다. 둘의 주장은 서로 대립하지만 둘 다 맞거나 틀릴 수 있다. 시장 상황에 따라 각각의 주장이 맞을 수 있고 틀릴 수 있다. 역사적인 사실이 이를 뒷받침한다.

지금 우리가 살고 있는 시대에 담합은 뷔허의 시장지배 가설의 지배를 받고 있다. 나쁜 담합은 규제받아야 한다. 그러나 예전처럼 지금도 좋은 담합이 존재할 수 있다. 우리가 담합을 나쁜 것으로만 인식하는 주된 이유는 담합의 역사를 제대로 접할 기회가 많지 않아서다. 또한 신문이나 뉴스 속에서 기업은 가격인상을 담합해 폭리를 취하고 입찰 경매에서 짬짜미하며 이윤을 나눠 먹는 괴물로 묘사되는 것을 자주 접하기 때문일 수 있다.

담합의 좋고 나쁨의 경계는 반복되는 역사 속에서 계속 변할 수 있다. 그런데도 경쟁과 담합에 대한 우리의 편견과 선입견이 그동안 우리를 지배하고 있던 것일지도 모른다. "지금은 맞고 그때는 틀리다." 2015년에 개봉된 한 영화의 제목이다. 담합에 대한 우리의 인식도 마찬가지일 것이다. 그렇다면 한 쪽의 주장에 매몰되기보다는 상황에 따라 판단하고 평가할 수 있어야 한다. 역사가 우리에게 그렇게 해야 한다고 가르친다.

제 3 장

손, 손, 손

There is no invisible hand.

- Joseph Stiglitz -

경제학의 아버지로 불리는 애덤 스미스는 시장은 보이지 않는 손the in-
visible hand에 의해 작동된다고 보았다. 누구도 가격을 맘대로 결정할 수
없다는 뜻이다. 보이지 않는 손이 가격을 결정하기 때문이다. 이 점에
서 보이지 않는 손은 모두에게 공정하다. 정부가 개입할 여지도 없다.
보이지 않는 손에 의해 작동되는 시장은 완전하기 때문이다.

　아쉽게도 현실에서는 완전한 시장을 찾기란 쉽지 않다. 몇몇 기업이
시장을 지배하는 경우가 많다. 이들 기업은 시장을 좌지우지하며 가격
에 영향을 미친다. 경제학에서는 기업이 시장지배력market power을 행사한
다고 말한다. 공정거래법에서는 기업 하나가 어떤 시장의 50% 이상을

차지하거나 기업 셋이 어떤 시장의 75% 이상을 차지하면 기업의 시장 지배력이 존재하는 시장이라고 평가한다.

기업이라면 대개 시장을 지배할 뿐만 아니라 독점하고 싶어 한다. 초과이윤excessive profit보다 더 큰 독점이윤monopoly profit을 누리고 싶어 한다. 그런데 기업이 시장을 독점하려면 다른 기업을 시장에서 내쫓거나 다른 기업이 시장에 들어오지 못하게 해야 한다. 그렇게 하려면 가격을 내려야 할 수 있다. 초과이윤이 줄어들 수밖에 없다. 한숨이 절로 나올 수밖에 없다.

경쟁은 기업에 몹쓸 짓이다. 시장을 독점하려 경쟁하지만, 손해만 보는 듯하기 때문이다. 그만두고 싶을 때가 한두 번이 아니다. 그만두는 것보다 더 묘한 꾀가 있다. 다 함께 가격을 올리거나 생산량을 줄이자고 약속하는 것이다. 다만 아무도 모르게 서로가 약속해야 한다. 그렇게 하면 이전보다 더 많은 초과이윤을 누릴 수 있다. 기업이 경쟁하다가 담합을 선택하는 이유다.

정부는 기업이 치열하게 경쟁하는 것이야말로 시장경제의 꽃이라고 외치지만 기업이 전혀 담합하지 않는 상황을 두려워한다. 보이지 않는 손이 존재하여 시장이 완전하거나 기업이 담합하지 않으면 정부가 할 일이 없어지기 때문이다. 정부는 시장 대부분이 불완전한 현실이 마냥 싫지 않은 듯하다. 정부는 무엇이라도 해야 한다는 사명감 때문인지 항상 자신의 존재를 시장에 보여주고 싶어 한다. 어떨 때는 자신에게 막강한 힘이 있다는 것을 자랑하고 싶어 한다.

결국 기업과 정부는 보이지 않는 손이 존재하지 않는 현실에서 하나의 진실을 놓고 다툰다. 기업은 아무도 모르게 손을 맞잡았더라도 담합하지 않았다고 말한다. 정부는 기업이 담합했다는 것을 보이고 싶어한다. 기업은 담합했더라도 나쁜 의도는 아니었다고 호소한다. 정부는 믿을 수 없다며 기업을 의심한다. 보일 수 없는 손과 보이고 싶어 하는 손의 끝없는 술래잡기라고 할까.

보이지 않는 손

에티오피아의 다나킬 사막Danakil Desert은 소금을 캘 수 있는 사막이다. 이곳 사람들은 사막에서 캔 소금을 팔아 번 돈으로 시장에서 필요한 물건을 산다. 소금이 없어도 된다면 굳이 소금을 캘 필요가 없다. 그러나 소금이 쓰이지 않는 곳은 없다. 소금은 사람의 생명유지에 필요한 필수재이기 때문이다. 이 때문에 소금에 대한 수요는 항상 존재할 수밖에 없다.

소금의 시장가격은 어떻게 결정될까? 사람들이 시장에서 파는 소금이 사는 소금보다 적으면 소금의 시장가격은 올라갈 것이다. 반대로 사람들이 시장에서 파는 소금이 사는 소금보다 많으면 소금의 시장가격은 내려갈 것이다. 여기서 파는 소금의 양을 소금 공급량, 사는 소금의 양을 소금 수요량이라고 하자. 그렇다면 소금 공급량과 소금 수요량이 일치할 때 소금의 시장가격이 결정되지 않을까?

〈그림 3.1〉 소금의 시장가격

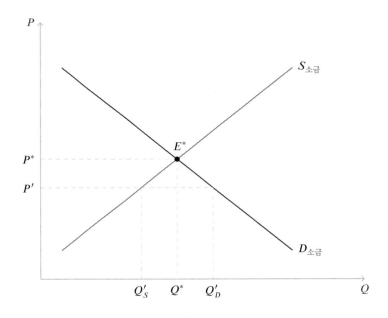

〈그림 3.1〉을 살펴보자. $D_{소금}$는 소금 수요곡선을, $S_{소금}$는 소금 공급곡선을 나타낸다. $D_{소금}$의 어느 한 점은 주어진 가격이 P일 때 소금수요량이 Q임을 의미한다. $S_{소금}$의 어느 한 점은 주어진 가격이 P일때 소금 공급량이 Q임을 의미한다. 예를 들면, 소금 가격이 P'일 때소금 공급량은 Q'_S이고 소금 수요량은 Q'_D이다. 소금 수요량이 소금공급량보다 크다. 즉 $Q'_S < Q'_D$이다. 소금캐는 사람들은 소금 수요량과소금 공급량이 서로 일치할 때까지 소금 생산량을 늘리고 소금 가격을올릴 것이다. 그 결과, 소금의 시장가격은 P^*로 결정될 것이다.

소금의 시장가격이 하나인 이유는 소금 수요곡선과 공급곡선이 한 점에서 만나기 때문이다. 소금 수요곡선이 우하향downward sloping하고, 소금 공급곡선이 우상향upward sloping하기 때문이다. 곡선이 우하향한다는 것은 곡선을 왼쪽에서 오른쪽으로 그릴 때 곡선이 아래로 떨어지면서 그려진다는 것을 뜻한다. 또한 곡선이 우상향한다는 것은 곡선을 왼쪽에서 오른쪽으로 그릴 때 곡선이 위로 올라가면서 그려진다는 것을 뜻한다.

소금 수요곡선이 우하향하는 것은 가격이 오르면 소금 수요량이 감소하고 가격이 내리면 증가한다는 것을 뜻한다. 왜일까? 소금을 맛볼 때를 생각해 보자. 처음에 소금 한 알갱이를 입안에 넣으면 싱거운 입맛이 짜진다. 기분이 묘하게 짜진다. 하지만 소금을 한 알갱이씩 입에 계속 넣을수록 짠맛이 주는 행복 또는 효용이 줄어든다. 이를 경제학에서는 한계효용 체감의 법칙Law of diminishing marginal utility이라고 한다. 그만큼 소금 한 알갱이의 한계효용이 갈수록 감소한다는 것을 뜻한다. 소금 가격이 낮아져야 소금을 더 소비한다는 뜻과 같다.

소금 공급곡선이 우상향한다는 것은 가격이 오르면 소금 공급량이 증가하고 가격이 내리면 감소한다는 것을 뜻한다. 왜일까? 소금을 만들 때를 생각해 보자. 뜨거운 태양 아래서 한 시간을 일할 때는 참을 만하다. 그런데 소금을 더 많이 생산하려면 더 많은 시간을 뜨겁다 못해 따가운 태양 아래서 일해야 한다. 온몸에 구슬땀이 흘러내린다. 소금 한 알갱이를 더 캐려면 더 많이 고생pain해야 한다. 더 많은 비용cost이 든다. 이를 경제학에서는 한계비용 체증의 법칙Law of increasing marginal cost이라고 한다. 그만큼 소금 한 알갱이의 한계비용이 갈수록 증가한다는 것을 뜻한다. 소금 가격이 높아져야 소금을 더 생산한다는 뜻과 같다.

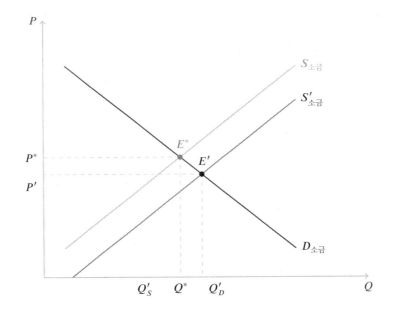

〈그림 3.2〉 가격과 경쟁의 관계

경쟁은 시장가격을 낮춘다. 다나킬 사막에서 소금을 캐는 사람들에게는 끔찍한 이야기다. 시장가격이 낮아지면 소득도 낮아질 것이다. 이를 만회하기 위해 다나킬 사막에서 소금을 더 캐면 시장가격은 더 낮아질 것이다. 예를 들어, 다나킬 사막에 소금 캐는 사람이 새로 여럿 생겼다고 가정해 보자. 소금을 캐는 사람이 많을수록 소금의 생산도 증가한다. 〈그림 3.2〉에서 볼 수 있듯이 소금 공급곡선이 $S_{소금}$에서 $S'_{소금}$으로 이동한다. 소금의 시장균형은 E^*에서 E'로 바뀐다. 소금의 시장가격은 P^*에서 P'으로 낮아진다. 그만큼 소금 수요량도 Q^*에서 Q'로 늘어난다.

경쟁이 더욱 치열할수록 시장가격은 계속 낮아질 것이다. 소금 캐는 사람들이 더 늘지도 줄지도 않는 수준까지 낮아질 것이다. 이때 소금 캐는 사람은 정상이윤normal profit밖에 벌지 못한다. 정상이윤은 초과이 윤이 영(0)이라는 뜻이다. 장사해도 본전이라는 뜻과 같다. 이러한 시 장을 경제학에서는 완전경쟁시장perfectly-competitive market이라고 부른다. 애덤 스미스의 보이지 않는 손이 완전하게 작동하는 시장이다.

그런데 정말 완전경쟁시장은 존재하는 것일까? 보이지 않는 손이 존 재한다고 믿는 것은 거의 종교적인 신념에 가깝다.[1] 모두가 존재할 것이 라고 믿지만 실제 목격한 사람은 찾아보기 어렵다. 2001년에 노벨 경 제학상을 수상한 조지프 스티글리츠Joseph Stiglitz(1943-)는 "보이지 않는 손 이 보이지 않는 것은 적어도 시장에 존재하지 않기 때문이다."라고 보 았다.[2] 기업은 본능적으로 독점을 좋아하고 경쟁을 싫어하기 때문이다. 어떤 기업이 시장경제의 원칙을 운운하고 보이지 않는 손을 찬양하며 정부의 규제를 비판한다면 그냥 정부의 규제가 싫어서 하는 말들이다.

재미있게도 우리나라 시장 대부분도 과점시장에 해당된다. 완전경쟁 시장을 찾기란 쉽지 않을 듯하다. 예를 들면, 우리나라에서 제조업 시 장은 2013년에 총 2,580개로 조사되었다.[3] 이 중 71.1%에 해당하는 1,835개 시장에서 상위 3개 기업이 시장의 50% 이상을, 47.5%에 해당 하는 1,225개 시장에서 상위 3개 기업이 시장의 75% 이상을 점유하고 있는 것으로 나타났다. 그나마 우리나라에서 서비스 시장은 상대적으 로 경쟁적이다. 2011년에 총 387개로 조사된 서비스 시장 중 7.5%에 해당하는 29개 시장에서 상위 3개 기업이 시장의 50% 이상을, 2.8%에

해당하는 11개 시장에서 상위 3개 기업이 시장의 75% 이상을 점유하고
있는 것으로 나타났다.[4]

보일 수 없는 손

기업은 시장지배력을 갈망한다. 초과이윤을 사랑한다. 독점이윤을 꿈꾼
다. 그러나 기업이 초과이윤을 얻기는 쉽지 않다. 서로가 경쟁하다 보면
초과이윤이 줄기 때문이다. 살 맛을 잃는다. 기업이 초과이윤을 확실하
게 얻을 방법은 두 가지다. 첫 번째 방법은 기술혁신으로 새로운 시장
을 개척해 다른 기업을 따돌리는 것이다. 또는 다른 기업과 차별화하는
것이다. 경쟁은 전쟁과 같다. 그 전쟁을 피하려면 다른 기업이 넘볼 수
없어야 한다. 두 번째 방법은 다른 기업과 함께 경쟁을 자제하자고 담
합하는 것이다. 기업이 언제나 기술혁신을 이룰 수 있는 것은 아니다.
그렇다고 다른 기업과 계속해서 경쟁할 수 없지 않은가.

　조지프 슘페터Joseph Schumpeter(1883-1950)는 진정한 기업이라면 새로운
상품과 서비스를 만들고, 새로운 생산 방식을 소개하며, 새로운 시장을
개척할 수 있어야 한다고 보았다.[5,6] 슘페터는 이를 창조적 파괴creative
destruction라고 불렀다. 옛것을 파괴해야 새것이 창조될 수 있다는 뜻이
다. 기업이 시장을 독점하려면 끊임없이 자신을 뒤집어야 한다는 뜻이
다. 마치 봄에 감자 씨를 심기 위해 밭을 뒤엎는 것과 같다. 그래야 감
자가 실하게 자랄 수 있다. 슘페터는 기업가의 창조적 파괴야말로 시장

경제를 키우는 자양분이라고 믿었다. 그 보상으로 기업이 시장을 독점하더라도 말이다.

애플Apple의 설립자 스티브 잡스Steve Jobs(1955-2011)가 2007년 6월 29일에 아이폰iPhone을 세상에 처음 내놓았을 때다. 많은 사람이 그의 혁신을 극찬하였지만, 또 다른 부류의 사람들은 그의 독선을 조롱하였다. 특히 소위 전문가들의 비판은 냉정하였다.[7] 아이폰은 이미 성공한 경험이 있는 아이팟iPod에 이동통신 기술을 덧붙인 것에 불과하다고 보았기 때문이다. 아이팟은 한국의 아이리버iriver를 모방한 MP3 재생기다. MP3는 음악을 전자적으로 저장하는 방식 중 하나다. 또한 잡스가 아이리버를 꽤나 시기했다는 것은 잘 알려진 사실이다.

블룸버그Bloomberg 칼럼니스트 매튜 린Matthew Lynn은 2007년 7월 14일 기사에서 세 가지 이유를 제시하며 아이폰의 실패를 단언하였다.[8] 첫째, 애플은 휴대전화 시장에 너무 늦게 나타났다. 노키아와 모토롤라의 휴대전화기를 버리고 애플의 아이폰을 새로 살 사람은 많지 않을 것이기 때문이다. 둘째, 이동통신 사업자들이 아이폰에 보조금을 지불하는 데 협조적이지 않을 것이다. 이 때문에 애플은 아이폰을 많이 팔지 못할 것이다. 셋째, 아이폰은 아이팟을 지키기 위해 만들어진 상품이다. 대개 이런 상품은 성공하기 힘들다. 곧 다른 회사가 모방할 수 있다. 그러나 매튜 린의 예상은 보기 좋게 빗나갔다. 그 이유는 간단하다. 그는 아이폰을 제대로 이해하지 못하였기 때문이다. 아이폰은 그저 음악이나 들을 수 있는 휴대전화기가 아니었다. 언제나 휴대할 수 있고 어디서나 이용할 수 있는 개인컴퓨터personal computer였다.

기업은 혁신을 통해 경쟁에서 살아남으려고 애쓴다. 경쟁이 혁신을 낳는다고 말해도 과언이 아니다. 기업은 혁신에 성공하면 시장을 독점하지만, 혁신에 실패하거나 경쟁에서 뒤지면 시장에서 도태된다. 예를 들면, 애플은 기술혁신에 성공한 대가로 수년 동안 세계 휴대전화 시장의 총수익 중에서 80% 이상을 독식하고 있다.[9] 다른 기업을 따돌리고 도태시킨 덕분이다. 반면에 애플의 아이폰 때문에 여러 기업은 온갖 수난을 겪어야 했다.[10] 모토롤라는 2011년 8월 15일에 구글에, 노키아는 2013년 9월 2일에 마이크로소프트에 매각되었다. 휴렛 팩커드, 델, 블랙베리, 마이크로소프트, 소니, 인텔까지도 큰 타격을 입었다.

스티브 잡스와 마이클 델Michael Dell(1965-)의 일화다.[11] 잡스가 1997년에 애플로 돌아왔을 때 델은 잡스가 애플을 망하게 할 것이라며 잡스를 한껏 비웃었다. 그러나 델은 자신의 운명이 잡스 때문에 뒤바뀔 것이라는 것을 내다보지 못하였다. 애플의 시가 총액이 2006년 1월 13일에 델의 시가 총액을 넘어서자 잡스는 직원들에게 전자우편을 보내 '주가라는 것이 원래 오르고 내리기를 반복하는 것인데 델은 미래를 너무 서툴게 예측하려고 하였다.'라며 델을 핀잔하였다. 델은 애플 때문에 지속적인 경영악화를 겪어야 했다. 결국 델은 2013년 2월 5일에 경영악화에 대한 책임을 지고 주주shareholders의 주식을 전부 사들여야 했다. 잡스에게 퍼부었던 저주가 자신에게 되돌아온 것이다.

사람의 간섭이나 개입이 필요한 것 중에 멈추지 않는 것이 있을까?

기술혁신도 마찬가지다. 멈출 때가 있다. 잡스가 2011년에 세상을 떠나고 팀 쿡Timothy D. Cook(1960-)이 애플의 운전대를 잡았을 때 사람들은 애플이 더 이상 혁신적이지 못할 것이라고 내다봤다. 물론 팀 쿡은 애플의 기술혁신을 그런대로 잘 이끌어 가고 있다고 평가받는다. 그러나 기업이 더 이상 기술혁신을 이루지 못한다면 다시 지옥 같은 경쟁 속으로 뛰어 들어가야 한다. 초과이윤은 점차 쪼그라들 것이다. 이때 기업은 달콤한 유혹을 느낄 수 있다. 서로가 경쟁을 자제하면 어떨까? 경쟁하는 것보다 담합하는 것이 현명한 처사일 수 있다. 그래야 넉넉한 초과이윤을 얻을 수 있으니 말이다.

한 가지 이상한 것이 있다. 기업이 혁신으로 시장을 지배하고 독점하더라도 사람들은 대개 그 기업을 칭찬한다. 때로는 경외감을 표시한다. 숭배하는 사람들도 있다. 그러나 기업이 담합으로 시장을 지배하거나 독점했다는 것이 알려지면 사람들은 대개 그 기업을 비난한다. 탐욕스럽다며 경멸하는 사람들도 있다. 정말 혁신에 의한 독점은 정당하고, 담합에 의한 독점은 부당한 것일까? 어찌 되었든 독점이 반드시 나쁘지 않을 수 있다는 조지프 슘페터의 주장에 일리가 있어 보인다.

생각해 보자. 혁신은 사람들의 삶을 풍요롭게 한다. 더 많은 선택의 기회와 더 편리한 삶의 방식을 제공한다. 이 때문에 사람들은 비싼 값을 지불하더라도 크게 불평하지 않는다. 혁신은 그만한 가치가 있다고 생각한다. 담합은 그렇지 않다. 가격이 이유 없이 오른다. 소비할 기회가 줄어든다. 삶의 수준이 빡빡해진다. 이 때문에 사람들은 기업의 담합을 부당하다고 믿는다. 기업이 몰래 담합하는 이유다. 담합이 보일 수 없는 손invisible handshakes에 비유되는 이유다.[12]

보이고 싶은 손

시장에는 또다른 손이 존재한다. 그것은 정부다. 정부에게는 공정경쟁fair competition을 촉진하고 공공복리public welfare를 증진할 책임이 있다. 이 때문에 정부는 공정경쟁과 공공복리를 훼손하는 행위를 규제할 책임도 갖는다. 기업의 담합이 그중에 하나다. 담합은 다른 기업이 공정하게 경쟁할 자유와 기회를 제한한다. 언제나 소비자에게 손해를 끼친다. 기업의 담합으로 사회 전체의 공공복리가 후퇴할 수 있다. 정부가 담합을 규제해야 하는 가장 중요한 이유다.

어떤 이는 자기 물건을 다른 사람과 약속해 비싸게 파는 게 무슨 잘못이냐고 따진다. 담합을 사유 재산권의 정당한 행사로 볼 수 있는 것 아니냐고 주장하는 것과 같다. 그럴듯하다. 시장경제에서 사유 재산권의 행사는 기본적으로 보장되어야 한다. 기업도 마찬가지다. 자신이 만든 물건을 비싼 값에 파는 것도 하나의 자유로운 사유 재산권의 행사일 수 있다. 뿐만 아니라 기업에게 경쟁을 강요하는 것은 기업의 자유를 침해하는 것일 수 있다. 그럼에도 불구하고 자유롭게 권리를 행사하려면 항상 그에 상응하는 책임도 져야 한다. 다른 경제주체의 자유와 권리를 침해한다면 그 권리 행사는 제한될 수 있어야 한다.

하지만 정부도 가끔 실수할 때가 있다. 특히 소비자를 핑계 삼아 기업의 담합을 무리하게 판단하고 규제할 때가 있다. 라면가격 담합사건이 대표적인 사례다. 또는 기업을 잠재적 범죄자로 생각하는 듯하다. 본능적으로 경쟁을 싫어하는 기업이 담합을 선택하는 것은 당연하다고 여기는 듯하다. 이런 기업을 정부는 눈뜨고 볼 수 없다. 모조리 잡아야 한다. 그렇지 않으면 자신의 존재가 부정될 수 있기 때문이다. 정부가 보이고 싶은 손에 비유되는 이유다.

2012년 3월 라면가격 담합사건에 앞서 발표된 치즈가격 담합사건을 살펴보자.[13] 공정거래위원회는 2011년 8월 9일에 치즈가격을 공동으로 인상한 치즈 제조사 5곳에게 시정명령을 조치하고 과징금 106억 원을 부과하였다. NY유업은 이에 불복하였고 서울고등법원에 항소하였다. 서울고등법원은 2012년 8월 31일에 "NY유업을 비롯한 업체들이 담합을 합의한 것으로 인정된다고 볼 수 있다."라며 원고 패소를 판결하였다.[14] NY유업은 다시 대법원에 상고하였다. 대법원도 2013년 2월 28일에 공정거래위원의 손을 들어주었다.[15]

치즈가격 담합사건과 라면가격 담합사건은 원가상승 때문에 가격이 비슷한 시기에 비슷한 폭으로 인상된 점이 비슷하였다. 그러나 두 가지 이유로 치즈가격 담합은 부인되기 어려웠다. 첫째, 치즈가격을 인상하기로 합의한 증거가 인정되었다. NY유업을 제외한 나머지 치즈 제조사가 합의를 인정했기 때문이다. 둘째, 치즈원가가 낮아졌을 때 치즈가격은 낮아지지 않았다. 가격인상의 원인이 원가상승만이 아닐 수 있다는 뜻으로 풀이된다.

치즈 시장의 특징을 살펴보면 다음과 같다.[16] 치즈 시장은 2008년 매출액 기준으로 SL우유가 44.3%, ML유업이 40.3%, DY유업이 6.7%, NY유업이 3.7%, 기타 제조사가 5.0%를 차지한다. 참고로 치즈 시장의 시장점유율은 국내 시장에 직접 판매되는 수입산 완제품 치즈의 매출액을 제외하고 계산되었다. 국산 치즈는 수입산 자연 치즈를 가공하여 만든다. 수입산 자연 치즈가 국산 치즈 생산원가의 약 75%를 차지할 정도다. 그만큼 국산 치즈의 가격은 수입산 자연 치즈의 가격에 민감하게 반응할 수밖에 없다. 수입산 자연 치즈의 가격이 인상되면 국산 치즈의 가격도 올라갈 수밖에 없다.

치즈가 언뜻 보면 다 똑같아 보일지 몰라도 그렇지 않은 모양이다. 소비자의 까탈스러운 입맛을 맞추기 위해 치즈 제조사들은 꽤나 고생한 듯싶다. 부단히 애쓴 흔적도 엿볼 수 있다. 제품 차별화는 물론 브랜드 경쟁도 치열하였다. 당시 사회적으로 건강에 대한 관심이 커지면서 치즈 제조사들은 각종 웰빙치즈를 경쟁적으로 선보였고, SL우유는 'SL치즈', ML유업은 'SH치즈', NY유업은 'DV치즈', DY유업은 'SN치즈'를 브랜드로 내세우며 자신의 치즈가 더 맛나고 건강에 좋다고 피력하였다. 경쟁은 언제나 기업을 피곤하게 한다.

〈그림 3.3〉에 나타난 체다치즈cheddar cheese의 가격 추이를 살펴보면 치즈가격의 담합을 쉽게 추정할 수 있다. 비슷한 시기에 비슷한 폭으로 체다치즈 가격이 오른 것이 분명해 보이기 때문이다. 참고로 체다치즈

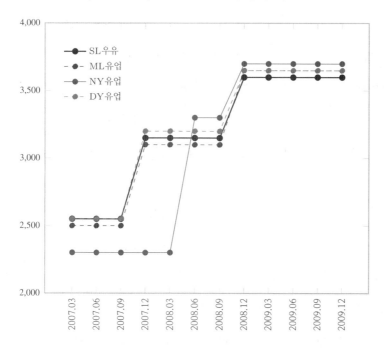

〈그림 3.3〉 체다치즈의 가격 추이 [13]

는 영국 체다 지방에서 유래된 치즈다. 세계에서 가장 많이 생산되고 팔리는 치즈 중에 하나다. 한 가지 눈에 띄는 것이 있다면 NY유업이다. NY유업의 체다치즈 가격이 조금 다른 양상으로 올랐기 때문이다. NY유업은 정말 치즈가격 담합에 가담하였던 것일까?

왜 법원은 NY유업이 치즈가격 담합에 가담했다고 판단하였을까? 아쉽게도 NY유업은 자신이 치즈가격 담합에 가담하지 않았다는 사실을 입증하지 못한 듯하다. NY유업은 2008년 6월 이전까지 치즈가격 담합에 적극적으로 가담하지 않은 것으로 보인다. SL우유, ML유업, DY유업이 치즈가격을 엇비슷하게 올렸을 때 NY유업은 치즈가격을 올리지 않았다. 처음에는 가격경쟁을 시도했던 것으로 보인다. 그러나 다른 기업보다 치즈가격을 낮게 유지하더라도 시장점유율이 크게 오르지 않았던 모양이다. 약간의 가격 차이가 시장점유율에 큰 영향을 미치지 못했던 것이다. 이후 NY유업은 2008년 6월부터 세 차례에 걸쳐 남들보다 치즈가격을 더 높게 인상하였다. 약간의 가격 차이가 시장점유율에 큰 영향을 미치지 않는다면 치즈가격을 조금 높게 올려도 괜찮다는 것을 깨달은 듯하다.

치즈 제조사들이 치즈가격을 담합한 배경은 라면가격 담합사건과 비슷하다. 2007년 상반기부터 국산 치즈의 원재료로 사용되는 수입산 자연 치즈의 가격이 크게 상승하였다. 즉 치즈가격은 원가상승으로 인상되어야 했다. 그래서 시장점유율이 가장 높은 SL우유가 치즈가격을 먼저 올려주면 다른 치즈 제조사들도 뒤따라 가격을 올렸다. 시장점유율이 가장 높은 SL우유가 치즈가격을 먼저 올릴 것을 안 듯하다. 또는 치즈가격을 SL우유보다 먼저 올릴 수 없었던 모양이다. 품질 경쟁이 치열한 시장에서 1위를 달리는 SL우유보다 치즈가격을 높게 받는 것은 자살행위일 수 있기 때문이다.

ML유업 실무자의 증언이다. "가격인상에 대한 얘기가 거의 주였습니다. 당시 우리 회사는 당장 가격을 올려야 하는 상황이다. 하지만 SL우유의 가격인상이 있어야 가능하니, SL우유에서 먼저 올릴 수 있도록 해달라. 가격을 인상할 때 가격 갭이나 그런 것들을 논의했고… 주로 가격인상에 대한 순서에 대해 이야기가 있었는데… 그전까지 SL우유가 먼저 올리고 나머지가 따라 올라가는 구조였는데… 당시에는 SL이 이번에는 ML이 먼저 가격을 올리라고 해서… 그것 가지고 왈가왈부하였습니다. (중간생략) 어쨌든 SL이 ML하고 같이 하거나 빨리하지 늦게는 하지 않을 거라고 해서 그럼 가격인상 일정은 추후에 합의하기로 하자고 하고 헤어졌습니다."

이 증언은 치즈가격 담합사건에서 치즈 제조사의 가격인상 합의를 입증하는 증거로 인정되었다. 그러나 공정거래위원회의 의결서에 기술된 진술을 찬찬히 읽어보면 서로 가격인상을 걱정하며 가격정보를 교환한 정황이 대부분을 차지한다. 딱히 치즈가격 담합을 합의한 명확한 진술이나 증거는 쉽게 눈에 띄지 않는다. NY유업을 제외한 나머지 치즈 제조사들이 합의를 인정했다는 것이 유일한 증거인 듯하다. 이 점이 라면가격 담합사건과 다른 점 중에 하나다. 참고로 라면가격 담합사건은 정보교환의 존재는 입증되었지만, 합의의 존재는 입증되지 못하였다.

라면가격 담합사건과 또 다른 점이 있다. 국산 치즈의 주원료인 수입산 자연 치즈의 가격이 2009년 초부터 크게 하락하기 시작하였다. 그렇다면 치즈가격도 인하되어야 했다. 서로가 지난 애환을 회상하며 이제 치즈가격을 조금씩 내려보면 어떨까 하며 우푼 말이라도 건네야 했다. 물론 그러한 일은 일어나지 않았다. 이후에도 체다치즈의 가격은 그대로 유지되었다. 특히 NY유업은 다른 치즈 제조사보다 치즈가격을 더 높게 유지하였다.

대법원이 공정거래위원회의 손을 들어준 만큼 치즈가격 담합은 사실로 확정되었다. 더 이상 논란의 여지가 없다. 그럼에도 불구하고 과연 NY유업이 치즈가격 담합에 가담한 것일까? 과연 다른 치즈 제조사들은 치즈가격을 담합한 것일까? 아마 라면가격 담합사건에 대한 법원의 판결을 보면서 자신들이 담합을 시인한 것을 많이 후회했을 법하다. 치즈 시장의 특징이나 NY유업의 선택을 고려한다면 치즈가격 담합에 대한 공정거래위원회나 법원의 판결에 살짝 의심이 든다. 재심을 받을 수 있다면 적극 권유해 보겠다.

치즈가격 담합사건에 대한 자료를 찾다가 재밌는 사실을 하나 발견하였다. 공정거래위원회가 치즈가격 담합을 의결하기 직전인 2011년 7월에 일어난 일이다. 공정거래위원회는 「대한민국 정책브리핑」에서 치즈가격 담합의 이유를 '소비자들이 브랜드 인지도보다는 가격에 민감하기 때문'이라고 밝혔다.[17] 이는 2011년 8월에 작성된 공정거래위원회의 의결서에서 밝힌 치즈 시장의 특성과 완전히 다른 이야기다. 어찌된 영문인지 모르겠으나 동일한 시장을 놓고 전혀 다른 평가를 내놓았다는 것이 의심스럽다. 이는 정부의 판단이 언제나 옳지 않을 수 있다는 것을 간접적으로 보여주는 듯하다.

공정거래위원회는 치즈가격 담합사건을 조사하면서 라면가격 담합을 다시 의심하기 시작한 듯하다. 원가인상을 이유로 가격정보를 교환하고 가격을 비슷한 시기에 비슷한 폭으로 올린 모양새가 서로 너무 똑같기 때문이다. 특히 공정거래위원회는 지난 두 번의 실패를 만회하고 싶었다. 라면가격 담합을 세상에 알리고 싶었다. 그러나 불행하게도 공정거래위원회는 또다시 쓴맛을 봐야 했다. 라면도 치즈처럼 가격이 아닌 품질이 중요한 시장이라는 것을 간과했기 때문이다.

정부는 소비자의 후생이 아닌 사회 전체의 공공복리를 훼손하느냐의 여부에 따라 기업의 담합을 규제해야 한다. 기업의 담합이 설령 소비자에게 손해를 끼친다고 해도 공공복리가 훼손되지 않는다면 정부는 그 담합을 규제해서는 안 된다는 뜻이다. 그럼에도 불구하고 정부는 소비자를 핑계로 보이고 싶은 손에 너무 많은 힘을 줄 때가 있다. 라면가격 담합사건에서 그랬고, 치즈가격 담합사건에서도 별반 다르지 않았다. 두 담합사건만 보더라도 정부의 판단이 틀릴 수 있다는 것을 부인할 수 없다.

제 4 장

나쁜 경쟁, 좋은 담합

If we all go for the blonde and block each other,
not a single one of us is going to get her.

– John F. Nash Jr. –

일반적으로 '좋다'와 '나쁘다'의 구분은 개인의 윤리적 가치관 또는 경제적 선호도에 따라 달라질 수 있다. 내가 좋아도 다른 사람에게 나쁘면 나에게는 좋은 것이지만 다른 사람에게는 나쁜 것일 수 있다. 그렇다면 어떤 것에 대한 가치는 상대적으로 평가되는 것이 마땅하다. 이기심이 지배하는 자유 사회에서는 더욱 그래야 한다. 물론 상대적으로 평가되어야 할 가치가 절대적인 가치라고 강요받을 때도 많다. 이는 절대적인 가치가 존재하지만, 그 가치를 객관적으로 평가할 수 없을 때 쉽게 나타나는 현상이다. 또는 사람의 편견, 선입견, 인지의 한계에도 불구하고 대개 상대적으로 힘이 있는 자가 강요하면 그것이 절대적인 가치가 되어버리기 때문이다.

경쟁에 대한 평가도 마찬가지다. 현대 사회에서 경쟁은 항상 좋은 것이라고 평가받는다. 특히 시장경제를 논할 때 더욱더 그렇다. 완전경쟁 시장이 가장 공정하다고 믿는 것처럼 시장이 경쟁적일수록 더 공정하다고 믿기 때문이다. 언제나 사회 전체에게 유익하다고 믿기 때문이다. 그러나 이러한 평가는 강요받는 것일 수 있다. 자신이 치열하게 경쟁해야 할 상황에서 경쟁이 좋다고 말할 사람은 없다. 기업에는 더욱 그렇다. 기업이 제일 싫어하는 것이 경쟁이다. 더 나아가 경쟁은 사회 전체적으로 유익이 아니라 손해를 가져올 수 있다.

담합에 대한 평가도 마찬가지다. 우리가 경쟁을 항상 좋은 것이라고 믿는 것처럼, 우리는 담합을 무조건 나쁜 것이라고 믿는다. 경쟁해야 할 기업이 서로 경쟁하지 않기로 담합한다면 그것은 당연히 기업에게 이득이기 때문일 것이다. 담합이 항상 나쁘다고 평가되는 이유다. 그러나 기업의 담합이 사회 전체적으로 유익을 가져올 수 있다. 그 담합이 소비자에게 손해를 끼치더라도 말이다. 이러한 주장이 역사적 사실에 의해 뒷받침되더라도 쉽게 믿어지지 않을 것이다. 어떻게 기업의 담합이 사회 전체적으로 유익할 수 있는가?

경쟁에도 나쁜 경쟁이 있을 수 있다면 담합에도 좋은 담합이 있을 수 있다. 1994년에 노벨 경제학상을 수상한 프린스턴 대학교Princeton University 존 내시John F. Nash Jr.(1928 – 2015) 교수는 '우리 모두가 금발미인을 얻기 위해 서로 방해(경쟁)하면 누구도 그녀를 얻지 못할 것이다.'라고 말하였다.[1] '경쟁'보다 '협력'이 나을 수 있다는 뜻이다. 테네시대학교University of Tennessee 법학과 모리스 스터크Maurice E. Stucke 교수는 2013년에 발표한 논문에서 '경쟁은 항상 좋은 것일까?Is competition always good?'라고 물었다.[2] 그의 질문을 뒤집어보면 이렇다. '담합은 항상 나쁜 것일까?'

시장균형

경제학에서는 시장을 주로 독점시장monopoly market, 과점시장oligopoly market 완전경쟁시장perfectly-competitive market으로 나눠 분석한다. 독점시장은 한 기업이 시장 전부를 독차지하는 시장이다. 과점시장은 몇몇 기업이 시장을 나눠 먹는 시장이다. 독점시장과 과점시장에서 기업은 시장지배력을 갖는다. 각 기업이 시장가격에 영향을 미칠 수 있다는 뜻이다. 과점시장 중에서 두 기업이 경쟁하는 시장은 복점시장duopoly market이라고 한다. 완전경쟁시장은 수많은 기업이 시장지배력 없이 경쟁하는 시장이다.

시장의 경쟁구조는 기업이 얼마나 쉽게 시장에 진입할 수 있느냐와 각 기업이 얼마만큼의 시장지배력을 행사할 수 있느냐에 의해 결정된다. 참고로 시장의 경쟁구조는 간단하게 시장구조market structure라고 말한다. 독점시장에서 기업은 경쟁할 필요가 없다. 시장수요에 따라 독점가격을 결정하면 된다. 과점시장에서 기업은 서로 눈치를 보며 시장가격을 결정한다. 완전경쟁시장에서 기업은 죽은 것이나 마찬가지다. 스스로 할 수 있는 게 없다. 시장가격은 이미 보이지 않는 손에 의해 결정되었기 때문이다. 이렇듯 시장가격은 시장구조에 따라 다르게 결정된다.

시장균형market equilibrium은 시장가격이 결정된 상태를 의미한다. 그러나 시장균형은 기업이 외부로부터 충격이나 간섭을 받을 경우 변할 수 있다. 담합균형collusion equilibrium이 대표적인 경우다. 담합균형은 기업이 공동으로 경쟁을 얼마만큼 제한하느냐에 따라 결정된다. 예를 들면, 과점시장에서 기업은 가격을 독점가격으로 정하자고 담합할 수 있다. 이 경우 담합균형은 독점균형과 같아진다. 물론 기업은 가격을 독점가격보다 낮게, 시장균형보다 높게 정하자고 담합할 수도 있다.

설악산 울산바위 정상에서 시원한 음료수를 판매하는 매점을 생각해보자. 매점은 하나다. 누가 봐도 독점시장이다. 누가 음료수 가격을 결정하는지도 쉽게 알 수 있다. 그렇다면 매점 주인은 음료수 가격을 어떻게 결정할까? 매일 울산바위 정상까지 오르는 등산객 수를 파악했을 것이다. 고객 수는 등산객 수에 비례할 것이기 때문이다. 이를 바탕으로 매점 주인은 울산바위 정상에서 음료수에 대한 수요함수를 다음과 같이 예측하였다.

$$P = a - bQ$$

여기서 P는 가격, Q는 수요량을 나타낸다. 상수 a와 b는 영(0)보다 크다고 가정하자.

울산바위 정상에 있는 매점의 이름을 '울정'이라고 부르자. 음료수 가격이 P일 때 울정이 음료수를 Q만큼 팔면 울정의 총수입(TR)total revenue은 PQ가 된다. 한편 음료수를 울산바위 정상에서 판매하려면 운반비용과 보관비용이 든다. 울정 주인은 매일 음료수를 산 밑에서부터 울산바위 정상까지 지게로 운반한다. 울산바위 정상은 해발 870m이며, 보통 성인 걸음으로 정상까지 2시간 정도 걸린다. 음료수는 소형 발전기로 돌리는 냉장고에서 차갑게 저장된다. 울정 주인이 음료수 한 병을 판매할 때 드는 비용을 상수 c라고 가정하자. 이 경우 울정의 총비용(TC)total cost은 cQ가 된다. 따라서 울정의 이윤함수(π)profit function는 총수입(TR)에서 총비용(TC)을 차감한 값으로 계산된다.

$$\pi = PQ - cQ$$

일반적으로 사람들은 물건을 많이 팔면 이윤이 많이 남을 것으로 생각한다. 그렇지 않다. 물건을 많이 판다는 것은 그만큼 가격이 낮다는 뜻이다. 그런데 가격이 낮으면 그만큼 이윤도 적다. 탈무드Talmud에 이런 말이 있다. '박리다매薄利多賣는 자신의 목에 거는 자물쇠요, 후리소매厚利小賣는 자신이 영원히 번성하는 지름길이다.' 박리다매는 이윤을 적게 남기고 대신에 많이 판다는 뜻이고, 후리소매는 이윤을 크게 남기기 위해 적게 판다는 뜻이다. 기업이 이윤을 많이 남기려면 많이 팔지 않아야 한다.

미국에 사는 한 유대인의 이야기다.[3] 그 유대인은 신발가게를 열어 제조원가가 5달러인 신발을 15달러에 팔기로 하였다. 그런데 그가 신발가게를 열려고 하자 친구들이 그를 말렸다. 근처에 있는 다른 신발가게들은 똑같은 신발을 10달러에 팔고 있기 때문이다. 그렇다면 아무도 똑같은 신발을 15달러에 사지 않을 것이고, 유대인 친구의 신발가게는 곧 망하게 될 것이다. 그 유대인은 친구들의 이야기를 듣고 용기 내어 신발가게를 열기로 결정하였다.

며칠 후부터 그 가게에 손님이 드나들기 시작하였다. 의외로 장사가 꽤 되는 듯하였다. 친구들은 그 소식을 듣고 유대인 친구가 가격을 내렸을 것이라고 짐작하였다. 그러나 친구들의 생각은 보기 좋게 빗나갔다. 유대인 친구는 옆 가게에서 10달러에 파는 신발을 30달러에 팔고 있었다. 제정신이 아니라고 핀잔하려고 했지만 다들 의문이 들었다. '왜 사람들은 이런 미친 가격에 신발을 사는 것이지? 조금만 걸어가면 10달러에 살 수 있는 신발을…'

유대인 친구는 웃으면서 대답하였다. "내가 옆 가게와 똑같은 신발을 판다고 생각하는 건 아니겠지? 잘 생각해 봐. 내가 너희들 말을 듣고 10달러에 신발을 팔았다면 곧 망했을 거야. 우선 내가 고객에게 신발만 파는 것은 아니야. 신발 자체는 옆 가게와 똑같지만, 그와 함께 평생 수선권과 가족 할인권을 같이 팔고 있지." 그 유대인이 신발을 값싸게 팔았다면 옆 가게도 곧 가격을 내릴 게 뻔하다. 경쟁을 피하려면 무엇인가 달라야 했다. 그는 고객에게 신발을 파는 장사꾼이 아니라, 신

〈그림 4.1〉독점시장의 균형

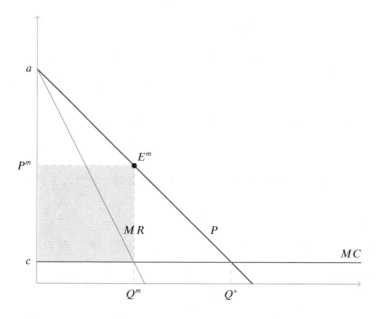

발을 통해 그들과 관계를 맺고 있는 사업가였다.

울정 주인도 똑같이 생각했던 것 같다. 무조건 많이 팔 생각이라면 음료수를 싸게 팔아야 한다. 그러나 울정 주인은 산 밑에서 1천 원도 안되는 음료수를 3천 원에 팔고 있다. 음료수 가격만 보고 비싸다고 생각하면 누구도 절대 사 먹지 않을 것이다. 음료수를 사서 가방에 넣고 울산바위 정상에 오르면 울정에서 음료수를 사 먹지 않고도 비슷한 행복을 느낄 수 있다. 그러나 해발 870m인 울산바위 정상에서 사 먹는 음료수는 분명 남다르다. 가벼운 몸으로 그 높은 곳을 올라 시원한 음료수를 사서 마실 수 있다는 그 자체만으로도 특별한 느낌을 얻을 수 있다. 음료수 가격이 이를 증명하고 있지 않은가.

〈그림 4.1〉은 울정 주인이 음료수 가격을 어떻게 결정하는지를 보여준다. 울정 주인은 울산바위 정상을 독점하고 있기 때문에 음료수 가격을 맘대로 정할 수 있다. 정말일까? 그렇지 않다. 모든 물건에는 수요가 있다. 독점기업이 제일 무서워하는 게 있다면 그것은 시장수요일 것이다. 외딴 섬에 설렁탕집이 있다고 생각해 보자. 누가 거길 찾아가 설렁탕을 먹겠는가? 설렁탕 가격을 어떻게 정하더라도 의미 없는 몸짓에 불과할 것이다. 울정 주인도 울산바위 정상에 오르는 등산객을 생각하지 않을 수 없다.

음료수를 가장 비싸게 팔아보자. 음료수는 한 개도 팔리지 않을 것이다. 〈그림 4.1〉에서 그려진 수요곡선을 보면 알 수 있듯이 $P = a$이면 $Q = 0$이다. 음료수가 너무 비싸기 때문에 누구도 음료수를 사 먹지 않을 것이다. 그렇다면 울정 주인이 손해 보지 않을 정도로 음료수를 가장 싸게 팔아보자. 〈그림 4.1〉에서 볼 수 있는 바와 같이 $P = c$이면 $Q = Q^*$임을 알 수 있다. 그런데 울정 주인은 어떤 초과이윤도 얻지 못한다. 독점기업의 체면이 완전히 구겨졌다고 봐야 한다.

울정 주인은 혼자 곰곰이 생각할 것이다. 음료수 가격을 c부터 차근히 올려보면 처음에는 초과이윤이 증가한다는 것을 쉽게 짐작할 수 있다. 그러다가 음료수 가격이 a에 가까워질수록 초과이윤은 감소할 것이다. 그렇다면 음료수 가격(P)은 c와 a 사이에서 결정되어야 한다.

$$c < P < a$$

더 생각해 보자. 울정 주인은 음료수 한 병을 더 팔아 얻는 수입이 비용보다 크면 음료수를 한 병 더 파는 것이 이득이다. 그렇지 않다면 음료수를 그만 팔아야 한다. 울정 주인이 음료수 한 병을 더 팔 때 증가하는 수입을 한계수입(MR)marginal revenue이라고 말한다. 음료수의 한계수입(MR)은 다음과 같이 계산된다.

$$MR = a - 2bQ$$

또한 음료수 한 병을 더 팔 때 증가하는 비용을 한계비용(MC)marginal cost이라고 한다. 음료수의 한계비용(MC)은 다음과 같이 계산된다.

$$MC = c$$

음료수 한 병을 더 팔 때 한계수입(MR)이 한계비용(MC)보다 크면 울정 주인은 음료수 한 병을 더 파는 게 이득이다. 반대로 음료수 한 병을 더 팔 때 한계수입(MR)이 한계비용(MC)보다 작으면 울정 주인은 음료수 한 병을 팔지 않는 게 이득이다. 따라서 $MR > MC$이면 음료수를 더 팔고, $MR < MC$이면 음료수를 팔지 말아야 한다.

울정 주인은 본능적으로 알았다. 한계수입(MR)과 한계비용(MC)이 같을 때($MR = MC$)까지 음료수를 팔면 가장 많은 초과이윤을 얻을 수 있다. 이 경우 울정의 음료수 판매량(Q^m)은 다음과 같이 계산된다.

$$Q^m = \frac{a - c}{2b}$$

여기서 위 첨자 m은 독점시장을 뜻한다.

그렇다면 울정의 음료수 가격(P^m)은 울정이 음료수를 Q^m만큼 판매할 수 있는 수준으로 결정되어야 한다. 음료수에 대한 수요함수에 울정의 음료수 판매량(Q^m)을 대입하면 울정의 음료수 가격(P^m)을 다음과 같이 구할 수 있다.

$$P^m = c + \frac{a-c}{2}$$

〈그림 4.1〉을 다시 살펴보자. 울정의 음료수 판매량(Q^m)은 한계수입(MR)과 한계비용(MC)이 만나는 점에서 결정된다. 또한 울정의 음료수 가격(P^m)은 음료수 판매량(Q^m)과 수요곡선(P)이 만나는 점에서 결정된다. 따라서 울정이 누릴 수 있는 초과이윤(π^m)은 다음과 같이 구할 수 있다. 〈그림 4.1〉에서 회색 사각형의 크기와 같다.

$$\pi^m = \frac{(a-c)^2}{4b}$$

울정 주인은 매일 즐거울 것이다. 울산바위 정상을 독점하면서 누리는 초과이윤 때문이다. 그것도 모든 기업이 꿈꾸는 독점이윤을 누리고 있다. 그러나 어떤 등산객은 울정 주인이 음료수를 너무 비싸게 판다고 불만을 터트릴 게 분명하다. 울산바위 정상에서 음료수를 사 먹고 싶었지만 가격 때문에 사 먹지 못한 등산객일수록 더욱 그럴 수 있다. 문득 이런 의문이 생긴다. 왜 설악산 울산바위 정상에는 음료수 매점이 하나일까? 울정이 울산바위 정상에서 독점이윤을 번다면 다른 누구라도 음료수 매점을 열고 싶어 할 텐데 말이다. 그런데도 오랜 세월 동안 울산바위 정상에는 음료수 매점이 하나인 것 같다. 왜일까? 혹시 음료수 매점 여럿이 동업하는 것은 아닐까?

울산바위 정상에 음료수 매점이 여럿 있다면 각자가 음료수를 더 팔려고 경쟁할 것이다. 그렇다면 분명 음료수 가격은 울정의 음료수 가격보다 높지 않을 것이다. 더 많은 등산객이 울산바위 정상에서 음료수를 사 먹을 수 있다. 하지만 울산바위 정상에서 경쟁이 치열할수록 매점 주인들은 곧 피곤함을 느낄 것이다. 초과이윤이 갈수록 줄어들기 때문이다. 매점 주인들은 경쟁 때문에 보상을 받는 게 아니라 벌을 받는다고 느낄 것이다.

이런 상상도 가능하다. 울산바위 정상에는 원래 음료수 매점이 여럿 있었다. 그런데 서로가 치열하게 경쟁하다 보니 음료수 가격은 떨어지고 이윤도 줄어들었다. 매점 주인들은 해가 지고 산에서 내려갈 때 막걸리 한 사발을 들이키며 이렇게 한탄할 듯하다. "이것이 머 허는 거더래요." 그러다가 문득 묘한 꾀를 생각해냈을 법하다. 서로가 동업하는 것이 낫지 않을까? 서로 일을 나눠서 맡아도 더 많은 이윤을 얻어갈 수 있다면 말이다. 그렇다면 독점은 곧 담합의 산물일 수 있다. 미국의 트러스트처럼 말이다.

그런데 더 복잡하고 어려운 문제가 있다. 기업들이 항상 독점가격으로 담합하는 것은 아니다. 어찌 되었든 시장가격보다 조금 높게 가격을 올리기로 담합하면 기업은 더 많은 초과이윤을 즐길 수 있다. 이 때문에도 시장가격과 담합가격을 구분하기란 쉽지 않다. 특히 시장가격이 수요와 공급에 따라 자주 오르고 내리면 더욱 그럴 수 있다. 기업이 가격을 담합하다가 경쟁하다가를 반복할 경우에도 그럴 수 있다.

어떤 사거리에 두 개의 주유소가 서로 경쟁한다고 가정해 보자. 두 주유소는 같은 품질의 휘발유를 판매한다. 더 싸게 팔수록 더 많은 휘발유를 팔 수 있다. 그런데 두 주유소의 판매가격은 언제나 동일하다. 오리고 내릴 때도 똑같다. 이것은 시장균형인가 아니면 담합균형인가? 뚜렷한 증거는 없지만 담합균형이라고 주장하고 싶을 것이다. 높은 가격에 불만이 많을수록 말이다. 설령 그것이 정말 시장균형이더라도 말이다.

전라남도 광양시의 한 시의원은 2013년 10월에 금호동 일대의 주유소를 상대로 가격담합 의혹을 제기하였다.[4] 그는 "금호동 일대의 주유소는 인근의 주유소보다 리터당 50원에서 100원 정도가 비싸다며, 담합이 아니고서는 가능하지 않은 일이다."라고 지적하였다. 또한, 그는 "(금호동 일대의 주유소가 가격을 담합하기 때문에) 금호동 주민들은 순천이나 하동까지 주유하러 가는 등의 불편함을 겪고 있다."며, "금호동 주민들이 편하게 이용할 수 있는 양심주유소를 건립해 줄 것을 광양시가 적극적으로 검토해달라."고 요구하였다.

충청투데이는 2012년 5월에 대전지역 일부 주유소들이 매출 경쟁을 피하려고 가격을 담합하고 있다는 의혹을 제기하였다.[5] 특히 대전 서구의 한 여자고등학교 인근의 주유소 세 곳은 서로 다른 정유사 브랜드를 내걸고 있지만, 수 개월간 서로 짠 듯 같거나 비슷한 가격을 유지하고 있어 인근 주민들에게 적잖은 불만을 샀다고 보도하였다. 인근 주민 중에 한 명은 "사장님이 같은 분은 아닐 텐데, 어쩜 이렇게 가격이 매일 똑같은지 모르겠네요."라며 강한 불만을 터뜨렸다. 공정거래위원회 대전사무소의 한 관계자는 "주유소의 가격동조화는 담합에 의한 결과인지 아니면 경쟁에 의한 결과인지를 구분하기 쉽지 않다."라고 응답하였다.

이렇게 상상해 보자. 두 주유소는 서로의 판매가격을 쉽게 알아낼 수 있다. 주유소 앞에 내걸린 휘발유 판매가격을 볼 수 있으니 말이다. 서로 판매가격을 올려도 보고 내려도 본다. 그러다가 어느 순간에 깨닫는다. 인정사정 볼 것 없이 피곤하게 살아가는 것보다 인지상정으로 살아가는 것이 더 나을 수 있다는 것을. 그래서 서로가 눈치를 조금씩 보다가 어떤 약속도 없이 판매가격을 조금씩 올린다. 그렇게 하는 것이 서로에게 이득이라는 것을 알게 되기 때문이다.

나쁜 경쟁

만약 울산바위 정상에서 음료수 매점 여럿이 동업하고 음료수 가격을 독점가격으로 결정했다면 음료수 가격은 담합된 것과 같다. 어떤 등산객은 목이 매우 말랐는데 울정의 음료수가 너무 비싸 사 먹지 못하였다. 나쁜 일이다. 그들은 서로 공정하게 경쟁했어야 했다. 그래야 음료수 가격이 낮아지고 더 많은 사람이 음료수를 즐길 수 있다. 그들은 동업이라고 말하겠지만 이것은 나쁜 담합임이 틀림없다. 담합은 나쁜 것임이 틀림없다.

그렇다면 경쟁은 항상 좋은 결과를 내놓을까? 울산바위 정상에 음료수 매점이 몇 개나 들어서야 등산객들은 만족할까? 음료수 가격이 얼마나 낮아야 할까? 울산바위 정상에 음료수 매점들이 북적댄다고 상상해보자. 생각만 해도 끔찍하다. 등산객들이 들어설 곳은 갈수록 좁아질 것이다. 지금도 울정이 울산바위 정상에서 차지하는 공간은 꽤 넓다. 물론 울산바위 정상에 음료수 매점들이 많이 들어서면 음료수 가격은 낮아질 것이다. 그러나 음료수를 사 먹기 위해 울산바위 정상에 오르는 것은 아니지 않는가? 울산바위 정상에 음료수 매점들로 북적댄다면 누가 울산바위 정상을 오르려 할까? 또한 모든 음료수 매점이 소형 발전기를 돌리면 울산바위 정상에 퀴퀴한 매연이 가득할 것이다.

경기도 파주 교하읍에는 해발 194m로 그리 높지 않은 심학산尋鶴山이 있다. 재미있게도 심학산 정상에도 울산바위 정상과 비슷하게 아이스크림을 파는 아저씨가 있다. 산이 낮고 정상은 넓기 때문에 여러 아저씨가 경쟁하면서 아이스크림을 팔 것 같은데, 이상하게도 정상에는 단 한 명의 아저씨만이 아이스크림을 판다. 이곳의 아이스크림 가격은 1,500원이다. 산 아래보다 비싸다. 많은 사람들이 심학산 정상에서 아이스크림을 사 먹는다. 아이스크림을 사서 산에 올라갈 수 없지 않은가?

사실 심학산에서 아이스크림을 파는 아저씨는 여럿이다. 둘레길이 만들어지고 등산객이 많아지면서 둘레길 곳곳에 아이스크림을 파는 아저씨들이 새로 들어섰다. 그런데 여럿이 아이스크림을 파는 곳은 한 군데도 없다. 더 이상한 것은 어디서나 1,500원이다. 마치 아이스크림을 파는 아저씨들끼리 서로 무슨 약속이나 한 것처럼 말이다. 왜 아이스크림 아저씨들은 서로 경쟁하지 않고 서로 협력할까? 서로가 장소와 날짜를 바꿔 가며 질서정연하게 아이스크림을 파는 듯하다.

경제학에서는 무엇의 좋고 나쁨을 판단할 때 사회후생social welfare을 판단기준으로 삼는다. 사회후생은 사회 전체의 공공복리와 동일한 개념이다. 예를 들면, 사람들이 경쟁이 좋은 것이라고 말하는 것은 경쟁이 모두에게 혜택을 줄 수 있기 때문이다. 그렇지 않다면 경쟁을 좋은 것이라고 말할 수 없다. 그런데 여기에 한 가지 함정이 있다. 모두는 각자가 아닌 사회 전체를 뜻한다. 경쟁 때문에 손해를 보는 자도 있다. 그렇다 하더라도 경쟁이 사회 전체의 공공복리를 향상시킨다면 경쟁은 좋은 것으로 평가되는 것이 맞다. 반대의 경우라면 경쟁은 나쁜 것으로 평가되어야 한다.

시장경제에서 사회 전체는 '생산자'와 '소비자'로 대분될 수 있다. 생산자는 생산활동으로 초과이윤을 극대화하고 싶어 한다. 소비자는 소비활동으로 순효용을 극대화하고 싶어 한다. 순효용은 어떤 물건을 소비함으로써 얻는 효용에서 소비자가 그 물건에 대해 지불한 가격을 제외한 값과 같다. 기업이 얻는 초과이윤의 합계를 생산자잉여, 소비자가 얻는 순효용의 합계를 소비자후생이라고 정의하면 사회 전체의 공공복리는 생산자잉여와 소비자후생의 합계와 같다.

생산자잉여와 소비자후생은 가격에 의해 좌우된다. 어떤 물건의 가격이 높아지면 그만큼 그 물건에 대한 수요는 감소하고 소비자후생도 감소한다. 생산자잉여는 어떨까? 생산자잉여는 증가한다. 기업이 어떤 물건을 더 많이 못 팔더라도 더 비싸게 팔고 싶어 한다면 이전보다 초과이윤이 증가하기 때문일 것이다. 그렇지 않고서는 비싸게 팔 이유가 없다. 그러나 기업의 이기심은 시장이 경쟁적일수록 포기될 수밖에 없다. 시장이 경쟁적일수록 기업은 물건을 더 싸게 팔아야 하기 때문이다. 이 경우 생산자잉여는 줄어들고 소비자후생은 늘어난다. 그래서 소비자는 경쟁적인 시장을 좋아하고 기업은 싫어한다.

사회후생은 어떻게 될까? 시장이 더 경쟁적일수록 사회후생은 대개 증가한다. 여기서 '대개'가 매우 중요하다. 그렇지 않은 경우도 있기 때문이다. 그렇다면 경쟁도 달리 평가될 수 있다는 뜻이다. 예를 들면, 경쟁으로 생산자잉여가 감소한 것보다 소비자후생이 더 증가한다면 경쟁은 사회 전체적으로 좋은 것이다. 그러나 경쟁으로 소비자후생이 증가한 것보다 생산자잉여가 더 감소한다면 경쟁은 사회 전체적으로 나쁜 것으로 평가되어야 한다. 경쟁으로 사회후생이 감소했다면 말이다.

가렛 하딘Garret Hardin(1915-2003)의 '공유지의 비극The Tragedy of the Commons'을 살펴보자.[6] 한 마을에 소 100마리를 키우기에 적당한 목초지가 있다. 그 목초지는 마을 사람들이 공동으로 소를 키울 수 있는 공유지다. 그 마을에 소를 키우는 목동이 10명이라면 목동마다 소 10마리씩 키우면 가장 적당하고 공평할 것이다. 그런데 목동의 이기심은 가장 공평한 상황을 용납하지 못한다. 그들 각자는 남들보다 소 한 마리라도 더 키우고 싶어 할 것이다. 더 많은 소를 시장에 내다 팔 수 있고 더 많은 이윤을 남길 수 있기 때문이다.

소 100마리를 키울 수 있는 목초지에 소 한 마리를 더 키운다고 해서 문제 될 것은 없지 않은가? 특히 그 목초지는 공유지이기 때문에 누구라도 자유롭게 이용할 수 있다. 그런데 10명의 목동이 똑같이 생각한다면 어떻게 될까? 그 목초지에 소가 점차 늘어날 것임에 틀림없다. 10명의 목동은 각자의 이익을 위해 경쟁적으로 더 많은 소를 키우고 싶어 할 것이다. 결국 그 목초지에는 소 한 마리조차 들어설 틈이 없을 정도로 소가 빼곡할 것이다. 그 많던 풀은 금세 사라지고 소의 배설물로 새로 자라지도 못할 것이다. 하딘은 그 목초지가 곧 황폐화될 것이라고 주장하였다. 목동의 이기심이 경쟁을 불러일으켜 더 많은 소가 생산될 것이라고 믿었지만 목초지는 황폐해지고 더 이상 소를 키우지 못하게 될 것이다. 그렇다면 이 경우 경쟁이 좋은 것이라고 말할 수 있을까?

하딘이 말한 공유지의 비극은 우리가 살고 있는 세상에서도 자주 목격된다. 2012년에 발생한 한우 사태를 살펴보자.[7] 당시 한 한우농가 주인은 "예전에 1,000만 원 했던 소가 지금은 많이 받아야 400~500만 원 정도"라며 한탄하였다. 한우농가는 일반적으로 7~8개월 된 송아지를 180만 원에 사다가 23개월 안팎으로 키워 시장에 내다 판다. 송아지 한 마리에 들어가는 축산경비는 대부분 사료값이다. 당시 사료값은 23개월 동안 평균적으로 270만 원이 들었다. 그 외 경비로 100만 원이 추가로 든다. 한우 가격이 500만 원이면 한우농가는 한우 한 마리당 50만 원을 손해 보게 된다.

분명 한우농가들은 더 많은 한우를 키우면 더 많은 이윤을 얻을 수 있다고 생각했을 것이다. 그래서 경쟁적으로 더 많은 한우를 키웠던 것 같다. 한우 가격이 터무니없이 낮아질 수밖에 없다. 한우를 시장에 내다 팔아도 손해 볼 정도라면 그 경쟁이 과연 좋은 것일까? 한우의 과잉 공급은 자주 발생하는 문제다. 한국인의 유별난 한우 사랑도 한몫을 한다. 인류학자 마거릿 미드Margaret Mead(1901-1978)는 세계에서 부위별로 소고기 맛을 구분할 정도로 고도의 미각 문화를 지닌 민족은 한민족과 보디Bodi족뿐이라고 한다.[8] 참고로 보디족은 이디오피아 남부 징카Jinka로부터 약 140km 떨어진 곳에 사는 아프리카 부족이다.

공유지의 비극은 서로가 협력하는 것이 서로가 경쟁하는 것보다 사회 전체적으로 더 나은 결과를 낳을 수 있다는 교훈을 준다. 정부가 한우의 수급 안정 대책을 내놓은 것도 이러한 판단 때문이다.[9] 한우농가의 특성상 한우 생산량을 자제할 수 없다고 보았기 때문이다. 정부는 2013년 7월 29일 기준으로 한우의 적정 수를 260만 마리로 계산하였다. 그런데 실제 한우는 그 적정 수보다 17.8% 더 많았다. 한우 생산쿼터제와 같은 영구적인 규제를 도입해야 한다는 주장이 힘을 받는 이유다. 이는 정부가 주도해서 서로가 담합해야 한다고 주장하는 것과 같다.

정부는 경쟁을 제한하는 게 좋다고 판단할 때도 있다. 경쟁이 항상 좋다면 정부가 그렇게 판단할 이유가 없다. 예를 들면, 공정거래위원회는 2018년 12월 4일에 편의점업계의 자율규약을 승인하였다.[10,11] 편의점 가맹본부들의 과도한 출점 경쟁을 제한하기 위해서다. 편의점의 매출부진을 해소하기 위해서다. 1994년에도 편의점업계는 비슷한 자율규약을 체결하였다. 그러나 공정거래위원회는 2000년에 소비자후생이 감소한다는 이유로 편의점업계의 자율규약을 담합으로 판단하고 시정조치하였다. 그랬던 공정거래위원회가 18년 만에 편의점 출점경쟁 제한을 담합으로 보지 않겠다고 승인한 것이다. 나쁜 경쟁이 존재한다는 주장이 그렇게 틀리지 않다는 것을 보여주는 사례다.

좋은 담합

애덤 스미스는 1776년에 펴낸 「국부론」에서 '같은 업종에 종사하는 사람들은 수다를 떨거나 기분을 전환하기 위해서조차 좀처럼 서로 잘 만나지 않지만, (만나서 서로 이야기하다 보면) 그 대화는 가격을 올리는 교묘한 작당 또는 대중을 속이려는 음모로 끝난다.'고 주장하였다. 피터지게 싸우는 사이끼리 친하게 지낼 수 없는 노릇이다. 그러나 서로가 돕는 것이 더 낫다는 것을 알게 되면 서로가 싸우는 것을 멈춘다는 뜻이다. 더 나아가 서로가 비슷하기 때문에 싸운다는 것을 알고 더 많은 이득을 얻어낼 방도를 찾아낸다는 뜻이다. 그것이 바로 담합이다.

연세대학교 경제학과 김정호 교수는 서울의 노량진 수산시장을 완전경쟁시장이라고 보았다.[12] 노량진 수산시장은 1971년에 서울특별시

영등포구에 세워져 하루 평균 3만 명 이상의 고객이 이용할 정도로 수도권에서 가장 큰 수산시장이다. 수산시장에 등록된 소매장은 2014년 1월 말 기준으로 845개에 달한다. 소매장은 앞뒤 좌우로 촘촘히 붙어 있다. 겉으로만 봐도 서로가 치열하게 경쟁할 듯하다. 여기저기에서 가격을 흥정하는 소리를 쉽게 들을 수 있다. 싸게 줄 테니 들러보라는 것이다.

김정호 교수는 노량진 수산시장을 이렇게 평가하였다. "노량진 수산시장 같은 곳에 가보면 이 말의 뜻을 금방 이해할 수 있다. 그곳의 횟감 상인들은 촘촘히 붙어서 치열하게 경쟁을 벌이고 있다. 매일매일 생선값이 변하기 때문에 생선값을 담합한다는 것을 생각하기 힘들다. 그런데도 횟감의 가격은 가게마다 거의 비슷하다. 오히려 다른 것이 이상하지 않은가? 손님들이 이 가게 저 가게를 다니면서 값을 비교하는데 어떤 상인이 독불장군처럼 비싼 값을 받을 수 있겠는가? 그런 가게는 손님을 잃고 금방 문을 닫게 될 것이다. 그것을 알고 있는 횟감 상인들도 서로서로 눈치를 봐 가면서 거의 비슷한 수준에서 가격을 매길 수밖에 없다. 담합이 아니라 경쟁이 횟감의 가격을 동일하게 만들어 주는 것이다."

김정호 교수의 평가가 맞다면 노량진 수산시장은 완전경쟁시장에 가깝다. 누구도 가격에 영향을 미칠 수 없다고 보았기 때문이다. 더구나 소매상인의 한계비용이 매일매일 변한다. 소매상인은 경매를 통해 수산물을 구매한다. 새벽 1시에 패류, 2시에 선어, 3시에 활어 경매가 시작된다. 바다 날씨가 좋지 않아 수산물이 많이 잡히지 않을 경우 소매상인의 한계비용은 오르기 쉽다. 수산물에 대한 수요도 매일매일 변한다. 월, 화, 수, 목, 금, 토, 일 모두 같을 수 없다. 특히 비 오는 날에는 회를 먹지 않는 사람들의 습관 때문에 수산물을 찾는 손님이 크게 준다. 김정호 교수는 "매일매일 (수요와 공급의 변화에 따라) 수산물 가격이 변하기 때문에 수산물 가격을 담합하는 것은 생각하기 힘들다."라고 보았다.

'인어공주 놀이터' 블로그 운영자는 김정호 교수와 전혀 다르게 생각하고 있다.[13] "2012년 12월 22일에 노량진 수산시장에 다녀왔어요. 많은 블로거님들을 구경하면서 어떻게 회를 싸게 먹을까 고민했어요. 회가 학생들에게는 많이 부담되잖아요. '잘못 걸리면 바가지 쓴다,' '시장 상인들이 다 담합해서 거기서 거기다.' 이런 무서운 소리가 많아서 저도 무서웠지요. 그래서 회 먹지 말까 이랬는데, 노량진까지 갔으니깐 회 먹어 봐야겠죠." 2012년 12월 27일에 한국경제TV의 인터뷰에 응한 시민도 비슷하게 생각하였다.[14] 당시 진행 중이던 수산시장 현대화 사업에 소매상인들이 반대하고 있다는 내용을 다룬 방송 기사에 담긴 인터뷰였다. "지금 상황에서는 정신없이 호객행위를 하고, 가격담합도 쉽게 될 수 있는 상황이라고 생각한다."

누구의 생각과 판단이 맞을까? 소매상인끼리 수산물 가격을 두고 담합하더라도 서로가 고객을 붙잡기 위해 경쟁하는 것은 분명해 보인다. 그래서 소비자도 더 신선한 수산물을 더 싸게 살 방법을 고민하는 것 같다. 노량진 수산시장을 많이 경험한 것 같은 마수라의 충고다.[15] "근데 어차피 언제부터인가 암묵적인 가격담합이 이루어지고 있는 게 사실입니다. 단골인 곳이 아무래도 믿음도 가고… 이것저것 신경 쓰이는 게 적습니다. 단골이 없으시면 어차피 노량진 수산시장에 들어서자마자 호객행위가 장난 아니니까. 근데 가격은 비슷비슷해요. 그중에서 신선도 위주로 보시면서 혹시나 타협이 잘 될만한 분을 만난다면 그분과 거래를 해 보시는 게 좋아요. 참고로 너무 젊은 분들만 하는 곳은 피하십시요. 장삿속입니다. 어차피 가격대는 비슷하니 신선도와 얹혀주기에 타협을 잘 하시면 괜찮은 곳을 잡으실 수 있을 겁니다."

과연 노량진 수산시장의 소매상인들이 수산물 가격을 담합하는 것일까? 김정호 교수의 말대로 노량진 수산시장이 완전경쟁시장이라고 가정해 보자. 이 경우 시장가격(P^*)은 수산물의 한계비용(c)과 같다.

$$P^* = c$$

여기서 위 첨자 $*$는 완전경쟁시장을 뜻한다.

〈그림 4.2〉는 완전경쟁시장의 균형을 보여준다. 균형 가격은 기업이 손해보지 않고 팔 수 있는 가장 낮은 수준인 c로 결정되며, 시장수요에 따라 균형 생산량은 Q^*로 결정된다. 따라서 노량진 수산시장의 소매상인들은 정상이윤만큼 번다. 초과이윤이 영(0)이라는 뜻이다.

한 가지 의문점이 남아 있다. 도대체 한계비용은 어떻게 결정되는 것일까? 혹시 누가 결정하는 것은 아닐까? 수산물의 한계비용은 두 가지

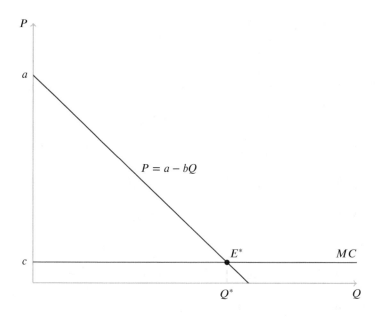

〈그림 4.2〉 완전경쟁시장의 균형

로 구분될 수 있다. 첫 번째는 수산물 원가다. 수산물을 경매하고 저장하고 판매하는 데 소요되는 비용이다. 두 번째는 소매상인이 수고한 노동의 대가다. 소매상인도 최소한 먹고 살아야 하기 때문이다. 그렇다면 수산물의 한계비용(c)은 수산물 한 마리에 대한 원가(c_f)와 수산물 한 마리를 팔기 위해 수고한 노동의 대가(c_w)로 구분될 수 있다.

$$c = c_f + c_w$$

수산물 한 마리에 대한 원가(c_f)는 매일 수산물을 경매하는 과정에서 결정된다. 이 때문에 수산물의 한계비용도 매일 변하고 수산물의 가격도 매일 변한다. 반면 수산물 한 마리를 팔기 위해 수고한 노동의 대가

(c_w)는 항상 동일하다고 보는 것이 타당하다. 비가 오나 눈이 오나 소매상인은 언제나 같은 마음으로 수산물을 더 많이 팔려고 애쓸 것이기 때문이다.

노동의 대가(c_w)는 어떻게 결정되는 것일까? 혹시 누가 결정하는 것은 아닐까? 수산물시장에서 시장가격(P)이 한계비용(c)과 같아지려면 다음과 같은 두 가지 조건이 만족해야 한다. 첫째, 소매상인은 서로가 자신의 노동의 대가(c_w)를 깎아가면서 가격을 할인하지 않기로 서로 약속해야 한다. 그렇지 않으면 시장가격(P)은 한계비용(c)보다 낮아질 수 있다. 이를 두고 출혈경쟁ruinous competition이라고 한다. 그렇다면 누군가가 출혈경쟁을 하지 말자고 규칙을 세워야 한다. 둘째, 모든 소매상인이 동의할 수 있는 노동의 대가(c_w)가 존재해야 한다. 그렇지 않으면 소매상인들의 출혈경쟁을 막을 길이 없다.

이처럼 수산시장이 완전경쟁시장이라고 주장하더라도 수산물 가격은 소매상인 간의 어떤 약속이 존재해야 결정될 수 있다. 그렇지 않고서는 수산물 가격이 모두 똑같을 수 없다. 오히려 소매상인마다 수산물 가격이 똑같은 게 이상할 수 있다. 특히 소매상인마다 생각하는 노동의 대가(c_w)가 다를 경우 더욱 그럴 수 있다. 노량진 수산시장을 찾는 고객들이 담합을 운운하는 것도 이 때문일 것이다.

노량진 수산시장의 소매상인들이 수산물 가격을 담합한다고 주장해 보자. 과연 이러한 담합은 나쁜 것일까? 소매상인들의 담합은 부당한 이윤을 얻기 위한 것이 아니라 시장질서를 세우기 위한 것처럼 보인다.

완전경쟁시장에서 자기의 임금도 제대로 챙기지 못한다면 그 경쟁의 정도가 바람직한 수준이라고 볼 수 있겠는가? 출혈경쟁으로 수산물 소매상인이 정당한 노동의 대가를 얻지 못한다면 그 경쟁은 제한되어야 하지 않을까? 소비자 입장에서 출혈경쟁은 나쁜 것이 아니지만, 소매상인 입장에서 출혈경쟁은 피해야 한다. 소비자 입장에서 가격담합은 나쁜 것이지만, 소매상인 입장에서 가격담합이 불가피할 수 있다.

그럼에도 불구하고 애덤 스미스가 지적한 것처럼 기업가는 한 번 모이면 곧 자신의 탐욕을 들어내기 마련이다. 노량진 수산시장의 소매상인들도 마찬가지일 수 있다. 그렇게 모여서 서로 이야기하다 보면 노동의 대가(c_w)를 정상적인 수준보다 높게 결정하고 싶은 유혹에 빠질 수 있다. 그럴수록 소매상인들은 더 많은 이윤을 벌 수 있기 때문이다. 극단적으로는 수산물 가격은 독점가격에 가까워질 수 있다.

왜 소매상인들은 호객행위에 열을 올리는 것일까? 마냥 고객을 기다리는 것보다 고객을 불러 모으는 것이 이득이기 때문일 것이다. 또는 가격경쟁이 불가능하기 때문일 것이다. 소매상인들은 고객을 낚기 위해서 얹혀주기로 미끼를 던진다. 그런데 얹혀주기는 소매상인이 가져가야할 몫인 노동의 대가(c_w)를 조금 포기하는 것과 같다. 노동의 대가(c_w)가 정상적인 수준보다 높을 경우 그럴 개연성이 더 클 수 있다. 사람들이 노량진 수산시장에 가격담합이 있다고 운운하는 이유일 것이다.

제 5 장

친구와 적

Our competitors are our friends. Our customers are the enemy.

- Dwayne Andreas -

2009년에 미국에서 개봉된 〈인포먼트The Informant!〉라는 영화가 있다. 영화 제목만 봐서는 무슨 첩보 영화 같지만, 전형적인 담합의 전말을 잘 묘사한 논픽션 영화다. 이 영화의 주연은 한국에서도 유명한 배우 맷 데이먼Matt Damon(1970-)이 맡았다. 아쉽게도 이 영화는 국내 극장에서 상영되지 않았다. 모든 외국 영화가 국내 극장에서 상영될 이유는 없지만 이 영화만큼은 다른 이유가 있어 보인다.[1] 사실 담합을 주제로 다루는 영화는 흔하지 않다. 역사상 가장 오래된 담합으로 알려진 다이아몬드 가격담합이 간간이 영화 소재로 이용되는 경우가 있을 뿐이다. 참고로 다이아몬드 가격담합은 100년 이상 지속된 것으로 알려진다.

이 영화는 미국의 아처 대니얼스 미드랜드(ADM)Archer Daniels Midland Co.의 바이오 제품부 사장인 마크 휘태커Mark Whitacre(1957-)가 미국의 연방수사국(FBI)에게 라이신lysine 가격담합을 내부 고발하는 과정을 다루고 있다.[2,3] ADM은 세계적으로 몇 안 되는 라이신 제조회사 중에 하나다. 그 외 라이신을 생산할 수 있는 기업은 일본의 A사와 K사, 한국의 M사와 C사가 전부다. 라이신은 신체에서 합성하지 못하는 필수 아미노산이다. 특히 동물사료에 첨가되는 매우 중요한 아미노산amino acid이다. 전 세계 사람들이 고기를 좋아하는 만큼 라이신에 대한 수요도 상당할 수밖에 없다. 참고로 아미노산은 생물의 몸을 구성하는 단백질protein의 기본단위다.

이들 회사는 1992년 6월 23일에 멕시코에서 어색한 첫 만남을 가졌고, 어색한 분위기 속에서 라이신 가격을 담합하자는 결론에 도달하게 되었다. 그렇게 하는 것이 서로에게 이득이라는 것을 잘 알기 때문이다. 이후 라이신 가격은 3개월 만에 70%나 인상되었다. 대단한 성과였다. 아무런 이유 없이 담합으로 가격을 올려 더 많은 초과이윤을 얻을 수 있으니 말이다. 이렇게 시작된 라이신 가격담합은 1996년에 FBI가 담합에 가담한 5개 회사와 직원을 고소하기 직전까지 계속되었다. 맷 데이먼이 연기한 마크 휘태거가 담합을 논의한 회의내용을 비밀리에 녹음하고 녹화하지 않았다면 발각되기 어려웠던 담합사건이었다.

미국 법원은 담합에 가담한 5개 회사에 유죄 판결을 내리고 어마어마한 금액의 벌금형을 때렸다. ADM의 부회장 마이클 안드레스Michael

Andreas는 아버지 덕분에 36개월의 징역형과 45만 달러의 벌금형을 선고받았다. 자신의 유죄를 인정한 다른 회사의 중역 3명은 상당한 벌금을 납부해야 했다. ADM의 회장 드웨인 안드레스Dwayne Andreas(1918-2016)는 이런 말을 했다고 한다. '우리의 경쟁자는 우리의 친구요. 우리의 고객은 우리의 적이다.'4 명언 중에 명언이 아닐 수 없다.

기업이 서로 경쟁하는 이유는 시장을 독점하고 싶어서다. 경쟁이 좋아서가 아니다. 그런데 기업은 곧 하루하루가 곤혹스럽다는 것을 깨닫는다. 경쟁 해도 남는 게 없기 때문이다. 그러다가 드웨인 안드레스의 말이 귓가에 맴돌기 시작한다. 서로 경쟁하다 보면 서로 친구가 되는 길을 발견한다. 담합에 이르는 길을 찾는다. 그러나 담합은 고객을 적으로 만든다. 서로 경쟁해야 할 기업이 서로 담합하면 고객은 마땅히 누려야 할 행복의 일부를 기업에게 빼앗기기 때문이다.

빅토르 위고Victor Hugo(1802-1885)의 소설, 레 미제라블Les Miserable에 나오는 형사 자베르Javert에게 법과 원칙은 자신이 살아가는 유일한 이유였다. 절대악이라고 믿었던 장 발장Jean Valjean이 가석방된 후 도주하자 그를 잡기 위해 평생을 보낼 정도였다. 그런데 자베르는 의도치 않게 장 발장의 도움을 받은 후 장 발장에게 방아쇠를 당기지 못하는 자신을 발견하였다. 어떻게 평생 법과 원칙을 지켜왔던 자신이 절대악이라고 믿었던 장 발장과 같은 하늘 아래에서 살아갈 수 있을까? 그가 센강Seine River에 자신의 몸을 던진 이유다. 그러나 자베르가 드웨인 안드레스의 가르침을 일찍이 받았더라면 어땠을까? 장 발장을 벗으로 삼고 오래오래 행복하게 살았을지도 모른다.

담합 음모론

기업은 항상 독점기업이 되는 것을 꿈꾼다. 그 와중에 주어진 조건 아래서 자신의 이윤을 극대화하고 싶어 한다. 물론 주어진 조건을 바꿔 이전보다 더 큰 이윤을 얻을 수 있다면 기업은 전혀 주저하지 않을 것이다. 이것이 기업가의 진정한 본능이다. 그러나 주어진 조건을 혼자 바꾸는 것은 쉽지 않다. 다른 기업과 협력하면 혹시 모를까. 백지장도 맞들면 낫다고 하지 않았는가. 다만 서로에게 까일까 두려워 속내를 쉽게 내비치지 못할 뿐이다.

19세기 프랑스의 철학자이자 수학자인 앙뚜앙 어귀스탱 꾸르노Antoine Augustin Cournot(1801-1877)는 1838년에 「부 이론의 수학적 원리에 관한 연구Researches on the Mathematical Principles of the Theory of Wealth」라는 제목의 책을 발표하였다. 이 책에는 꾸르노경쟁 이론Theory of Cournot competition이라고 불리는 두 기업의 경쟁에 관한 이론이 담겨 있다. 흥미롭게도 이 이론은 당시 학계에서 혹평을 받았다. 지금은 미시경제학microeconomics에서 빼놓을 수 없는 이론 중에 하나다. 특히 꾸르노경쟁 이론은 독점시장, 과점시장, 완전경쟁시장을 모두 설명할 수 있는 장점을 가졌다. 이 점에서 꾸르노경쟁 이론은 기업이 왜 담합하는가를 설명하는 데 매우 유용하다.

꾸르노경쟁 이론을 장 발장과 자베르의 이야기로 각색하여 살펴보자.[5] 프랑스 몽트뢰이쉬르메르Montreuil-sur-Mer시에는 두 개의 포도주 양조장winery이 있다. 한 양조장은 장 발장이, 다른 양조장은 자베르가 주인이다. 두 양조장은 그 마을에서 생산되는 메를로Merlot 포도를 사용해 적포도주를 양조하여 마을 시장에 내다 판다. 마을 시장에는 마을 사람들이 포도주를 사러 온다. 포도주 가격은 두 양조장이 생산한 포도주에 대한 시장수요에 따라 결정된다. 포도주에 대한 수요함수는 다음과 같이 정의될 수 있다.

$$P = a - bQ$$

여기서 P는 포도주 한 병의 가격이고, Q는 포도주 총생산량이다. 상수 a와 b는 모두 영(0)보다 크다. 포도주 총생산량(Q)은 장 발장의 포도주 생산량(q_A)과 자베르의 포도주 생산량(q_B)의 합계와 같다. 따라서 포도주에 대한 수요함수는 다음과 같이 표현될 수 있다.

$$P = a - b(q_A + q_B)$$

장 발장과 자베르는 양조장을 세우는 데 고정비용fixed cost이 들었다. 또한 두 양조장의 생산기술도 같다고 가정하자. 포도주 품질도 같다고 가정하자. 이를 근거로 두 양조장의 비용함수는 동일하다고 가정할 수 있다. 따라서 장 발장의 비용함수는 다음과 같이 정의될 수 있다.

$$C(q_A) = F + cq_A$$

여기서 상수 F는 양조장을 세우는 데 들어간 고정비용이고, 상수 c는 포도주 한 병을 제조하는 데 들어가는 한계비용이다. 고정비용은 새로운 양조장이 포도주 시장에 진입하지 못하도록 막는 진입장벽entry barrier과 같다. 논의의 편의를 위해 고정비용(F)은 영(0)이라고 가정한다. 상수 c는 영(0)보다 크다.

재미있게도 두 기업이 독점기업처럼 포도주 생산량을 한계수입(MR)과 한계비용(MC)이 동일한 수준에서 결정할 경우 포도주 총생산량(Q')은 완전경쟁시장의 균형 생산량(Q^*)과 같아진다.

$$Q' = \frac{a-c}{b} = Q^*$$

또한 포도주 총생산량(Q')을 포도주 수요함수에 대입하면 포도주 가격(P')도 완전경쟁시장의 균형 가격(P^*)과 같다는 것을 확인할 수 있다.

$$P' = c = P^*$$

이는 두 기업이 경쟁하는 시장에서 각자가 독점기업이라고 착각하면 초과이윤을 전혀 얻지 못한다는 것을 뜻한다. 과점시장에서 기업이 서로 눈치를 보지 않으면 어이없는 수치를 당하게 된다는 뜻과 같다.

그렇다면 두 양조장 주인은 초과이윤을 벌기 위해 얼마만큼의 포도주를 생산해야 할까? 장 발장은 직관적으로 독점기업으로 착각했을 때보다 적게 생산해야 초과이윤을 벌 수 있다고 생각하였다.

$$q_A < \frac{a-c}{2b}$$

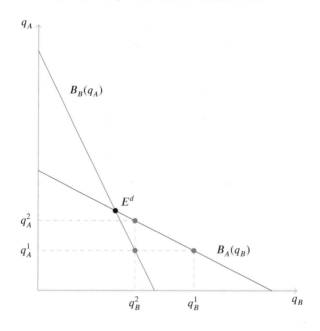

자베르도 장 발장처럼 똑같이 생각할 것이다.

장 발장과 자베르는 서로가 눈치를 봐야 한다는 것을 이미 알고 있었다. 포도주 가격은 자신의 생산량(q_A)뿐만 아니라 상대방의 생산량(q_B)에 의해서도 영향받기 때문이다. 그렇다면 자신의 생산량(q_A)을 결정할 때 상대방의 생산량(q_B)도 고려해야 한다. 장 발장의 이윤함수(π_A)는 다음과 같다.

$$\pi_A = Pq_A - cq_A$$

자베르의 생산량(q_B)을 고려하기 위해 시장가격(P) 대신에 수요함수 $(a - b(q_A + q_B))$를 대입해 보자. 장 발장의 이윤함수는 다음과 같이 정리된다.

$$\pi_A = \{a - b(q_A + q_B)\}q_A - cq_A$$

장 발장은 자베르의 생산량(q_B)을 주어진 조건으로 생각하고 자신의 이윤을 극대화할 수 있는 생산량(q_A)을 찾아야 한다. 여기서 주어진 조건이란 자베르의 생산량(q_B)을 상수로 간주한다는 것을 뜻한다. 〈그림 5.1〉를 살펴보자. 곡선 $B_A(q_B)$는 장 발장의 이윤을 극대화하는 자신의 생산량(q_A)을 자베르의 생산량(q_B)에 따라 모아 그린 것이다. 이를 전문 용어로 최선대응best response이라고 한다.

$$B_A(q_B) = \frac{a - c}{2b} - \frac{q_B}{2}$$

아하~! 장 발장의 추측은 틀리지 않았다. 자베르의 생산량(q_B)이 영(0) 보다 크다면 장 발장의 생산량(q_A)은 자신이 독점기업이라고 착각했을 때보다 적어야 한다. 그래야 초과이윤을 얻을 수 있다. 자베르는 어떨까? 자베르의 최선대응도 장 발장과 똑같다. 곡선 $B_B(q_A)$는 자베르의 이윤을 극대화하는 생산량(q_B)을 장 발장의 생산량(q_A)에 따라 모아 그린 것이다.

$$B_B(q_A) = \frac{a - c}{2b} - \frac{q_A}{2}$$

이 마을의 포도주 생산량과 가격은 어떻게 결정될까? 〈그림 5.1〉를 다시 살펴보자. 자베르가 q_B^1 만큼 생산한다고 가정하자. 장 발장은 q_B^1

을 주어진 조건으로 생각하고 자신의 이윤 극대화를 위해 q_A^1 만큼 생산할 것이다. 이때 자베르는 q_B^1 만큼 생산할까? 장 발장이 q_A^1 만큼 생산하면 자베르는 자신의 이윤 극대화를 위해 q_B^2 만큼 생산할 것이다. 그렇다면 장 발장은 q_A^2 만큼 생산할 것이다. 이렇게 반복하다 보면 장 발장과 자베르는 점 E^d 에 이르게 된다. 두 최선대응이 만나는 곳이다. 여기서 위 첨자 d 는 복점시장을 뜻한다.

장 발장은 자베르가 q_B^d 만큼 생산한다면 q_A^d 만큼 생산할 것이다. 자베르도 마찬가지일 것이다. 이를 각각의 최선대응에 대입하면 각각의 포도주 생산량은 다음과 같이 계산된다.

$$q_A^d = q_B^d = \frac{a-c}{3b}$$

따라서 이 마을의 포도주 총생산량(Q^d)은 다음과 같이 계산된다.

$$Q^d = \frac{2(a-c)}{3b}$$

각각의 생산량을 수요함수에 대입하면 포도주 가격(P^d)은 다음과 같이 결정된다.

$$P^d = c + \frac{a-c}{3}$$

장 발장과 자베르가 서로 경쟁하는 과점시장의 포도주 가격(P^d)이 완전경쟁시장의 포도주 가격(P^*)보다 높다는 것을 알 수 있다. 이는 장 발장과 자베르가 초과이윤을 얻는다는 것을 뜻한다.

장 발장의 이윤(π_A^d)을 구하면 다음과 같다. 자베르의 이윤(π_B^d)도 장 발장의 이윤과 같다.

$$\pi_A^d = \frac{(a-c)^2}{9b}$$

한 가지 말하지 않은 것이 있다. 지금까지 장 발장과 자베르는 포도 주에 대한 시장수요를 잘 알고 있다고 가정하였다. 또한 상대방의 생산 량도 잘 알고 있다고 가정하였다. 어떻게 알았을까? 장 발장이나 자베 르는 포도주에 대한 시장수요를 잘 알지 못하면 자신의 최선대응을 구 해낼 수 없고, 상대방의 생산량을 잘 알지 못하면 자신의 이윤을 극대 화하는 생산량을 결정할 수 없다. 이는 경쟁이 얼마나 피곤한 일인지를 뜻하기도 한다. 포도주 시장을 독점했다면 자신의 생산량에 따라 시장 수요를 쉽게 알아낼 수 있다. 그런데 과점시장에서는 상대방의 생산량 을 모르면 힘들다.

장 발장과 자베르는 서로의 포도주 생산량을 알아내기 위해 매일매일 시장에 나가서 서로를 염탐해야 했다. 자베르가 얼마를 생산해 시장에 내다 파는지를 매일 알아보는 것은 번거롭고 피곤한 일이다. 아무리 과 점시장이라고 해도 돈 버는 게 쉬운 일이 아니다. 장 발장은 마른 목을 축이기 위해 동네 선술집에 들렀다. '아~, 경쟁은 너무 잔인하구나~'하 며 큰 한숨을 내쉬는데 저쪽 구석에서도 어두운 얼굴로 홀짝홀짝 목을 축이는 사내가 있었다. 자세히 보니, 자베르였다.

경쟁은 기업가에게 아픔을 주는 병과 같다. 서로가 경쟁할수록 초과이윤이 줄어들기 때문이다. 그래서 기업은 왜 서로가 바보스럽게 경쟁해야 하는지를 의문하며 마음의 병을 얻게 된다. 그런 둘이 선술집에서 우연히 만나게 된 것이다. 장 발장은 동병상련_{同病相憐}의 마음으로 자베르에게 다가갔다. 장 발장과 자베르는 딴 세상을 만난 것과 같았다. 오랜 시간 동안 이런저런 이야기를 이어가다가, 서로가 얼마만큼을 생산하는지를 서로에게 알려주기로 약속하였다. 또한 서로가 경쟁하는 사이지만 서로가 친구가 될 수 있다는 사실도 깨달았다. 그래서 매주 금요일에 이곳 선술집에서 만나기로 약속하였다.

이런 약속과 만남은 담합일까? 서로가 공정하게 경쟁하려면 서로에 대한 정보를 충분히 알아야 한다. 시장에 대한 정보를 잘 알아야 경쟁할 수 있기 때문이다. 그렇지 않을 경우 서로가 경쟁하는 것 자체가 힘들어진다. 그만큼 비용이 더 들 수 있다. 그런데 공정한 경쟁을 촉진하기 위해 정보를 교환하는 행위를 두고 누군가가 담합이라고 억지 부리면 기업 입장에서는 억울할 수 있다. 시장경제의 작동원리를 모르고 떠들어대는 소리라고 항변하고 싶을 것이다.

경쟁의 선물

장 발장과 자베르는 매주 금요일마다 선술집에서 만났다. 서로가 한 주 동안 겪었던 골치 아픈 일들을 늘어놓다 보면 금요일 저녁은 금방 지나가곤 하였다. 서로 적인 줄 알았는데 서로 둘도 없는 친구가 되어갔다.

어느새. 서로가 경쟁에서 살아남으려고 애쓸 때는 사막에 혼자 버려진 느낌에 외로웠다. 하지만 이제 선술집은 장 발장과 자베르에게 오아시스와 같은 곳이 되었다. 그래서 장 발장과 자베르는 매주 금요일 저녁이 기다려졌다.

어느 금요일이었다. 그날도 둘은 선술집에서 만났다. 그러나 여느 때와는 달리 둘 다 조금 지친 모습이었다. 자베르가 포도주를 홀짝홀짝 마시기 시작하였다. 장 발장도 덩달아 홀짝홀짝 마셨다. 한동안 아무 말 없이 둘은 그렇게 마셨다. 갑자기 취기가 돌았던 자베르가 한숨을 내쉬며 장 발장에게 물었다. "우린 친구 아닌가?" 장 발장도 어느새 취기오른 목소리로 대답하였다. "우린 친구 맞지." 자베르가 이렇게 다시 물었다. "우린 동업자 아닌가?" 장 발장이 맞장구쳤다. "우린 동업자지." 틀린 말도 아니다. 똑같은 일에 종사하니 동업자라고 해도 무방할 듯하다. 자베르가 다시 물었다. "근데, 우리는 왜 이렇게 경쟁해야하나?" 장 발장이 겸연쩍게 답하였다. "글쎄? 그것은…" 그 둘은 말을 끝마치지 못한 채 선술집을 떠나야 했다.

장 발장은 집에 오자마자 곰곰이 생각하였다. 자기는 자베르보다 포도주를 좀 더 많이 팔고 싶었다. 그렇다고 무턱대고 많이 생산할 수 없었다. 장 발장이 많이 생산하면 자베르는 자기보다 적게 생산하고도 더 많은 이윤을 얻어갈 것이 분명하였다. 자베르도 똑같이 생각할 것이다. 자베르는 왜 그런 질문을 던졌을까? 장 발장의 귓가에 자베르의 질문이 여전히 맴돌았다. '우린 친구 아닌가?' 서로 경쟁하지 않았다면 서로 만날 일은 없었다. 그런데 서로 경쟁하다 보니 서로 친구가 되었다. 서로 정보를 나누다 보니 어느새 친구가 되어 있었다. 그렇게 경쟁은 그 둘에게 우정을 선물로 주었다.

장 발장은 자베르를 만나게 되면 영원한 우정을 나누기 위해 서로 동업하자고 제안할 작정이다. 어떻게 동업하는 것이 좋을까? 두 개의 양조장을 합치는 것이 좋을까? 자베르 양조장을 같이 쓸까? 아니면 자기 양조장을 같이 쓰자고 할까? 한 주가 금방 지나갔다. 드디어 금요일 저녁이 되었다. 급한 걸음으로 선술집에 갔다. 자베르도 장 발장을 기다리고 있었다. 자베르가 환한 미소와 미안한 얼굴로 장 발장을 맞이하였다. "지난주 금요일은 미안했네. 술에 너무 취했었나 봐."

장 발장은 무슨 소리냐며 손사래를 쳤다. 이어서 일주일 동안 생각했던 것들을 자베르에게 풀어놓기 시작하였다. 한참을 듣고 있던 자베르는 입을 열었다. "독점은 나쁜 것이네." 장 발장은 영원한 우정을 나누자고 제안한 자신을 자베르가 꾸짖듯 말하는 것에 깜짝 놀랐다. 자베르는 차분하게 설명을 이어갔다. 양조장 하나를 없애는 것은 낭비라는 것이다. 포도주를 생산할 수 있으면 그것을 활용하는 것이 기업가 정신이라는 것이다. 더군다나 독점은 모두에게 적이라는 것이다. 독점이 나쁘다는 뜻이 아니라 누구에게나 공격받기 쉽다는 뜻에서 하는 말인 듯싶다.

자베르는 장 발장에게 미소를 지으며 말을 이어갔다. "자네의 우정을 진심으로 받고 싶다네." '자기가 너무 진지했던 것은 아닐까?' 속으로 스스로 물으며 장 발장도 겸연쩍게 웃고 말았다. 자베르가 진지한 표정을 지었다. "우리에게 방도가 없는 것은 아니라네." 장 발장은 다시 깜짝 놀랐다. 이번엔 무슨 뜻인가? 자베르는 독점은 나쁜 것이라고 말한다. 그러나 동업을 나쁘다고 말할 수 있겠는가? 서로 생산량을 맞춰 포도주를 각자 생산하자는 것이다. 그렇게 하면 독점이라고 할 수 없다. 혼자 하는 것은 독점이고, 둘이 하는 것은 동업이다? 그럴듯하였다.

자베르는 이렇게 말하였다. 둘의 공동 이윤을 극대화하는 포도주 생산량을 결정하고 각자가 반반씩 생산하자는 것이다. 장 발장이 맞장구쳤다. "자네, 내가 그리 말하지 않았나?" 이제는 세상에 둘도 없는 친구처럼 서로가 서로를 느끼고 있었다. 장 발장과 자베르의 공동 이윤(π^j)은 다음과 같이 정의될 수 있다.

$$\pi^j = \pi_A + \pi_B$$

여기서 π_A는 장 발장의 이윤이고, π_B는 자베르의 이윤이다. 위 첨자 j는 공동joint을 뜻한다.

이제는 이전처럼 상대방이 얼마만큼 생산하는지를 눈치 보지 않아도 된다. 둘의 공동 이윤(π^j)을 극대화하는 생산량을 결정해 반반씩 나눠 생산하면 된다. 둘이 동업할 때 각자가 얼마만큼 생산하면 될까? 장 발장과 자베르가 공동 이윤(π^j)을 계산해 보니 다음과 같았다.

$$\pi^j = (a - bQ)Q - cQ$$

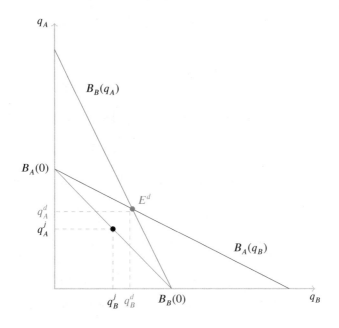

자세히 살펴보니 독점기업의 이윤함수(π^m)와 동일하였다.

어떻게 둘의 공동 이윤(π^j)이 극대화될 수 있을까? 장 발장은 생각해 보았다. 〈그림 5.2〉를 살펴보자. 자베르가 아무것도 생산하지 않을 때 장 발장의 최적 생산량은 다음과 같다.

$$B_A(0) = \frac{a - c}{2b}$$

장 발장이 아무것도 생산하지 않을 때 자베르의 최적 생산량도 다음과 같다.

$$B_B(0) = \frac{a - c}{2b}$$

자베르는 그것은 독점생산량이니 반반씩 나눠서 생산하자고 되받아 쳤다. 그래서 각자의 생산량은 다음과 같이 결정되었다.

$$q_A^j = q_B^j = \frac{a - c}{4b}$$

포도주 가격은 어떻게 될까? 독점시장에서 독점가격이 어떻게 결정되는지를 떠올려 보자. 자베르와 장 발장의 생산량을 합쳐 포도주 수요함수에 대입하면 포도주 가격을 다음과 같이 산출할 수 있다.

$$P^j = c + \frac{a - c}{2}$$

장 발장과 자베르는 서로 놀랐다. 그냥 동업하자며 같이 고민해 본 것인데 이전보다 생산량(Q)은 줄고 가격(P)은 올랐다. 당장 이 마을의 소비자들이 난리를 칠지도 모르겠다는 생각이 들었다.

$$Q^j < Q^d, \ P^j > P^d$$

장 발장과 자베르는 이전보다 이윤이 감소하는지 아니면 증가하는지도 궁금하였다. 서로 동업해서 손해 보면 동업할 이유가 없기 때문이다. 아무리 친구라고 해도 말이다. 그래서 꼼꼼하게 계산해 보았다. 이게 웬일인가? 서로가 동업하니 이윤이 더 늘었다.

$$\pi_A^j - \pi_A^d = \frac{(a - c)^2}{8b} - \frac{(a - c)^2}{9b} > 0$$

장 발장은 왠지 죄책감이 들었다. 이러다가는 왜 이리 포도주가 비싸졌

〈그림 5.3〉 시장균형과 담합균형 비교

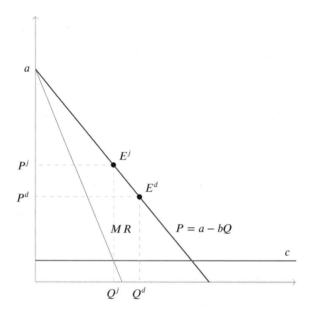

냐며 소비자들이 따가운 시선을 쏘아댈 게 뻔하다. 소비자들을 생각하면 우정을 버려야 하고 우정을 생각하면 소비자들이 무서워지고. 누가 친구여야 하고 적이어야 하는지가 헷갈렸다. 포도주를 즐기는 소비자가 없으면 이 사업도 못 할 텐데 소비자를 속이는 기분이 드는 것은 무엇 때문일까?

공공의 적

이젠 장 발장과 자베르에게 공공의 적이 생겼다. 그들은 소비자들이다. 소비자들은 언제나 포도주가 비싸다거나 포도주 맛이 갈수록 떨어진다고 투정 부린다. 절대로 고맙다고 말하는 법이 없다. 포도주 한 병을 생산하기가 얼마나 힘든 일인데 말이다. 포도주를 조금 비싸게 사 먹어 봐야 포도주가 귀한 줄 안다. 또한 포도주를 덜 생산하면 포도주 질이 좋다고 말할지도 모른다. 느낌상. 그래도 마음에 위로가 되지 않았다. 소비자의 매서운 눈총을 피해야 할 것 같았다. 서로의 순수한 우정을 지키기 위해서 말이다.

장 발장은 왜 자기가 자베르와 동업하는 것에 죄책감을 느끼는지를 알고 싶었다. 〈그림 5.3〉에서 보이는 점 E^d와 E^j를 비교해 보자. 점 E^d는 두 양조장이 열심히 경쟁해 얻어지는 시장균형이다. 점 E^j은 동업의 결과로 얻어지는 담합균형이다. 사실 독점균형이다. 선술집에서 자주 만나서 경쟁을 이야기하다 보니 우정이 쌓이고 결국에는 동업하기로 결정하고 얻은 결과다. 장 발장은 갑자기 혼란스러웠다. 독점은 나쁜 것이라는 자베르의 말이 다시 떠올랐기 때문이다.

소비자는 장 발장과 자베르의 동업으로 정말 손해 본 것일까? 이를 알아보고자 장 발장은 소비자후생을 계산해 보았다. 소비자후생은 각 소비자가 지불할 용의가 있는 가격willing-to-pay price에서 실제 가격을 차감한 값의 합계로 계산된다. 여기서 지불할 용의가 있는 가격은 소비자가 어떤 재화를 소비할 때 얻는 효용의 화폐가치를 뜻한다. 예를 들면, 마리우스Marius는 포도주 한 병을 10만 원에 살 마음이 있는데 3만 원만 내도 된다면 7만 원의 행복이 마리우스에게 돌아가는 것과 같다.

〈그림 5.4〉를 살펴보자. 시장균형(E^d)에서 소비자후생은 $\triangle aP^d E^d$

〈그림 5.4〉 시장균형과 담합균형의 소비자후생 차이

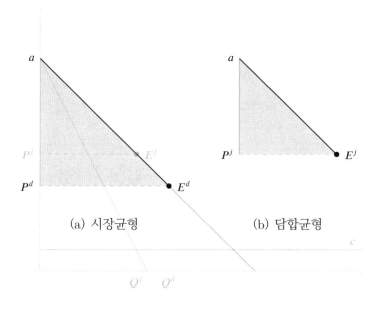

(a) 시장균형   (b) 담합균형

만큼이다. 그러나 담합균형(E^j)에서 소비자후생은 △ aP^jE^j 만큼이다. 장 발장과 자베르의 동업으로 소비자후생은 이전보다 ▱ $P^jP^dE^dE^j$ 만큼 줄어들었다. 장 발장은 자베르와의 동업이 왜 자신을 부끄럽게 만드는지를 깨달았다.

누가 먼저 선술집에서 만나지 말자고 말하지는 않았다. 서로가 이미 선술집에서 만나는 것이 어렵다는 것을 알고 있었다. 둘이 금요일마다 선술집에서 만나는 것을 알면 마을 사람들은 서로 작당해 포도주 가격을 올렸다며 눈총을 쏘아댈 게 뻔하니까. 금요일이 다가오고 있지만, 선뜻 선술집으로 나설 수 없었다. 장 발장의 마음은 불편하였다. 이러지도 저러지도 못하는 마음을 다스릴 길이 없었다. 경쟁이 어려워 친구와 동업을 선택했는데 동업도 이래저래 쉬운 게 아니었다.

흔들리는 우정

영원한 우정이 가능할까? 자베르와의 우정은 그저 약속에 불과한 것일 수 있다. 장 발장은 자베르 입장에서 다시 한번 생각해 보았다. 자기가 q_A^j 만큼 생산할 때 자베르도 항상 q_B^j 만큼 생산할까? 자베르가 q_B^j 만큼 생산할 때 자기도 q_A^j 만큼 생산하는 게 이득일까? 장 발장은 놀랐지 않을 수 없었다. 이전에 그렸던 자신의 최선대응이 '아니오.'라고 말해주기 때문이다. 〈그림 5.5〉를 살펴보자. 자베르가 q_B^j 만큼 생산하면 장 발장은 q_A^o 만큼 생산하는 것이 최선대응이다.

$$q_A^o = \frac{3(a-c)}{8b}$$

영원할 것만 같았던 자베르에 대한 우정이 갑자기 흔들리기 시작하였다. 자기보다 셈이 강한 자베르도 분명 똑같이 생각할 것이다. 장 발장은 자베르가 q_B^j 만큼 생산하고 자기는 q_A^o 만큼 생산할 때 각자의 이윤을 계산해 보았다. 우선 장 발장이 자베르를 배신하고 q_A^o 만큼 생산한다면 총생산량(Q^o)은 $q_A^o + q_B^j$ 일 것이다. 이 경우 포도주 가격(P^o)은 다음과 같이 결정된다.

$$P^o = c + \frac{3}{8}(a-c)$$

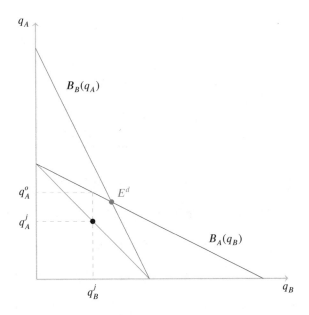

〈그림 5.5〉 배신의 유혹

장 발장의 이윤(π_A^o)은 자베르와 동업할 때의 이윤(π_A^j)보다 커진다. 배신의 달콤한 유혹이 장 발장을 흔들기 시작하였다.

$$\pi_A^o = \frac{9(a-c)^2}{64b} > \pi_A^j$$

그렇다면 자베르의 이윤은 어떻게 될까? 자베르의 이윤(π_B^{-o})은 장 발장과 동업할 때의 이윤(π_B^j)보다 작아진다.

$$\pi_B^{-o} = \frac{3(a-c)^2}{32b} < \pi_B^j$$

장 발장은 친구의 쓰라린 아픔을 대가로 자신이 더 많은 이윤을 얻는다는 것을 깨달았다. 그렇다면 자베르가 먼저 자신을 배신하지 않을까?

〈그림 5.6〉 장 발장과 자베르의 보수행렬

자베르

		동업	이탈
장 발장	동업	$\frac{1}{8}, \frac{1}{8}$	$\frac{3}{32}, \frac{9}{64}$
장 발장	이탈	$\frac{9}{64}, \frac{3}{32}$	$\frac{1}{9}, \frac{1}{9}$

장 발장은 혼란스러웠다. 경쟁이 힘들어서 서로 동업하자고 약속했던 것인데 이 약속도 지켜지지 못할 것 같았다. 자기가 q_A^j 만큼 생산한다면 자베르는 q_B^o 만큼 생산할 것만 같았다. 자베르가 약속을 어긴다면 장 발장은 어떤 선택을 해야 할까? 장 발장은 q_A^d 만큼 생산할 것이다. 이 만큼이 서로 경쟁할 때 이르게 된 생산량이라는 것을 알고 있기 때문이다. 자베르도 똑같이 q_B^d 만큼 생산하겠지? 장 발장은 어지러웠다. 서로가 우정의 증거로 동업하기로 약속하고 독점생산량(Q^m)을 반반씩 나누어 생산하기로 합의했는데, 이 약속은 지켜질 수 없는 약속이었다.

〈그림 5.6〉는 장 발장의 고민을 한 눈에 보여준다. 이를 경제학의 한 분야인 게임 이론game theory에서는 보수행렬payoff matrix이라고 부른다.[6] 두 명의 참여자가 '동업' 또는 '이탈'이라는 두 가지 전략strategy을 행사할 수 있다. 이 게임의 보수행렬은 2×2 행렬로 그려진다. 보수의 표기 순서는 장 발장, 자베르 순이다. 예를 들면, 장 발장이 동업을, 자베르가 이탈을 선택하면 장 발장은 $\frac{3}{32}$, 자베르는 $\frac{9}{64}$ 만큼 보수를 얻는다. 참고로 논의의 편의를 위해 각각의 보수에서 공통분수인 $\frac{(a-c)^2}{b}$ 을 생략하

〈그림 5.7〉 장 발장의 최선전략 찾기

(a) 자베르가 '동업'을 선택할 때

장 발장 \ 자베르	동업	이탈
동업	$\frac{1}{8}, \frac{1}{8}$	$\frac{3}{32}, \frac{9}{64}$
이탈	$\frac{9}{64}^{*}, \frac{3}{32}$	$\frac{1}{9}, \frac{1}{9}$

(b) 자베르가 '이탈'을 선택할 때

장 발장 \ 자베르	동업	이탈
동업	$\frac{1}{8}, \frac{1}{8}$	$\frac{3}{32}, \frac{9}{64}$
이탈	$\frac{9}{64}, \frac{3}{32}$	$\frac{1}{9}^{*}, \frac{1}{9}$

(a) 자베르가 '동업'을 선택할 때 (b) 자베르가 '이탈'을 선택할 때

였다.

〈그림 5.7〉을 살펴보자. 〈그림 5.7〉의 (a)와 같이 자베르가 '동업' 전략을 선택한다고 가정하자. 이것은 장 발장에게 주어진 조건이다. 장 발장은 '동업'과 '이탈' 중 하나의 전략을 선택해야 한다. 어떤 전략을 선택하는 것이 더 이득일까? 장 발장은 '이탈' 전략($= \frac{9}{64}$)을 선택할 것이다. '동업' 전략($= \frac{1}{8}$)을 선택하는 것보다 더 이득이기 때문이다. 이를 기억하기 위해 별표(*)를 장 발장이 '이탈' 전략을 선택할 경우 얻는 보수($= \frac{9}{64}$)에 표시하자. 이번에는 〈그림 5.7〉의 (b)와 같이 자베르가 '이탈' 전략을 선택한다고 가정하자. 장 발장은 어떤 전략을 선택하는 것이 더 이득일까? 장 발장은 '동업' 전략($= \frac{3}{32}$)보다 '이탈' 전략($= \frac{1}{9}$)을 선택할 때 더 높은 보수를 얻는다. 이를 기억하기 위해 별표(*)를 장 발장이 '이탈' 전략을 선택할 경우 얻는 보수($= \frac{1}{9}$)에 표시하자.

장 발장은 자베르가 어떤 전략을 선택하는 것과 상관없이 '이탈' 전략을 선택하는 것이 언제나 더 이득이다. 〈그림 5.7〉의 (a)와 (b)에서 표

시된 별표(*)를 보면 알 수 있다. 이러한 전략을 지배전략dominant strat-egy이라고 한다. 자베르는 어떨까? 자베르도 마찬가지일 것이다. 자베르에게도 '이탈' 전략이 지배전략이다. 장 발장과 자베르의 우정은 순식간에 무너질 수 있는 모래성과 같은 것이었다.

제 6 장

친구의 조건 1

America has no permanent friends or enemies, only interests.

- Henry A. Kissinger -

미국의 국무장관을 지낸 헨리 키신저Henry A. Kissinger(1923-)는 '미국에게는 영원한 친구도 적도 없다. 오직 이해관계만 있을 뿐이다.'라고 말하였다.[1] 서로의 이해관계에 따라 친구가 되거나 적이 된다는 뜻이다. 공정거래위원회가 2011년 5월 26일에 시정명령과 함께 과징금 4,348억 원을 부과한 국내 4대 정유사의 '주유소 나눠먹기' 담합사건이 이를 잘 보여준다.[2] 과징금 액수로는 당시 역대 두 번째로 높은 담합사건이었다. 이 때문일까? 한 친구의 진술로 모두의 가슴이 덜컹했다. 다행히 법원의 판결로 과징금을 내지 않아도 됐지만, 그 아픔은 쉽게 가시지 않았을 듯하다.

주유소는 정유사로부터 휘발유, 경유 등 유류를 공급받아 판매하는 곳이다. 그런데 주유소는 모든 정유사로부터 유류를 공급받는 것은 아니다. 그럴 수도 있지만 한 정유사로부터만 유류를 공급받는다. 한편 정유사는 더 많은 주유소를 확보할수록 더 많은 유류를 공급할 수 있다. 그렇기 때문에 정유사 간에 치열한 주유소 확보 경쟁이 일어날 수 있다. 이게 어디 쉬운 일인가. '주유소 나눠먹기' 담합이 일어날 만하다.

공정거래위원회는 국내 4대 정유사의 '주유소 나눠먹기' 담합사건을 심결하기 위해 전원회의를 열었다.[3] 이례적인 공개 회의였다. 이날 현장을 다녀온 한 기자는 '이날 전투는 전초전 성격'이었다고 전하였다. 전원회의가 열리고 안건 상정이 선언되면서 공정거래위원회 사무처 직원과 나란히 앉은 정유사 관계자들 사이에서 팽팽한 긴장감이 흘렀다. 각 정유사들은 굴지의 법률사무소 변호인을 대동하였다.

"원래 (담합) 합의문은 남기지 않습니다. 하지만 윗분이 합의 내용을 각 지역에 전화로 알리는 걸 옆에서 들었습니다." G사의 한 중견 간부의 답변에 모두가 술렁였다. 다른 정유사 관계자들의 눈에는 원망과 탄식이, 사무처 관계자의 얼굴에는 확신이 엿보였다. 주유소를 나눠먹기로 합의하였다고 직접 진술한 것이다. "합의가 있었던 때는 2000년 3월, 여의도 일식집에서였다."고 밝혔다. 합의문 자체는 증거로 제시되지 않았지만, 그날의 합의를 인정한 진술서가 가장 중요한 증거로 채택되었다.

다른 정유사들은 일제히 그의 진술에 신빙성이 없다고 문제 삼았다.

현대오일뱅크 측은 "임원급도 아닌 직원이 그런 합의를 하였다는 진술을 믿기 어려울 뿐더러 치열하게 경쟁하는 시장에서 그런 합의가 나오기 어렵다."면서 "이는 공정거래위원회 (사무처) 직원이 한 달만 주유소에 근무해 보면 금방 알 수 있을 것"이라고 토로하였다. G사 측은 공정거래위원회 사무처의 심사의견에 반박하지 않았다. G사는 공정거래위원회의 담합조사에 적극적으로 협조하는 대신에 과징금을 감면받는 길을 선택한 듯하였다.

공정거래위원회 사무처는 "합의가 있었던 2000년 이후 정유사들의 주유소 점유율의 변화가 눈에 띄게 줄었습니다."라며 현장에서 두 개의 그림을 대형 화면에 띄웠다. 정유사가 주유소 나눠먹기를 합의한 것으로 의심되는 시점 이전과 이후에 정유사의 주유소 점유율이 어떻게 변했는지를 비교할 수 있는 그림이었다. 이를 두고 정유사들은 전혀 다른 해석을 내놓았다. "전국적으로 주유소가 급증하던 1990년대와 달리 2000년 전후로 각 사가 어느 정도 주유소 망을 갖춘 상태라 점유율이 크게 변할 수 없다."라는 것이다. 또한 과점상태에선 일반적으로 전면전을 피하는데 이때 나타나는 것이 시장균형이라고 주장하기도 하였다.

H사 측 변호인은 "그래프를 보면 2000년대 들어 우리 측의 점유율은 눈에 띄게 떨어졌는데, 시장 3위 업체가 크게 손해 보면서 선두업체와 담합을 한다는 게 말이 되느냐."고 반박하였다. 후발업체라도 격한 경쟁으로 시장점유율이 더 떨어질 것을 우려하면 담합에 참여할 유인이 존재할 수 있다는 것을 모르는 듯하다. S사 측 변호인은 "적어도

2004~2007년에는 서로 뺏고 뺏기는 치열한 유치전이 벌어졌고, 설령 담합이 있었다고 해도 이때 깨졌다고 봐야 한다."고 말하였다. 변호인이 과거의 담합을 자인하는 듯하다.

S사 측 대표로 참여한 한 임원은 최후 진술에서 "최근 (정부의 요청으로) 특별히 가격을 인하한 노력을 위원회가 감안해달라."라고 부탁하였다. 정유사들이 대한민국 제17대 대통령 이명박(1941-) 정부의 유류값 인하 정책에 맞춰 당시 4월부터 휘발유와 경유 공급가를 100원씩 내린 것을 고려해달라는 의미였다. H사 측은 "기름값 인하분은 우리 회사 전년도 세전 이익의 40%"라면서 "정부에 협력하기 위해 쉽지 않은 결정을 내렸는데 이렇게 조사대상이 돼 가슴 아프게 생각한다."라고 말하였다. SO사 측 관계자는 최후 진술에서 "선두업체와는 달리 우리는 정유업계의 이단아로 불릴 정도로 치열하게 경쟁해왔는데 (제재 대상에 포함된 것은 공정거래위원회가) 네 회사 중에서 하나를 빼는 게 부담스러웠기 때문이라고 추측한다."라고 말하였다. H사 측은 이날 "담합한 사실이 없으며 사회정의 실현을 위해서라도 모든 법적 수단을 강구할 것"이라고 밝혔다.

치열한 공방이 여섯 시간 동안 이어졌으나 정유사의 주장은 모두 받아들여지지 않았다. 공정거래위원회는 원안대로 시정명령과 함께 과징금을 부과하고 정유사 4곳을 검찰에 고발하기로 하였다. 그러나 서울고등법원은 2013년 8월 21일에 공정거래위원회의 시정명령과 과징금 납부명령을 모두 취소하는 판결을 내렸다.[4] 공정거래위원회는 대법원에 즉각 상고했지만, 대법원도 2015년 2월 12일에 정유사의 손을 들어 주었다.[5] 대법원은 "과거 과도한 주유소 유치경쟁으로 손실을 경험한 정유사들 사이에서 별도 협의(합의) 없이 자연스럽게 과도한 경쟁을 자제하는 관행이 형성됐을 수 있다."라며 '경쟁을 자제하기 위한 합의'는 담합이 아닐 수 있다는 취지의 판결을 내렸다.

대법원 판결에는 두 가지 맹점이 있다. 첫째, 과점시장에서 과도한 경쟁이 나타날 가능성은 매우 희박하다. 또한 과도한 경쟁이 기업 입장에서 정의될 경우 모든 수준의 경쟁은 기업에게 전부 과도한 것이라고 주장될 수 있다. 둘째, 기업은 더 많은 초과이윤을 유지하기 위해 더 세게 경쟁하는 것을 서로 자제할 수 있다. 또한 담합균형이 반드시 독점균형과 같을 필요는 없다. 담합균형은 과점균형과 독점균형 사이에서도 결정될 수 있다. 따라서 과도한 경쟁을 자제하기 위한 합의는 담합이 아닐 수 있다는 판단은 더 엄격하게 내려져야 했다.

한편 정유사의 담합을 주장하는 공정거래위원회나 정유사의 담합을 부인하며 변호하는 변호인이나 이 담합사건의 본질을 잘 이해하지 못한 것 같다. 특히 공정거래위원회는 주유소가 유류를 저렴하게 공급하는 정유사를 선호한다고 판단하였다. 정유사가 더 많은 주유소를 확보하려면 유류 공급가를 낮춰야 한다는 뜻이다. 이를 근거로 공정거래위원회는 정유사의 '주유소 나눠먹기'가 유류 가격경쟁을 제한하였다고 판단하였다. 그러나 정유사는 '주유소 뺏어오기' 경쟁을 그만둔 것일 수 있다. '주유소 뺏어오기'가 비용만 많이 들지 그다지 소용없다는 것을 깨달았기 때문이다.

'주유소 나눠먹기' 담합사건은 우리에게 또 다른 교훈을 가르친다. 서로가 경쟁하는 것이 힘들어서 담합했지만, 담합해도 피곤하기는 마찬가지였다. 다 같이 경쟁을 자제하거나 담합하자고 합의하더라도 누군가는 언젠가 여러 모양으로 배신할 것이기 때문이다. G사의 그 중견 간부도 '주유소 뺏어오기'를 멈추고 싶었던 듯하다. 그리고 성공하였다. 모두가 그렇게 하자고 합의했다. 그런데 공정거래위원회가 '주유소 뺏어오기'를 그만두기로 합의한 것을 담합이라고 강하게 주장하니까 그 중견 간부도 그런가 보다 생각하고 증언하였을 듯하다.

정유사가 '주유소 뺏어오기' 경쟁을 멈추면 유류 가격경쟁은 더 격화될 수 있다. 고객들은 유류 가격이 더 낮은 주유소를 선호할 것이기 때문이다. 이 때문에 정유사는 다른 정유사보다 유류 공급가를 더 낮춰야 할 수 있다. 그렇다면 정유사의 '주유소 뺏어오기' 경쟁을 멈춘 것은 경쟁을 제한하기보다는 경쟁을 촉진하는 효과가 더 크다고 볼 수 있다. 법원이 정유사의 손을 들어준 가장 근본적인 이유일 것이다.

영원한 친구

영원한 친구가 정말 있는 것일까? 길지 않은 인생을 살았지만 영원한 친구란 존재하기 어려운 것 같다. 이와 달리 친구의 배신 이야기는 쉽게 찾아볼 수 있다. 독일의 철학자 하인리히 리케르트Heinrich Rickert(1863-

1936)가 '진정한 우정의 앞과 뒤는 어느 쪽을 보아도 동일하다. 앞에서 보면 장미, 뒤에서 보면 가시일 수 없다.'라고 말한 것도 같은 이유에서 일 것이다.[6]

다시 장 발장과 자베르의 이야기로 돌아와 보자. 둘도 마찬가지다.[7] 서로가 흔들리는 우정 앞에 서 있다. 내일의 기약은 저 멀리 멀어져 갈 것만 같다. 장 발장은 동업을 포기해야 할지를 걱정하였다. 자베르도 분명 똑같이 고민했을 것이다. 문득 장 발장에게 이런 생각이 떠올랐다. 오늘만이 날이 아니지 않은가? 내일도 있고, 모레도 있고, 글피도 있다. 항상 내일이 있다. 장 발장은 서로 배신하지 않고 서로 동업할 이유가 있을 것이라고 믿었다. 서로 담합할 때 얻는 이윤(π_A^j)이 서로 경쟁할 때 얻는 이윤(π_A^d)보다 항상 크기 때문이다.

어떤 조건이라면 둘은 서로 배신하지 않고 계속 동업할까? 장 발장은 미래를 생각해 보기로 하였다. 서로가 미래를 함께 할 수 있다면 서로 배신할 일도 없을 것이다. 미래가치를 시간할인율(δ)time discount rate을 이용해 현재가치present value로 환산해 보자. 예를 들면, 내일의 1원은 오늘의 δ원과 같다. δ가 1이면 내일이 오늘만큼 중요하다는 뜻이다. δ가 0이면 내일은 전혀 중요하지 않다는 뜻이다. 시간할인율 δ가 1에 가까울수록 미래에 얻을 이윤은 오늘 얻는 이윤만큼 중요하다는 뜻이다. 참고로 δ는 델타라고 읽는다.

시간을 t로 표기하자. 장 발장이 내일($t = 1$)에 얻을 이윤(π_{A1})의 현재가치는 시간할인율(δ)로 한 번 할인한 값($\delta\pi_{A1}$)과 같다. 내일모레

$(t=2)$에 얻을 이윤(π_{A2})의 현재가치는 시간할인율(δ)로 두 번 할인한 값$(\delta^2\pi_{A2})$과 같다. 이처럼 장 발장이 오늘$(t=0)$부터 앞으로 얻게 될 이윤의 현재가치(Π_A)를 계산하면 다음과 같다.

$$\Pi_A = \pi_{A0} + \delta\pi_{A1} + \delta^2\pi_{A2} + \cdots + \delta^t\pi_{At} + \cdots$$

이를 간단하게 표현하면 장 발장이 오늘부터 앞으로 얻을 이윤의 현재 가치(Π_A)는 다음과 같다.

$$\Pi_A = \sum_{t=0}^{\infty} \delta^t\pi_{At}$$

장 발장은 우정을 지키기 위해 독점 생산량의 절반인 q_A^j를 생산하고 π_A^j를 얻기로 자베르와 약속하였다. 이 경우 장 발장이 오늘부터 앞으로 얻게 될 이윤의 현재가치(Π_A^j)는 다음과 같이 계산된다. 자세한 설명은 부록 2를 참고하길 바란다.

$$\Pi_A^j = \sum_{t=0}^{\infty} \delta^t\pi_A^j = \frac{1}{1-\delta}\pi_A^j$$

장 발장은 곰곰이 생각해 보았다. 서로 약속을 계속 지키는 것이 좋을까? 동업할 때 얻는 이윤(π^j)이 경쟁할 때 얻는 이윤(π^d)보다 항상 높다는 것은 분명하다. 그러나 자베르가 q_B^j를 생산할 때 장 발장이 q_A^o를 생산하면 장 발장은 더 많은 이윤을 얻는다$(\pi_A^o > \pi_A^j)$는 것도 잘 안다. 오늘만을 생각한다면 약속을 깨는 것이 더 이득이다.

정말 오늘 약속을 깨고 계속 경쟁하는 것이 더 이득일까? 장 발장은 궁금하였다. 오늘 약속을 깨면 당장 얻을 수 있는 이윤은 π_A^o이지만, 이후에 얻을 수 있는 이윤은 π_A^d이다. 장 발장이 한 번 배신하면 자베르도 더 이상은 동업하지 않을 것이기 때문이다. 그렇다면 장 발장이 오늘 약속을 깰 경우 앞으로 계속 얻게 될 이윤의 현재가치(Π_A^o)는 다음과 같이 계산된다.

$$\Pi_A^o = \pi_A^o + \sum_{t=1}^{\infty} \delta^t \pi_A^d = \pi_A^o + \frac{\delta}{1-\delta} \pi_A^d$$

장 발장은 정신을 가다듬고 생각하였다. 오늘 약속을 깨는 것보다 자베르와 계속 동업하는 것이 더 이득이라면 자베르와 영원히 동업하는 것이 현명한 처사다. 그렇다면 장 발장은 다음 조건이 충족되어야 자베르와 계속 동업하는 것을 선택할 것이다.

$$\Pi_A^j \geq \Pi_A^o$$

이를 시간할인율(δ)에 대하여 정리하면 다음과 같은 조건을 얻을 수 있다. 이 조건은 서로가 내일을 얼마나 중요하게 생각하느냐에 따라 서로 동업할지 아니면 말지가 결정될 수 있다는 것을 뜻한다. 미래를 생각해 보니 흔들리는 우정을 지킬 수 있을 것만 같았다.

$$\delta \geq \frac{\pi_A^o - \pi_A^j}{\pi_A^o - \pi_A^d} \equiv \delta^*$$

장 발장은 자베르와 우정을 지킬 수 있는 시간할인율 하한(δ^*)을 〈그림 5.6〉의 보수행렬에서 얻었던 숫자를 넣어 계산해 보니 0.5294로 계산되었다. 시간할인율(δ)이 0.5294보다 크거나 같다면 서로가 우정을 영원히 지키며 동업하는 것이 이득이다. 장 발장의 얼굴에는 희색喜色이 돌았다. 서로 배신할 일은 없겠다는 확신이 들었다. 장 발장의 시간할 인율은 1에 가깝다고 믿었기 때문이다. 자베르도 마찬가지일 것이다.

친구의 친구

친구가 많으면 좋을 수 있다. 인생을 외롭게 살지 않아도 되니까. 그러 나 친구가 많다고 해서 반드시 좋은 것은 아니다. 어떤 친구가 많으냐 가 더 중요하다. 공자孔子(551BC-479BC)는 논어論語에서 익자삼우(益者三友), 손자삼우(損者三友)라고 말하였다. 세 가지 유익한 벗이 있고, 세 가지 해 로운 벗이 있다는 뜻이다. 정직하고, 성실하며, 똑똑한 벗은 이롭고, 허 세 부리고, 아첨에 능하며, 말 많은 벗은 해롭다고 한다. 공자가 빼먹은 해로운 벗이 있다. 자기 잇속만 챙기는 벗이다.

공정거래위원회는 2012년 11월 2일에 2004년부터 제1종 국민주택 채권의 가격을 담합한 증권사 20곳에 총 과징금 192억 원을 부과하고, 그중 6곳을 검찰에 고발하였다.[8] 제1종 국민주택채권은 술 제조면허, 건축허가, 부동산 등기를 신청하는 자이면 의무적으로 매입해야 하는 채권이다. 하지만 제1종 국민주택채권은 보유하고 있을 이유가 없다. 그래서 증권사는 이들이 매입한 국민주택채권을 낮은 가격에 사들여 국 민주택채권을 매입해야 하는 자에게 높은 가격으로 되팔아 이윤을 남긴다. 증권사들이 합의한 가격은 국민주택채권을 사들이는 가격이었다.

증권사 직원들이 채권 가격을 담합하기 위해 온라인 대화방에서 대화한 내용을 읽어보면 우리 삶의 현장이 싸움터라는 생각밖에 들지 않는다. 이 대화방에 참가했던 증권사 직원 수를 세워보니 무려 44명이나 되었다. 왜 이들은 위법한 담합을 자행한 것일까? 삶의 현장에서 살아남기 위해 치열하게 몸부림을 쳤던 것은 아닐까? 안타까운 마음을 금할 길이 없다. 이들이 처음으로 채권 가격을 합의하기로 결정한 때인 2004년 3월 31일의 대화 내용을 읽어보면 서로가 친구가 되기로 굳게 결의한 듯하다. 언뜻 보기에도 좋아 보인다. 서로가 조금씩 의견을 달리 하지만, 서로가 조금씩 양보하기로 결심한다. 물론 이들도 이러한 대화가 담합의 증거로 사용될 수 있다는 것을 인식하고 있었다. 그래서 서로 비밀유지도 다짐하였다.

그렇게 3년이 훌쩍 지났다. 2007년 5월 31일에 있었던 대화 내용을 읽어보면 우정의 온기가 예전과 같이 느껴지는 듯하다. 경이롭게도 이날 이들은 단 31초 만에 채권 가격을 합의하였다. 그런데 사정은 곧 복잡해지기 시작하였다. 무슨 이유에서인지 2008년 1월부터 채권 가격을 하나로 결정하지 않고 일정한 범위 내에서 각자가 알아서 결정하기로 합의하였다. 누군가 배신하고 있다는 소문이 돌았던 모양이다. 2008년 11월 15일부터는 13개 증권사가 정한 가격을 나머지 증권사가 따르기로 합의하였다. 이쯤부터 서로에 대한 불신이 타오르기 시작한 듯하다.

〈그림 6.1〉에서 볼 수 있듯이 2011년 11월 4일에 ○○증권사 직원

〈그림 6.1〉 OO증권회사 직원의 2011년 11월 4일 자 문자[6]

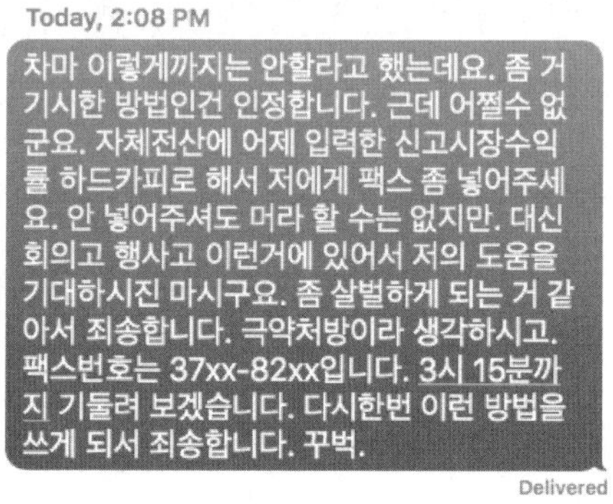

Today, 2:08 PM

차마 이렇게까지는 안할라고 했는데요. 좀 거기시한 방법인건 인정합니다. 근데 어쩔수 없군요. 자체전산에 어제 입력한 신고시장수익률 하드카피로 해서 저에게 팩스 좀 넣어주세요. 안 넣어주셔도 머라 할 수는 없지만. 대신 회의고 행사고 이런거에 있어서 저의 도움을 기대하시진 마시구요. 좀 살벌하게 되는 거 같아서 죄송합니다. 극약처방이라 생각하시고. 팩스번호는 37xx-82xx입니다. 3시 15분까지 기둘려 보겠습니다. 다시한번 이런 방법을 쓰게 되서 죄송합니다. 꾸벅.

Delivered

이 다른 증권사 직원에게 보낸 메시지를 읽어보면 그 복잡한 사정을 조금 짐작할 수 있다. 서로 믿지 못해서 그런지, 각자가 정한 채권 가격을 팩스로 보낼 것을 요구하였다. 이후에도 합의한 채권 가격은 몇 번씩이나 깨졌다. 서로 믿겠다는 서약서도 작성해서 교환할 정도로 상황은 더욱 악화되었다. 과거에 서로가 밀고 밀어주던 분위기는 찾아볼 수 없었다. 결국 이들은 채권 가격을 담합한 지 약 8년 만에 공정거래위원회에게 발각되고 말았다.

친구가 많으면 이런저런 일이 생기기 쉽다. 모두의 뜻이 언제나 같을 수 없기 때문이다. 우정의 뒤편에는 시기와 질투가 언제나 도사리고 있기 때문이다. 담합도 마찬가지다. 기업이 많으면 합의도 어렵다. 설령 합의하더라도 깨지기 쉽다. 기업 하나만 맘이 변해도 모두의 약속은 깨지기 때문이다. 그만큼 오늘의 약속을 지켜내려면 모두가 같은 맘으로 내일을 더 중요하게 여겨야 한다. 기업이 여럿이면 둘일 때보다는 시

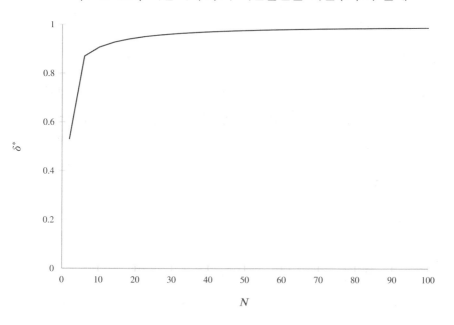

〈그림 6.2〉 기업 수(N)와 시간할인율 하한(δ*)의 관계

간할인율이 더 커야 할 듯하다. 그래야 기업이 많더라도 모두가 오늘의 약속을 내일에도 이어갈 것이기 때문이다.

장 발장은 다시 곰곰이 생각하였다.[9] 경쟁할 기업이 많아질 때 서로 계속해서 동업하는 것이 유리할지가 궁금하였다. 마을 시장에 양조장이 N개라고 가정하자. 이 경우 모두가 계속 동업하려면 시간할인율(δ)이 다음 조건을 만족하여야 한다.

$$\delta \geq \frac{\pi_A^o(N) - \pi_A^j(N)}{\pi_A^o(N) - \pi_A^c(N)} \equiv \delta^*(N)$$

여기서 $\pi_A^j(N)$은 장 발장이 모두와 동업해 얻을 수 있는 이윤, $\pi_A^o(N)$은 장 발장이 당장 약속을 깨서 얻을 수 있는 이윤, $\pi_A^c(N)$은 모두가 경쟁할 때 얻을 수 있는 이윤, $\delta^*(N)$는 양조장 N개가 앞으로 계속 동업하기 위한 조건을 만족하는 시간할인율 하한이다.

장 발장은 무척 궁금하였다. N이 커질수록 $\delta^*(N)$의 값은 어떻게 될까? 〈그림 6.2〉를 살펴보자. 기업 수(N)가 30개만 넘어서도 시간할인율 하한($\delta^*(N)$)은 1에 가까워진다. 그만큼 모두가 서로 담합하기가 어렵다는 뜻이다. 기업 수(N)가 무한대(∞)로 커지면 시간할인율 하한($\delta^*(N)$)은 거의 1이 된다.

$$\lim_{N \to \infty} \delta^*(N) = 1$$

이는 내일이 오늘과 같지 않다면 담합이 거의 불가능하다는 뜻이다.

한 가지 유의할 점이 있다. 기업 수가 적다고 반드시 담합하기가 쉬운 것은 아니다. 놀부와 흥부 사이를 생각해 보자. 놀부의 욕심은 흥부가 따라잡기 힘들다. 이 때문에 서로가 담합하는 것은 거의 불가능에 가깝다. 반면에 백설공주의 일곱 난쟁이는 그 수가 많아도 서로 힘을 뭉칠 것이다. 서로 처지가 비슷해야 담합하기 쉽다.

이너 서클

2011년부터 매주 금요일 밤에 방영되는 SBS 방송의 「김병만의 정글의 법칙」은 인간의 욕구를 잘 묘사한다. 이 프로그램은 정글에서 먹을 것을 직접 구해야 생존할 수 있는 야생 본능에 바탕하고 있다. 또한 먹고 나면 잘 곳을 찾아 움막을 짓고, 주변도 살피고, 병만족끼리 유대감도 키우며, 자신들의 사냥 업적을 자랑하는 장면도 연출한다. 미국의 심리학자 아브라함 매슬로우Abraham H. Maslow(1908-1970)도 인간의 욕구를 생리, 안전, 소속, 자존감, 자아실현으로 나누고, 이전 욕구가 충족되어야 다음 욕구가 충족될 수 있다고 보았다.[10] 예를 들면, 소속 욕구는 먼저 생리 욕구가 충족되고, 그다음에 안전 욕구가 충족되어야 충족될 수 있다.

생리 욕구는 허기를 면하고 생명을 유지하려는 욕구다. 서울대학교 의과대학 윤대현 교수는 허기에는 육체적 허기와 심리적 허기가 있다고 설명한다.[11] 육체적 허기는 배가 고파서 느끼는 허기다. 심리적 허기는 무엇인지 모를 허전한 느낌과 같은 것이다. 사람은 종종 심심해서 먹고, 화가 나서 먹고, 짜증 나서 먹고, 우울해서 먹는다. 혀를 태우듯 매운 떡볶이를 먹는 것도 심리적 허기를 태워 없애고 싶기 때문일 것이다. 허기는 육체적 허기를 채우는 것만으로는 부족하고 심리적 허기까지 채워져야 완전하게 채워진다고 한다.

안전 욕구는 생리 욕구가 충족된 후 자신을 보호하고 불안을 회피하려는 욕구다. 개그맨 김병만도 정글에 가면 먼저 먹을 것과 잘 곳을 해결한다. 허기질 때 밥을 먹으면 눕고 싶다. 허기를 참는 데 많은 체력을 소모했기 때문이다. 이때 제대로 누울 수 없다면 어떨까? 누웠더라도 누군가 와서 해코지라도 할 것 같다면 어떨까? 그만큼 안전 욕구가 충족되는 것은 매우 중요하다. 그래야 주변을 돌아볼 수 있는 여유도 생긴다.

소속 욕구는 가족, 이성, 친구, 친척 등과 친교를 맺고 자기가 원하는 집단에 귀속되고 싶어 하는 욕구다. 모두가 같이 밥을 먹고 같이 누웠는데 자기만 빼놓고 모두가 사라질 것 같다면 어떨까? 누워도 불안해서 잠이 오질 않을 것이다. 자더라도 선잠을 잘 것이다. 그런데 누군가 자기를 깨워줄 것이라는 믿음이 있다면 아마 짧은 시간이더라도 꿀잠을 잘 수 있을 것이다. 이것이 소속 욕구다. 이너 서클inner circle에 들어가고 싶은 욕구다.

소속 욕구는 외로움과 소외감에서 벗어나려는 동기에서 비롯된다. 외로움과 소외감은 인생을 살아가는 모든 자에게 불멸의 적이다. 누구라도 이 불멸의 적과 싸우고 싶지 않아 어떤 집단이나 단체에 소속되고 싶어 한다. 그러나 어느 집단에 들어간다는 것은 쉬운 일이 아니다. 자신의 무엇인가를 포기하거나 특별한 회원자격을 얻어야 한다. 그럴 수 없다면 외로움을 벗 삼아 평생 자신을 처절하게 방어하면서 살아야 한다. 자신은 소외당하고 있지 않다고 최면을 걸면서 말이다.

기업 세계도 비슷하다. 외롭게 경쟁하는 것보다 담합을 선택하는 것이 더 나을 수 있다. 소속 욕구를 채울 수 있으니 말이다. 그러나 자신은 비겁하게 살지 않겠다며 외로운 싸움을 선택하는 기업도 있다. 특히 신생 기업일수록 더욱더 그럴 수 있다. 이때 그동안 담합으로 상당한 초과이윤을 즐겁게 누렸던 기존 기업은 갈림길에 서게 된다. 신생 기업 때문에 담합을 그만 둬야 할수도 있기 때문이다. 신생 기업이 싸우겠다고 나선다면 담합은 깨질 수밖에 없다.

장 발장과 자베르는 내일을 약속하며 서로 믿음을 가지고 계속 동업하기로 다짐하였다. 그런데 이상한 소문이 돌았다. 여관 주인 테나르디에Thénardier가 포도주를 양조해서 여관 손님에게 판다는 것이다. 장 발장과 자베르는 안절부절 어떻게 할 줄을 몰랐다.[12] 그 사기꾼이 어떻게 나올지를 짐작할 수 없었다. 둘은 혹시라도 그가 마을 시장에까지 포도주를 내다 팔면 어떻게 될까 하며 걱정하기 시작하였다.

여관주인 테나르디에는 이 마을 포도주가 다른 마을보다 좀 비싼 편이라는 손님들의 불평을 자주 들었다. 처음에는 그냥 스쳐 지나가는 말이겠지 생각했지만, 언제부터인가 포도주가 좀 비싸진 것은 사실이었다. 테나르디에는 직접 포도주를 만들어 손님들에게 장 발장이나 자베르보다 조금 싸게 팔았다. 더군다나 장 발장이나 자베르에게 포도주를 사는 것보다 직접 만들어 파는 것이 더 이득이었다. 테나르디에는 이렇게 생각하였다. '자~ 그렇다면 이제 마을 시장에 내다 팔아 볼까?'

장 발장과 자베르는 테나르디에가 마을 시장에 포도주를 내다 팔지 못하게 하고 싶었다. 테나르디에가 포도주를 값싸게 팔 것이 뻔했기 때문이다. 테나르디에의 포도주가 값싸면 마을 사람들이 테나르디에의 포도주만을 찾을지도 모른다. 그렇다면 장 발장과 자베르은 테나르디에가 마을 시장에 포도주를 내다 팔지 못하게 포도주 가격을 내려야 한다. 서로의 동업을 깨야 할 수 있다.

장 발장은 생각하였다. 테나르디에가 마을 시장에 진입한다면 자베르와의 동업을 깨는 것이 나을까? 테나르디에가 시장에 진입할 확률을 μ

라고 하자. 참고로 μ는 뮤라고 읽는다. 장 발장은 테나르디에가 시장에 진입한다면 자베르와 동업을 깨야 하고, 그렇지 않다면 동업을 유지하는 것이 이득일 것이라고 생각하였다. 다만 사람 일은 모른다. 꼼꼼하게 따져 봐야 한다.

테나르디에가 시장에 진입하지 않는다면 장 발장은 자베르와 계속 동업할 수 있다. 테나르디에가 시장에 진입하면 장 발장은 자베르와 동업할 수 없다. 테나르디에가 포도주 가격에 불을 질러 놓을 것이 뻔하다. 장 발장은 오늘부터 앞으로 얻게 될 기대이윤의 현재가치($E[\Pi_A^j]$)를 두 가지 경우를 고려하여 계산해 보았다.

$$E[\Pi_A^j] = (1 - \mu) \sum_{t=0}^{\infty} \pi_{At}^j(2) + \mu \sum_{t=0}^{\infty} \pi_{At}^c(3)$$

여기서 $E[\cdot]$는 기대함수expected function이고, $\pi_{At}^j(2)$는 t기에 테나르디에가 시장에 진입하지 않아 장 발장과 자베르가 계속 동업할 때 장 발장이 얻는 이윤이며, $\pi_{At}^c(3)$은 테나르디에가 시장에 진입하여 모두가 경쟁할 때 장 발장이 얻는 이윤이다. 이를 간단하게 정리하면 다음과 같다.

$$E[\Pi_A^j] = \frac{1 - \mu}{1 - \delta} \pi_A^j(2) + \frac{\mu}{1 - \delta} \pi_A^c(3)$$

테나르디에가 시장에 들어와 포도주 가격에 불을 질러 놓을 것이 뻔하다면 장 발장은 지금 당장이라도 동업을 깨는 것이 더 이득일 수 있다. 자베르와 계속 동업하는 것이 무의미할 수 있기 때문이다. 이 경우 장 발장이 오늘부터 앞으로 얻을 수 있는 기대이윤의 현재가치($E[\Pi_A^o]$)

는 다음과 같다.

$$E[\Pi_A^o] = \pi_A^o(2) + \frac{(1-\mu)\delta}{1-\delta}\pi_A^c(2) + \frac{\mu\delta}{1-\delta}\pi_A^c(3)$$

그렇다면 장 발장은 다음 조건이 충족되어야 자베르와 계속 동업할 것이다. 그렇지 않으면 당장 동업을 깨는 것이 이득이다.

$$E[\Pi_A^j] \geq E[\Pi_A^o]$$

이를 시간할인율(δ)에 대하여 정리하면 장 발장이 자베르와 계속 동업할 조건은 다음과 같다.

$$\delta \geq \frac{\pi_A^o(2) - \pi_A^j(2) + \mu(\pi_A^j(2) - \pi_A^c(3))}{\pi_A^o(2) - (1-\mu)\pi_A^c(2) - \mu\pi_A^c(3)} \equiv \delta^*(\mu)$$

이는 테나르디에가 마을 시장에 진입할 가능성이 존재할 경우 장 발장과 자베르는 시간할인율(δ)이 $\delta^*(\mu)$보다 크거나 같아야 서로를 믿고 동업한다는 뜻이다.

〈그림 6.3〉을 살펴보자. 장 발장과 자베르가 계속 동업하려면 테나르디에가 시장에 진입할 확률(μ)이 높을수록 시간할인율 하한($\delta^*(\mu)$)이 더 커야 한다. 그렇지 않다면 장 발장과 자베르의 동업은 깨질 수밖에 없다. 예를 들면, 테나르디에가 마을 시장에 진입할 확률이 0%이면 시간할인율이 0.5294보다 크거나 같아야 장 발장과 자베르는 계속 동업할 것이다. 테나르디에가 마을 시장에 진입할 확률이 50%이면 시간할인율은 0.871보다 크거나 같아야 한다. 그렇지 않다면 먼저 동업을

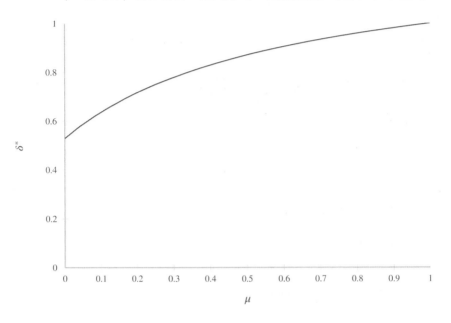

〈그림 6.3〉 신규진입 확률(μ)과 시간할인율 하한(δ^*)의 관계

깨는 것이 이득이다.

제주도에서 벌어진 일이다.[13] 공정거래위원회는 2014년 7월 22일에 렌터카 사용요금을 서로 짜고 결정한 제주지역의 렌터카rent-a-car 사업자단체인 제주특별자치도 ○○조합(이하, 조합)과 렌터카 회사 7곳에게 시정명령을 내렸다. 또한 조합에게 과징금 7,300만 원을 부과하고 조합을 검찰에 고발하였다. 제주도 렌터카 시장은 그야말로 진입장벽이 낮은 시장이다. 2010년 말 기준으로 회사 63곳이 차량 1만 4,175대를 가지고 제주도에서 경쟁하고 있다. 이 중에서 제주도에만 등록된 렌터카 회사는 45곳에 이른다. 2001년에 회사 38곳이 차량 4,127대를 가지고 경쟁했던 것에 비하면 약 10년 동안 상당히 많은 렌터카 회사가

제주도 렌터카 시장에 진입하였다.

제주도 렌터카 시장에는 여름 성수기에 뜨겁게 달아오르다가 성수기가 끝나면 금방 식어버리는 특성이 있다. 이 때문에 렌터카 회사는 여름 성수기에 렌터카 사용요금을 비싸게 받고, 비성수기에는 사용요금을 싸게 받는다. 예를 들면, 2010년 7월에 개별적으로 제주도에 관광 온 사람은 48만 8,689명에 달하였다.[14] 가족은 4인, 친구는 2인, 혼자는 1인이 3일씩 제주도에 머문다고 가정하자. 이 경우 렌터카에 대한 잠재적 수요는 하루 평균 2만 8,507대로 추정된다. 당시 제주도 렌터카는 1만 4,175대였기 때문에 잠재적 수요가 공급보다 2배가량 크다고 볼 수 있다. 이러니 렌터카 사용요금이 여름 성수기에 비싸질 수밖에 없다. 그러나 여름 성수기가 끝나면 렌터카의 평균 가동률은 50% 내외에서 맴돈다. 비성수기에는 렌터카 사용요금이 싸질 수밖에 없다.

제주도 관광객들은 여름 성수기에 렌터카 사용요금이 터무니없이 비싼 것이 아니냐는 볼멘소리를 자주 내었다. 이에 제주도청이 나섰다. 제주도청은 2008년 3월 5일에 「제주특별자치도 여객자동차운수사업 조례」(이하, 조례)를 제정하였다. 이 조례는 렌터카 회사에 차종별 사용요금 신고가를 1년간 변경없이 그대로 유지할 것을 요구하였다. 제주도 관광객이 렌터카 사용요금이 들쑥날쑥해서 담합을 의심하니 둘쭉날쭉하지 못하게 하면 된다는 식의 단순한 사고에서 비롯된 듯하다. 실제 제주도청도 관광객들의 불만을 해소하기 위한 조치라고 설명하였다. 그러나 흥미롭게도 제주도청으로부터 렌터카 사용요금 신고업무를 위임받은 조합은 조례를 사용요금을 담합하는 데 악용한 것으로 밝혀졌다.

조합은 제주도청을 대신해 각 렌터카 회사들이 신고한 차종별 사용요금을 취합해 신고가를 결정하였다. 그런데 조합은 이상하게도 렌터카 회사들에게 조합이 결정한 원가에 따라 렌터카 사용요금을 신고하도록 요구하였다. 일부 렌터카 회사가 조합이 제시한 수준보다 낮게 사용요금을 신고하면 받지 않았다. 또한 조합은 '렌터카 사용요금을 신고하지 못한 회사는 과태료를 내야 한다.'는 조례 규정을 악용해 신고가를 수정토록 압박하였다. 더 나아가 2009년 4월에 조합은 제주도 렌터카 시장의 70%를 차지하는 7개 회사로 구성된 심의위원회를 따로 만들었다. 시장점유율을 높이고 싶은 소형 렌터카 회사가 사용요금 신고가를 낮추는 것을 저지하고 대형 렌터카 회사의 입맛에 맞게 사용요금 신고가를 결정하기 위해서였다.

진입장벽이 낮은 시장에서 담합은 오래가기 어렵다. 소형 렌터카 회사들이 온라인 여행사를 이용해 우회적으로 사용요금을 할인해주기 시작한 것이다. 그 방식은 간단하였다. 렌터카 회사는 여행사에게 렌터카 사용요금을 신고가로 청구한다. 여행사도 고객에게 렌터카 사용요금을 신고가로 청구한다. 다만 여행사는 고객에게 여행경비를 할인하는 방식으로 렌터카 사용요금을 일부 보전한다. 사실상 조례를 위반하지 않으면서 비수기에 고객에게 렌터카 사용요금을 할인해주는 묘수였다.

이에 뒤질세라 다른 대형 렌터카 회사들도 요금할인 경쟁에 뛰어들기 시작하였다. 제주도청의 사용요금 규제가 현실에 맞지 않는다는 것을 서로가 잘 알고 있었기 때문이다. 조례를 활용한 사용요금 담합은 이렇게 완전히 깨질 것만 같았다. 그러나 경쟁은 기업에게 피곤한 일이다. 서로 경쟁할수록 이윤이 줄기 때문이다. 대형 렌터카 회사들의 입김이 센 조합은 제주도청에게 도움을 요청하였다. 이에 제주도청은 2011년 5월부터 시장 상황에 따라 렌터카 회사가 직접 사용요금을 할인할 수 있도록 허용하였다.

이후 조합은 렌터카 사용요금을 더 높은 수준으로 책정하여 제주도청에 신고하였다. 비성수기에 사용요금이 큰 폭으로 할인되는 것처럼 보이기 위해서다. 결국 제주도의 렌터카 사용요금은 조례가 제정되기 이전과 똑같게 되었다. 다만 렌터카 사용요금이 수요와 공급이 아닌 조합을 대표하는 대형 렌터카 회사의 의도대로 결정된다는 것이 달라졌다. 어떤 규제를 만들 때는 시장을 제대로 이해하는 것뿐만 아니라 그 규제가 집행되는 방식을 제대로 설계하는 것도 중요하다.

제주도의 렌터카 사용요금 담합은 ○○렌터카 회사가 그 사실의 전모를 공개하면서 세상에 알려졌다. 이 회사는 비성수기에 현대 EF소나타 차량의 1일 사용요금을 6만 5천 원에서 2만 원으로 대폭 할인하면서 빠르게 성장한 회사다. 그런데 다른 렌터카 회사들도 비성수기에 사용요금을 할인하기 시작하자 억울했던 모양이다. 이 회사 대표는 2012년 6월에 제주도청에 사용요금을 더 강하게 규제하라는 탄원서를 제출하였다. 또한 2013년 1월에는 제주도청의 담당 사무관이 사용요금 담합을 주도하고 있다고 공개적으로 항의하였다.

이 회사는 남들이 규제를 지키려고 할 때 기발하게 규제를 회피하였다. 남들이 자기를 따라 가격을 할인하자 이제라도 규제를 지켜야 한다고 주장하였다. 게다가 더 강하게 규제하라고 청원까지 제기하였다. 이후 자기 뜻대로 되지 않자 서로 가격을 담합하였다고 다른 회사들을 공개적으로 비방하였다. 이 회사는 처음부터 조합이 렌터카 사용요금 담합을 주도하고 있다는 사실을 알고 있었던 듯하다. 그렇다면 일찌감치 공정거래위원회에 신고했으면 더 좋았을 듯싶다. 여하튼 공정거래위원회는 이 회사의 주장에 손을 들어주었다.

진입장벽이 낮은 만큼 신규 기업이 시장에 진입할 확률도 높다.[15] 담합이 깨질 확률도 높아진다. 담합이 불안할 수밖에 없다. 물론 신규 기업도 더 많은 초과이윤을 누리기 위해 담합에 동참하고 싶어 할 수 있다. 그렇게 하는 것이 더 이득이라는 것을 본능적으로 알 것이기 때문이다. 그러나 진입장벽이 높다고 해서 반드시 담합이 존재하는 것은 아니다. 진입장벽이 높은 만큼 기존 기업들은 상당한 초과이윤을 누릴 수 있다. 그렇다면 담합할 유인도 상대적으로 적을 수 있다.

밥 먹는 친구

친구란 편하게 밥 먹자고 말할 수 있는 사이다. 그만큼 편하게 마주 볼 수 있는 사이고, 그만큼 자주 만날 수 있는 사이며, 그만큼 편하게 이것 저것을 같이 할 수 있는 사이다. 기업이 서로 모일 때 밥을 먹는 이유는 간단하다.[16] 서로가 밥이라도 먹어야 서먹함을 또는 속내를 숨길 수 있기 때문이다. 그 와중에도 서로가 머릿속에서 계산기를 두드리면서 무엇이 서로에게 더 이득인가를 바쁘게 따질 것이다. 서로가 서로를 배신할 수 있다는 것을 누구보다도 잘 알고 있기 때문이다. 그럼에도 불구하고 밥 앞에서는 서로가 조금씩 양보하기 마련이다. 포만감이 주는 약간의 위로 때문일 것이다. 그런데 자주 이렇게 밥을 먹다 보면 기업은 본능적으로 서로 동업하자는 결론에 도달할 것이다.

공정거래위원회는 2012년 12월 28일에 철강업체 여럿에게 2004년 11월부터 2010년 11월까지 칼라강판 가격을 담합한 혐의로 과징금을 부과하고 이들을 검찰에 고발하였다.[17] 참고로 칼라강판은 강판 표면에 색을 입혀 다양한 색조와 무늬를 새긴 철자재다. 전자제품과 건축자재 외장재로 많이 사용된다. 이들 업체는 총 29회의 만남을 가졌다. 만남 장소는 음식점이 스무 곳, 사무실이 두 곳, 골프장이 한 곳, 차마 말할 수 없는 곳이 여섯 곳이다. 당연히 음식점이 압도적으로 많다.

제일 처음 만난 곳은 서울 종로구 광화문에 위치한 중식당이다. 짬뽕이 맛있다고 소문난 집이다. 이 곳에서 세 번을 계속해서 만나다, 서울 강남구 삼성동에 위치한 복요리 전문 식당으로 자리를 옮겼다. 이곳에서는 모두 네 번을 만났다. 이들은 서울 강남구 대치동에 위치한 한식당에서도 여러 번 모였다. 이곳에서는 2006년부터 2009년까지 다섯 번을 만났다. 다음으로 많이 모인 곳은 서울 청계산 등산로 입구 부근에 위치한 식당이다. 이 곳에서는 두 차례 이상 만난 것으로 보인다.

이들이 식당에 모인 목적은 칼라강판 가격을 담합하기 위해서였다. 칼라강판 가격은 포스코로부터 조달하는 원재료 가격에 따라 쉽게 오르고 내렸다. 때로는 가격할인 경쟁이 심해 칼라강판 가격이 너무 많이 내려 갔다. 그래서 철강업체 여럿은 밥이라도 먹자고 모인 것이다. 사실은 포스코가 칼라강판의 원재료 가격을 인상하면 그 인상분을 칼라강판 가격에 얼마만큼 반영할지를 논의라도 해보자는 심산이 컸을 것이다.

칼라강판 가격은 도매가격에 기타가격을 더해 결정된다. 도매가격은 기준규격 제품에 대한 기준가격($P_{기준}$)과 강판의 두께와 폭, 표면의 재질과 처리방법 등에 따라 가산하는 추가가격($P_{추가}$)를 더하고 가격할인률(β)을 고객특성, 거래조건 등을 고려하여 차별적으로 적용한 가격이다. 가격할인률을 차등 적용하는 것은 고객이 상대적으로 저렴하게 구입하는 것으로 착각하게 하기 위한 것이다. 기타가격($P_{기타}$)은 포장비, 배송비 등 도매과정에서 발생하는 비용을 추산한 가격이다. 따라서 칼라강판 가격($P_{칼라강판}$)이 결정되는 산식은 다음과 같이 정리될 수 있다.

$$P_{칼라강판} = \beta(P_{기준} + P_{추가}) + P_{기타}$$

이들이 모일 때는 '동창', '소라회', '낚시회', '강남' 등 모임 명을 따로 정해 서로의 신분을 위장하였다. 걸리면 끝장이라는 경계심을 모두가 가졌던 모양이다. 아니면 이들 서로가 그런 관계였다면 얼마나 더 좋았을까라는 희망 섞인 자조로 그런 모임 명을 지었는지도 모르겠다. 어떻게 보면 주도면밀하고 어떻게 보면 애잔하다. 장 발장도 자베르와 선술집에서 만나 서로 이야기하다 보니 동업이라는 결론에 이르렀다. 그만큼 밥이란 서로의 마음을 열어 주는 열쇠와 같다.

그렇다. 기업이 서로 자주 만난다면 담합할 가능성은 높아질 수밖에 없다. 서로가 자주 만나다 보면 그만큼 신뢰가 쌓일 것이기 때문이다. 매일 만난다면 어떨까? 매시간 만난다면 어떨까? 매분 만난다면 어떨까? 자주 만날수록 서로가 더 많이 의존하게 될 것이다. 결국 서로는 자연스러운 본능에 이끌려 동업에 이르게 될 것이다.

물론 기업이 서로 자주 만난다고 해서 그것이 반드시 담합으로 이어 진다고 단언할 수 없다. 서로가 자주 만나는 것은 정보를 교환하기 위 해서이지 담합하기 위한 것이 아닐 수 있다. 정보교환이 많아지면 시장 은 더 투명해지고 효율적으로 작동할 수 있다.[18] 오히려 기업들이 서로 담합하게 되면 자주 만나기가 껄끄러워질 수 있다. 장 발장과 자베르가 그랬듯이 말이다.

제 7 장

친구의 조건 2

Ubuntu, 네가 있으므로 내가 있다.

– 남아프리카 반투어 중에서 –

어느 인류학자가 아프리카 한 부족의 아이들을 대상으로 경쟁에 관한 실험을 시도하였다.[1] 실험은 매우 간단하였다. 멀리 떨어진 나무에 가장 먼저 도착한 아이가 나무에 매달린 쿠키를 전부 갖는 것이었다. 인류학자는 아이들에게 치열한 경쟁과 엄청난 다툼을 기대하였다. 쿠키는 아이들 내면에 숨겨진 탐욕을 불러일으킬 정도로 달콤한 유혹이라고 믿었기 때문이다. 그러나 인류학자는 아이들이 다 함께 손잡고 나무로 서서히 걸어가는 모습에 깜짝 놀라고 말았다.

인류학자는 아이들에게 그 이유를 물었다. 아이들의 대답은 간단하였다. "우분투ubuntu." 생각해 보라. 가장 먼저 달려가서 쿠키를 혼자 전부 갖는다면 정말로 신나는 일이 아닐 수 없다. 그러나 다른 아이들은 어떨까? 그들도 열심히 뛰었지만 단 하나의 쿠키도 얻지 못한다. 어떤 이는 쿠키를 나눠주면 되는 것 아니냐고 물을 수 있다. 하지만 쿠키를 전부 얻기 위해 뛴 아이가 다른 아이에게 쿠키를 나눠줄 것이라고 기대하는 것은 무리다.

기업 세계는 어떨까? 기업은 시장을 독점하고 싶어 경쟁한다.[2] 그런데 누구도 시장을 독점하지 못한다는 사실을 깨닫고 절망한다. 기업이 경쟁을 싫어하는 이유다. 그래서 기업은 서로가 이득 되는 담합이 더 낫다고 생각하는 것 같다. 네가 있으므로 내가 있다. 얼마나 좋은 말인가? 애써서 경쟁해도 이득되는 게 없다면 서로가 협력하는 게 낫지 아니한가? 누굴 위하여 경쟁해야 하는가? 기업가가 항상 품는 의문 중에 하나다. 그러나 담합은 오래가지 못한다. 언젠가 누군가에 의해 깨질 수 있다. 서로 사랑하기로 약속했는데 헤어지는 사람들처럼 말이다.

고대 그리스의 철학자인 아리스토텔레스Aristoteles(384BC-322BC)는 외로움을 사랑하는 자는 짐승 아니면 신일 것이라고 말하였다. 러시아에서는 천국이더라도 혼자 살라고 하면 견디기 힘들 것이라는 속담이 있다. 이 때문에 누군가 자신을 배신하더라도 용서할 때가 있다. 기업도 사람처럼 외로움을 느낀다. 특히 누군가 자신을 배신하면 더 큰 외로움을 느낄 것이다. 이전에 누렸던 초과이윤뿐만 아니라 동업자와 함께했던 우정도 잃어버리기 때문이다. 그래서 기업은 자기를 배신하더라도 다시 담합하고 싶어 한다. 서로 헤어졌어도 다시 만나는 사람들처럼 말이다.

외로움은 누구도 이길 수 없으니까.

비밀 없는 친구

서로가 솔직해야 진정한 친구가 될 수 있다. 서로가 무엇을 숨긴다면 서로를 의심하게 된다. 장 발장은 자베르와 약속한 대로 생산했는데 어느날부터인가 포도주를 다 팔지 못하였다. 이상하였다. 자베르가 약속을 지키지 않았거나 또는 시장수요가 줄었거나. 한 가지 분명한 것은 시장수요가 줄었다면 자베르도 포도주를 다 팔지 못했을 것이다. 그러나 자베르는 자신의 배신을 숨기기 위해 자기도 포도주를 다 팔지 못하였다고 둘러댈 수 있다. 장 발장은 자베르와 계속 동업하기 위해 넘어야 할 산이 많다는 것을 새삼 느꼈다.

장 발장은 자베르가 배신하고 포도주를 더 많이 생산한 것은 아닐까 의심해 보기로 하였다.[3] 자베르가 배신할 확률을 v라고 가정하자. 참고로 v는 누우라고 읽는다. 자베르가 배신한다면 장 발장과 자베르의 동업은 깨질 수밖에 없다. 이 상황은 서로 다시 동업하기로 약속하기까지 계속될 것이다. 이 기간을 T라고 하자. 자베르가 배신하지 않을 확률은 $(1 - v)$다. 자베르가 배신하지 않는다면 장 발장은 자베르와 계속 동업할 수 있다.

장 발장은 자베르가 배신할 경우와 그렇지 않을 경우를 모두 고려하여 오늘부터 앞으로 얻을 이윤의 현재가치($E[\Pi_A^j]$)를 구해 보았다. 다만 자베르가 오늘 배신하더라도 T일이 지나면 다시 동업하기로 약속한다고 가정하였다.

$$E[\Pi_A^j] = \nu \left(\pi_A^{-o} + \sum_{t=1}^{T} \delta^t \pi_A^d + \sum_{t=T+1}^{\infty} \delta^t \pi_A^j \right) + (1-\nu) \sum_{t=0}^{\infty} \delta^t \pi_A^j$$

자베르가 배신하든지 말든지 처음부터 동업을 먼저 깨면 어떨까? 이 경우 장 발장이 오늘부터 앞으로 얻을 이윤의 현재가치($E[\Pi_A^o]$)는 다음과 같이 계산된다.

$$E[\Pi_A^o] = \pi_A^o + \sum_{t=1}^{\infty} \delta^t \pi_A^d$$

자베르가 배신할 가능성이 존재할 때 장 발장은 다음 조건이 충족되어야 자베르와 계속 동업할 것이다.

$$E[\Pi_A^j] \geq E[\Pi_A^o]$$

이를 자베르가 배신할 확률(ν)에 대하여 정리하면 장 발장이 자베르와 계속 동업할 조건은 다음과 같다.

$$\nu \leq \frac{\pi_A^j - \pi_A^o + \delta(\pi_A^o - \pi_A^d)}{(1-\delta)\{\pi_A^j - \pi_A^{-o} + \sum_{t=1}^{T} \delta^t (\pi_A^j - \pi_A^d)\}} \equiv \nu^*(\delta, T)$$

이는 자베르가 배신할 확률(ν)이 배신확률 상한($\nu^*(\delta, T)$)보다 작거나 같아야 장 발장이 자베르와 계속 동업한다는 것을 뜻한다.

배신확률 상한(ν^*)은 미래를 얼마나 중요하게 생각하느냐를 나타내는 시간할인율(δ)과 동업이 깨진 후 다시 동업하기로 약속할 때까지 걸리

〈그림 7.1〉 배신확률 상한(v^*)과 시간할인율 하한(δ^*)의 관계

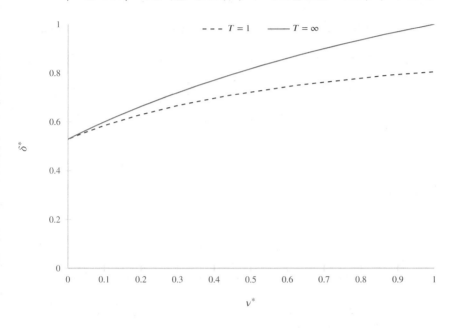

는 시간(T)에 의해 결정된다. 직관적으로 생각해 보자. 장 발장이 미래를 중요하게 생각한다면 또는 동업이 깨지더라도 다시 동업하기까지 걸리는 시간이 짧다면 자베르가 배신할 확률이 높아도 장 발장은 자베르와 계속 동업하는 것을 선택할 것이다. 거꾸로 생각해 보자. 자베르가 배신할 확률이 높다면 그만큼 미래를 더 중요하게 생각해야 또는 그만큼 다시 동업하기까지 걸리는 시간이 짧아야 장 발장은 자베르와 계속 동업할 것이다.

〈그림 7.1〉을 살펴보자. T가 1인 경우와 무한대(∞)인 경우 각각의 배신확률 상한(v^*)과 시간할인율 하한(δ^*)의 관계를 보여준다. 두 선의 기울기는 모두 양(+)이다. 이는 자베르가 설령 자신을 배신하더라도 장

발장은 시간할인율이 충분히 크면 자베르와 계속 동업하는 것을 선택한다는 것을 뜻한다. 또한 두 선의 기울기를 비교하면 T가 1인 경우보다 무한대(∞)인 경우가 더 크다. 이는 자베르가 자신을 배신하더라도 자베르와 다시 동업하기까지 걸리는 시간이 짧을수록 장 발장은 자베르와 계속 동업하는 것을 선택한다는 것을 뜻한다.

좋을 때 친구

진정한 친구라면 좋을 때나 나쁠 때나 같이한다. 이런 친구가 동고동락同苦同樂하는 친구다. 즐거움은 같이하나 어려움을 같이하지 않는다면 진정한 친구라고 말할 수 없다. 내가 힘들 때 나의 아픔을 같이해 준다면 누가 그 친구를 잊을 수 있으랴! 사마천(145BC~86BC)의 사기史記에 나오는 관중과 포숙아의 우정이 지금까지 훈훈한 미담으로 전해져 내려오는 것도 그만큼 동고동락하며 우정을 나누는 친구가 흔하지 않기 때문일 것이다. 기업 세계도 그렇다. 서로가 우정을 나누기로 약속하지만, 누군가 곤경에 빠지면 쉽게 배신한다. 이윤을 추구하는 기업이 끝까지 동고동락할 가능성은 매우 희박하다.

시장수요가 변할 때를 생각해 보자.[4,5] 시장수요가 줄면 기업은 재고가 늘어난다. 제품을 값싸게 팔거나, 생산량을 줄여야 한다. 하지만 생산량을 줄이면 값비싼 생산설비들이 놀게 된다. 이전에 담합으로 가격을 높게 올렸으면 가격을 다 함께 살짝 내리는 것이 더 나을 수 있다.

반대로 시장수요가 늘면 기업은 생산량을 더 늘려야 한다. 값비싼 생산설비를 추가로 늘려야 한다. 이전에 담합으로 가격을 높게 올렸다면 가격을 다 함께 많이 올리는 것이 더 나을 수 있다.

시장수요 변화율을 g로 표기하자. 시장수요 변화율(g)이 음($-$)의 값을 가지면 시장수요는 매일 g% 씩 감소한다는 뜻이다. 반대로 시장수요 변화율(g)이 양($+$)의 값을 가지면 시장수요는 매일 g% 씩 증가한다는 뜻이다. 논의의 편의상 시장수요 변화율(g)은 상수라고 가정하자. 시장수요가 매일 g% 씩 변할 경우 장 발장이 자베르와 계속 동업할 때 얻는 이윤의 현재가치(Π_A^j)는 다음과 같이 계산된다.

$$\Pi_A^j = \sum_{t=0}^{\infty} \delta^t (1 + g)^t \pi_A^j$$

반면에 장 발장이 오늘 자베르를 배신하고 내일부터 계속 경쟁할 때 얻는 이윤의 현재가치(Π_A^o)는 다음과 같이 계산된다.

$$\Pi_A^o = \pi_A^o + \sum_{t=1}^{\infty} \delta^t (1 + g)^t \pi_A^d$$

시장수요가 매일 변한다고 해도 서로 동업할 때가 서로 배신하고 경쟁할 때보다 이득이면 장 발장은 자베르와 계속 동업할 것이다. 그 조건은 다음과 같다.

$$\Pi_A^j \geq \Pi_A^o$$

이를 시간할인율(δ)에 대하여 정리하면 장 발장이 자베르와 계속 동업

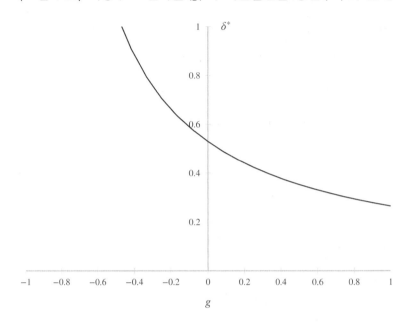

〈그림 7.2〉 시장수요 변화율(g)과 시간할인율 상한(δ^*)의 관계

할 조건은 다음과 같다.

$$\delta \geq \frac{1}{(1+g)} \frac{\pi_A^o - \pi_A^j}{\pi_A^o - \pi_A^d} \equiv \delta^*(g)$$

이는 시장수요가 $g\%$ 만큼 변할 경우 시간할인율(δ)이 $\delta^*(g)$보다 크거나 같아야 장 발장이 자베르와 계속 동업한다는 것을 뜻한다.

〈그림 7.2〉를 살펴보자. 시장수요 변화율(g)과 시간할인율 하한(δ^*)의 관계를 보여준다. 곡선의 기울기는 음$(-)$이다. 이는 시장수요 변화율(g)이 증가할수록 시간할인율 하한(δ^*)은 감소한다는 것을 뜻한다. 또는 시장수요 변화율(g)이 감소할수록 시간할인율 하한(δ^*)은 증가한다는 것을 뜻한다. 따라서 장 발장은 시장수요가 이전보다 증가한다면

미래를 덜 중요하게 생각해도 계속 동업할 것이고, 시장수요가 이전보다 감소한다면 미래를 더 중요하게 생각해야 자베르와 계속 동업할 것이다.

공정거래위원회는 2014년 10월 14일에 제지회사 6곳에 일회용 종이컵, 도시락 용기, 컵라면 용기 등에 쓰이는 원료제지 가격을 담합한 이유로 시정명령과 함께 과징금 총 107억 원을 부과하였다.[6] 이들 제지회사 중 몇몇은 1998년 5월 19일에도 네 차례에 걸쳐 비슷한 시기에 비슷한 수준으로 종이컵 원료제지 가격을 인상하였다는 이유로 시정명령과 함께 과징금 총 5억3천여만 원을 부과받은 경험이 있다.[7]

제지회사들이 원료제지 가격을 담합한 사연을 들어보자. 1990년대 후반에 종이컵에 대한 수요가 급격하게 증가하였다. 이에 제지회사 4곳은 경쟁적으로 생산설비를 증설하였다. 그런데 서로가 경쟁적으로 생산설비를 증설하다 보니 너무 많은 원료제지가 생산되는 결과가 초래되었다. 원료제지 가격은 계속 하락할 수밖에 없었다. 각 회사 영업부장들이 한곳에 모였다. 늦게라도 가격을 담합하는 것이 서로를 위하는 길이라고 여겼던 모양이다. 특히 몇몇 회사의 경영상태는 매우 좋지 않았다. 불가피하게 가격담합을 선택할 수밖에 없었다.

2000년대 후반에 다시 원료제지 시장에 불이 붙었다. 원료제지에 대한 수요가 빠르게 증가하였다. 제지회사들은 예전의 어리석음을 반복하고 싶지 않았던 듯싶다. 생산설비를 증설하는 대신에 원료제지 가격을 공동으로 인상하기로 결정했다. 이를 위해 2007년 8월부터 2012년 4

월까지 수십 차례의 모임이나 유선 연락을 주고받았다. 그 결과, 총 7차례에 걸쳐 원료제지의 톤당 가격, 가격인상 시기와 정보를 공동으로 결정하기로 합의하였다.

2012년 4월에 결정한 원료제지 가격은 2007년 7월과 비교하면 약 47%나 증가하였다. 원료제지의 원재료인 펄프 가격이 약 13% 인상된 것에 비하면 상당히 큰 폭의 증가였다. 한편 같은 기간에 시장규모는 61%나 증가하였다. 가격이 그렇게 올라도 시장수요가 계속 증가하였던 모양이다. 이 덕분에 제지회사들은 원료제지 가격을 쉽게 담합할 수 있었던 것 같다. 시장수요의 증가로도 가격은 오를 수 있다고 충분히 핑계될 수 있기 때문이다.

시장수요가 계속 위아래로 출렁이면 어떨까? 시장수요가 증가하다가 감소하기를 반복하면 기업들은 서로 다른 생각을 가질 것이다. 아마도 담합은 시장수요가 감소할 때 쉽게 깨지고, 시장수요가 증가할 때 쉽게 결성될 듯하다. 여름 성수기에는 렌터카 사용요금 신고가를 준수하다가 비수기에 사용요금을 경쟁적으로 할인했던 제주도의 렌터카 사용요금 담합사건을 떠올려 보면 쉽게 알 수 있다.

적과의 동침

영원한 친구란 없다. 아니 있다면 그것은 행운이다. 유럽연합은 2012년 12월 5일에 L전자, S디스플레이, 다국적 기업인 P사, 대만의 CH사 등

6개 업체가 1996년부터 2006년까지 브라운관 가격을 담합하였다며 총 14억 7천만 유로(약 2조 826억 원)의 과징금을 부과하는 결정을 내렸다.[8,9,10,11] 이들 업체는, 디스플레이 시장에서 LCDLiquid Crystal Display와 PDPPlasma Display Panel가 주목받으면서, 브라운관 가격이 크게 떨어지자 담합에 나선 것으로 알려졌다. 생산만큼 수요가 받쳐 주지 못하니까 가격을 올려서라도 손해를 덜어 보겠다는 심산이었던 듯하다. 기존 생산설비를 정리할 시간이 필요하기도 하였다. 참고로 브라운관Braun Tube이라는 용어는 1897년에 음극선관Cathode Ray Tube을 발명한 칼 브라운Karl F. Braun(1850-1918)의 이름에서 유래되었다.

브라운관 시장을 살펴보자.[12,13] 1990년대 들어 개인용 컴퓨터(PC)가 널리 보급되면서 모니터 시장도 빠르게 팽창하였다. 당시 PC 모니터는 대부분 브라운관 모니터였다. 그 덕분에 브라운관 시장도 엄청 빠르게 성장하였다. 브라운관 산업은 정밀기술을 요구하는 산업이다. 그만큼 생산설비가 생산력을 좌우하는 산업이다. 이러한 산업적 특성 때문에 브라운관 시장이 빠르게 성장하자 각 회사는 설비투자에 열을 올렸다. 급기야는 1995년부터 브라운관 시장이 포화 상태에 이르렀다. 가격이 거의 절반 수준으로 떨어졌다.

불행은 갑작스럽게 찾아오는 것일까? LCD 생산기술이 획기적으로 발전하자 LCD 가격이 큰 폭으로 떨어졌다. 그 덕분에 아무나 쓸 수 없다던 LCD 모니터가 아무나 쓰는 모니터로 바뀌었다. 브라운관 시장이 급격하게 쪼그라들 수밖에 없었다. 그나마 후진국에서 브라운관을 사들

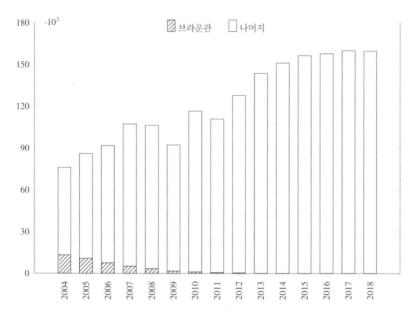

〈그림 7.3〉 2012년 글로벌 디스플레이 시장 현황과 전망 [13]

였기 때문에 그 생산을 이어갈 수 있었다. 엎친 데 덮친 격일까? LCD 모니터보다 더 얇고 선명한 LEDLight Emitting Diode 모니터가 상용화되기 시작하였다. 〈그림 7.3〉에서 볼 수 있듯이 브라운관 모니터가 설 자리는 점점 사라져 갔다.

브라운관 가격담합은 대만의 CH사가 자진신고하면서 발각되었다. 일종의 보복이라는 말도 있다. 1990년대 전 세계 모니터 시장은 국내업체와 대만업체가 90%를 차지하였다. 이들 기업은 크리스털 미팅crystal meeting이라고 불리는 비밀회의에서 브라운관 가격과 생산량을 결정하였다. 그런데 지난 2010년에 S전자가 LCD 가격을 담합한 사실을 유럽연합에 자진신고하면서 CH사가 엄청난 과징금을 물게 되었다. 당시 S

전자를 "배신자, 고자질쟁이"라고 맹비난했던 곳도 CH사였다. 그래서 CH사는 브라운관 시장을 석권하고 있던 S디스플레이에게 복수한 듯하다.

서로가 엇비슷해야 친구도 될 수 있다. 그렇지 않으면 시기와 질투의 대상이 되기 쉽다. 또한 서로의 처지가 다르면 서로를 이해하기 어렵고 서로가 협력하기도 어렵다. 디스플레이 시장처럼 기술발전이 빠르게 진행되는 시장에서 담합이 쉽게 깨지는 것도 똑같은 이유에서다. 어느한 기업이 기술혁신으로 다른 기업보다 생산원가를 낮추거나 완전히 새로운 제품을 출시하면 계속 담합할 이유가 사라진다. 특히 생산원가의차이가 존재할 때 담합이 지속될 수 없는 이유는 간단하다. 생산원가가낮은 기업은 낮은 가격에 제품을 팔고 싶어 하지만, 생산원가가 높은기업은 높은 가격에 제품을 팔아야 하기 때문이다. 이 경우 서로가 담합을 유지하려면 생산원가가 낮은 기업에게 독점이윤을 더 많이 배분해줘야 한다. 생산원가가 높은 기업이 동의하기 어려운 조건이다.

OPECOrganization of the Petroleum Exporting Countries은 1960년 9월 14일에 중동의 산유국들이 미국의 원유 가격인하 공세에 공동으로 대응하기 위해 설립된 국제기구다.[14] 한 마디로 전 세계적으로 유일하게 공개적으로 담합을 주도하는 단체다. 현재 본사는 오스트리아 빈에 위치해있다. 이후 OPEC은 제4차 중동전쟁을 계기로 강력한 원유 카르텔로성장하였다. 제4차 중동전쟁은 1973년 10월 6일에 이집트가 이스라엘을 기습 공격하면서 시작된 전쟁이다. 이때 OPEC은 1973년 10월 16

일에 이스라엘이 요구 조건을 수락할 때까지 원유 고시 가격을 17% 인상하고 매월 전월 대비 5% 씩 감산하기로 하였다. 이는 전쟁의 승기를 잡기 위한 조치였다. 곧 원유 가격은 두바이산 원유를 기준으로 배럴당 2.9달러에서 5.11달러로 인상되었고, 1974년 1월에는 11.6달러까지 치솟았다. 이로 인해 이스라엘은 극심한 인플레이션을 오랫동안 겪어야 했고, OPEC은 전 세계 원유 시장의 패권을 거머쥘 수 있었다.

OPEC의 국제적 위상은 여러 차례의 내부균열에도 불구하고 오랫동안 지속되었다. 회원국들이 자국의 경제적 사정을 이유로 담합에서 자주 이탈하자, OPEC은 1982년에 생산량 할당제를 도입해 회원국의 결속력을 단속하기도 하였다. 생산량이 할당량보다 크면 담합에서 이탈한 것으로 판단하고 제재하기 위해서다. 물론 생산량 할당제로 원유 가격 담합을 유지하기는 쉽지 않았다. 그럼에도 불구하고 OPEC의 국제적 위상은 거대한 원유 매장량뿐만 아니라 저렴한 생산비용 덕분에 오랫동안 지탱될 수 있었다. OPEC 회원국의 원유 매장량은 전 세계 매장량의 70% 이상을 차지하며, 중동 원유의 생산비용은 2014년 기준으로 배럴당 약 10~17달러에 불과하였다.

〈그림 7.4〉를 살펴보자.[15] OPEC의 국제적 위상은 원유 가격과 높은 상관관계를 보인다. 2000년대 들어 중국과 같은 신흥국들의 원유에 대한 수요가 급증하자 2004년 초에 서부텍사스산 원유를 기준으로 배럴당 25달러이던 원유 가격이 2008년 8월에 140달러를 상회하며 사상 최고치를 기록하였다. 제3차 오일쇼크oil shock에 대한 우려가 제기될 정

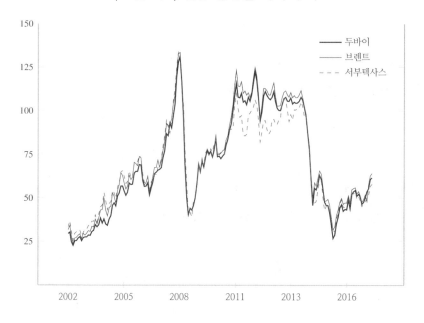

〈그림 7.4〉 원유 종류별 가격 추이[15]

도였다. 이 기간에 OPEC의 국제적 위상도 강화되었다.

좋은 시절은 오래가지 못하였다. 2008년 가을부터 미국을 시작으로 금융위기가 전 세계적으로 번졌고 세계 경제가 비 맞은 숯불처럼 꺼져 갔다. 이후 원유 가격은 30달러 수준으로 크게 떨어졌다. OPEC의 국제적 위상도 곤두박질치는 듯하였다. 다행히 2009년에 세계 경제가 반등하기 시작하고 원유 가격이 서서히 상승하면서 OPEC의 위상도 회복되는 듯하였다.

OPEC의 시련은 2010년 말에 또다시 시작되었다.[16] 아랍의 봄Arab Spring이 중동과 북아프리카 지역에서 일제히 일면서 OPEC의 공동이해보다 각자도생各自圖生이 더 중요해졌기 때문이다. 아랍의 봄은 2010년

12월부터 모로코, 바레인, 리비아, 알제리, 요르단, 이란, 이집트, 튀니지 등에서 일어난 민주화 시위를 일컫는다.

2014년부터 미국에서 일어난 셰일 붐shale boom은 OPEC에게 사형선고를 내리는 듯하였다.[17] 셰일 오일shale oil은 그동안 생산원가가 높아 생산되기 어려운 원유 중 하나였다. 그런데 저렴한 시추공법이 개발되고 원유 가격이 계속 70달러보다 높은 수준을 유지하자 셰일 오일을 생산해 팔아도 수지를 맞출 수 있었다. 미국의 셰일 오일 생산비용은 2014년 기준 배럴당 약 70~77달러로 여전히 높다.

사우디아라비아의 석유장관은 2014년 12월 22일에 국영신문과의 인터뷰에서 "유가가 배럴당 20달러까지 떨어져도 감산할 계획이 없다."고 엄포하였다.[18] 한편 2018년 3월에 사우디아라비아는 70달러가, 이란은 60달러가 적정하다며 서로 설전을 벌이며 맞서고 있다.[19] 미국에 맞서기 위해 결성된 OPEC이 미국의 셰일 오일에 의해 무너질 날도 멀지 않은 듯하다.

배신과 용서

충신도 임금에게 충분한 보상을 받지 못하면 배신한다. 이유는 간단하다. 임금에게 일종의 배신감을 느꼈기 때문이다. 사실 누가 누구를 먼저 배신했는가는 판단하기 쉽지 않다. 역사가 권력을 가진 자의 기록이라면 권력을 갖지 못한 자가 배신하였다는 기록이 더 많기 쉽다. 삼국유사에 나오는 처용 이야기를 봐도 처용處容의 아내가 처용을 배신한 것처럼 기록되어 있다.[20] 참고로 삼국유사는 고려의 승려 일연一然이 고려 충렬왕 7년(1281년)에 편찬한 삼국시대 역사서다.

처용이 어느 날 집에 밤늦게 돌아와 보니 어느 남정네의 다리가 아내와 다리와 섞여 있었다. 칼을 뽑아 둘 중 하나라도 죽이고 싶은 심정이었겠지만, 그는 처량하게 노래와 함께 춤을 추면서 자신의 마음을 달래었다. 이 노래의 제목은 〈처용가〉다.

> 하늘 위 밝은 달 아래, 밤늦게 한껏 노닐다가,
> 집에 들어와 누울 자리를 보니 가랑이 넷일러라.
> 아아, 둘은 내해인데, 둘은 뉘해인고,
> (내해 아닌 둘을 끌어내 잘라내고 싶으나,)
> 내해였던 둘도 빼앗겼으니 어찌할꼬.

승려 일연은 삼국유사에서 처용을 용의 아들로 소개한다. 그의 기이한 몸짓과 괴이한 옷차림을 보고 그가 아랍이나 페르시아에서 온 사람이라는 말도 있다. 타향살이가 외로웠던 것일까? 그는 신라의 달밤에 늦게까지 노닌 듯하다. 그래서 아내와 자주 싸운 듯하다. 처용의 아내도 외롭기는 마찬가지였을 테니까. 처용의 용서에 감동한 뉘는 처용에게 약속한다. "내가 공의 아내를 사모하여 잘못을 저질렀어도 공이 노여워하지 않으니, 공의 얼굴을 그린 그림만 보아도 그곳에 다시는 들어가지 않겠소." 처용은 뉘를 용서한 게 아니라 아내에게 용서를 구한 것일 수 있다.

장 발장과 자베르의 이야기로 돌아와 보자.[21] 둘은 서로 동업하기로 약속했지만 각자에게 이익이 된다면 서로를 배신할 수 있는 사이다. 다른 기업이 시장에 진입하면, 시장수요가 감소하면, 새로운 기술의 발달로 생산원가에 차이가 나면 둘의 동업은 깨질 수 있다. 장 발장은 곰곰이 생각하였다. 자베르가 한 번 배신하였다고 해서 서로가 계속 경쟁하는 게 좋을까? 아니면 자베르를 용서하고 다시 동업하는 게 좋을까?

장 발장은 오랜 고심 끝에 자베르에게 아래와 같이 한 통의 편지를 써서 보냈다.

나의 동업자 자베르에게,

자베르, 우리가 선술집에서 하루의 고됨을 나누며 동업하기로 결심한 이후 오늘까지 변함없이 서로의 약속을 지켜온 것에 대해 자네에게 무척이나 고마워하고 있소. 그런데 우리의 변함없는 우정이 언제까지 지켜질 수 있을지 의심이 들 때가 많소. 또한 우리의 우정은 약속만으로 지켜질 수 없다는 것을 자네도 알 것이라 믿소. 우리를 둘러싼 환경이 변하면 우리도 변하지 않을 수 없을 테니 말이오. 그래서 자네에게 나의 마음을 이렇게 털어놓고자 하오.

1. 자네가 오늘 동업을 깨면, 나는 내일 동업을 깰 것이오.
2. 자네가 언제라도 다시 동업하자면, 나는 그다음 날부터 동업할 것이오.
3. 자네가 이후 계속 동업하면, 나도 이후 계속 동업할 것이오.

자베르, 다른 오해는 없기를 바라오. 내 마음은 오로지 우리의 약속과 우정을 끝까지 지키기 위한 것이니. 자네의 답신을 기다리겠소.

자네의 동업자,
장 발장 씀.

장 발장의 편지를 받아들인 자베르는 어떤 생각이 들었을까? 자베르는 장 발장이 말한 세 가지 수칙을 꼼꼼하게 따져 보았다. 자신과 계속 동업하고 싶은 장 발장의 마음을 가슴 깊게 읽어낼 수 있었다. 또한 장 발장이 말한 세 가지 수칙은 서로의 동업은 자신에게 달려 있다는 뜻이었다. 자베르도 장 발장에게 아래와 같이 답장을 써서 보냈다.

나의 벗 장 발장에게,

장 발장, 오늘 자네의 편지를 받아들고 기쁜 마음을 숨길 수 없어 이렇게 펜을 급하게 들었소. 자네가 내게 솔직했던 만큼 나도 자네에게 솔직하고 싶소. 서로에게 오해가 없게 말이오. 자네가 말한 약속을 내게 지킨다면 우리의 우정은 언제나 변함없을 것이오. 그러니 예전처럼 금요일 저녁마다 선술집에 들러 자네와 같이 흘러가는 세월 앞에서 잔을 기울이고 싶은 마음 뿐이오.

자네의 벗,
자베르 씀.

장 발장은 무슨 생각을 했던 것이고, 자베르는 무슨 생각을 했던 것일까? 자베르는 왜 장 발장의 제안을 기꺼이 받아들였을까? 장 발장의 제안을 받아든 자베르가 선택할 수 있는 전략은 네 가지다. 전략 1은 장 발장이 말했던 것처럼 계속 동업하는 것이다. 전략 2는 한 번 이탈해 보고, 다시 동업하는 것이다. 전략 3은 이에는 이, 눈에는 눈으로 맞서는 것이다. 장 발장이 동업하면 자신도 동업하고, 동업을 깨면 자신도 동업을 깨는 것이다. 전략 4는 오늘 동업을 깨고, 계속 경쟁하는 것이다.

〈그림 7.5〉 장 발장과 자베르의 보수행렬

자베르

		동업	이탈
장발장	동업	$\pi_A^j,\ \pi_B^j$	$\pi_A^{-o},\ \pi_B^o$
	이탈	$\pi_A^o,\ \pi_B^{-o}$	$\pi_A^d,\ \pi_B^d$

〈그림 7.5〉는 장 발장과 자베르의 보수행렬을 보여준다. 보수는 π_i^o, π_i^j, π_i^d, π_i^{-o} 순서로 크다는 것을 기억하자. 자베르가 전략 1과 같이 계속 장 발장과 동업한다면 장 발장도 계속 자베르와 동업할 것이다. 따라서 자베르가 전략 1을 선택할 경우 오늘부터 앞으로 얻을 이윤의 현재가치(Π_B^1)는 다음과 같이 계산된다.

$$\Pi_B^1 = \pi_B^j + \delta\pi_B^j + \delta^2\pi_B^j + \delta^3\pi_B^j + \cdots$$

자베르가 전략 2와 같이 오늘 동업을 깨면 π_B^o 만큼의 이윤을 얻으나 장 발장이 내일 동업을 깰 것이기 때문에 자베르는 다시 동업하기로 결정하더라도 π_B^{-o} 만큼의 이윤을 얻을 수밖에 없다. 이후에 장 발장도 다시 동업하기로 결정할 것이기 때문에 자베르는 다시 π_B^j 만큼의 이윤을 얻을 수 있다. 따라서 자베르가 전략 2를 선택할 경우 오늘부터 앞으로 얻을 이윤의 현재가치(Π_B^2)는 다음과 같이 계산된다.

$$\Pi_B^2 = \pi_B^o + \delta\pi_B^{-o} + \delta^2\pi_B^j + \delta^3\pi_B^j + \cdots$$

자베르가 전략 3과 같이 이에는 이, 눈에는 눈으로 맞설 경우 오늘부터 앞으로 얻을 이윤의 현재가치(Π_B^3)는 다음과 같이 계산된다.

$$\Pi_B^3 = \pi_B^o + \delta\pi_B^{-o} + \delta^2\pi_B^o + \delta^3\delta\pi_B^{-o} + \cdots$$

자베르가 전략 4와 같이 오늘 동업을 깨고 계속 경쟁하는 것을 선택할 경우 오늘부터 앞으로 얻을 이윤의 현재가치(Π_B^4)는 다음과 같이 계산된다.

$$\Pi_B^4 = \pi_B^o + \delta\pi_B^d + \delta^2\pi_B^d + \delta^3\delta\pi_B^d + \cdots$$

자베르에게 가장 현명한 결정은 오늘부터 앞으로 얻을 이윤의 현재가치가 가장 높은 전략을 선택하는 것이다. 자베르는 장 발장의 편지를 세심히 읽은 후 전략 1을 선택하기로 결정하였다. 그 이유는 간단하다. 자베르는 장 발장과 자신의 시간할인율(δ)이 δ^*보다 크다는 것을 알기 때문이다.

$$\delta > \frac{\pi_B^o - \pi_B^j}{\pi_B^o - \pi_B^d} \equiv \delta^*$$

이는 자베르가 전략 1과 4 중에서 전략 1을 선택하는 조건과 같다. 참고로 이 경우 δ^*의 값은 0.5294이다.

그렇다면 자베르가 전략 2 또는 전략 3을 선택하지 않은 이유는 무엇일까? 먼저 전략 1과 전략 2의 보수를 비교해 보자. 자베르는 $\Pi_B^1 \geq \Pi_B^2$이면 전략 1을 선택할 것이다. 이를 시간할인율(δ)에 대하여 정리하면 다음과 같다.

$$\delta \geq \frac{\pi_B^o - \pi_B^m}{\pi_B^m - \pi_B^{-o}} \equiv \delta^\circ$$

참고로 이 경우 δ°의 값은 0.5이다.

다음으로 전략 1과 전략 3의 보수를 비교해 보자. 자베르는 $\Pi_B^1 \geq \Pi_B^3$이면 전략 1을 선택할 것이다. 이를 시간할인율(δ)에 대하여 정리하면 자베르가 전략 1과 2중에서 전략 1을 선택할 조건과 동일한 조건을 얻는다. 따라서 자베르는 시간할인율(δ)이 δ°보다 크면 전략 2 또는 3보다 전략 1을 선택할 것이다.

마지막으로 δ^*와 δ°를 비교해 보자. 자베르는 $\delta^* > \delta^\circ$이고 자신의 시간할인율(δ)이 δ^*보다 크면 언제나 전략 1을 선택할 것이다. δ^*에서 δ°를 빼면 다음과 같으며 영(0)보다 큼을 보일 수 있다.

$$\delta^* - \delta^\circ = \frac{\pi_B^o - \pi_B^j}{\pi_B^o - \pi_B^d} - \frac{\pi_B^o - \pi_B^j}{\pi_B^j - \pi_B^{-o}} > 0$$

위 식을 간략하게 정리하면 다음과 같은 조건을 얻을 수 있다.

$$(\pi_B^j - \pi_B^{-o}) - (\pi_B^o - \pi_B^d) > 0$$

첫 번째 괄호 안의 값은 자베르가 동업을 선택했을 때 장 발장의 선택에 따라 자베르가 얻을 수 있는 이윤의 차이다. 두 번째 괄호 안의 값은 자베르가 이탈을 선택했을 때 장 발장의 선택에 따라 자베르가 얻을 수 있는 이윤의 차이다. 이는 $\delta^* > \delta^\circ$이면 서로 동업하는 것이 서로 배신하는 것보다 더 낫고, 서로 용서하는 것이 서로 경쟁하는 것보다 더 낫다는 것을 뜻한다. 장 발장이 자베르를 배신한다고 하더라도 자베르가 장 발장을 용서해야 하는 이유다.

제 8 장

반지 동맹

I cannot carry the ring for you, but I can carry you.

– 〈반지의 제왕 : 왕의 귀환〉에서 –

1910년대로 거슬러 올라가 보자.[1,2] 이때는 일본제국(1868-1947)이 지금의 서울인 한성에 조선총독부를 설치하고 강제로 대한제국(1897-1910)을 식민지로 점령했던 초기였다. 일본제국의 강제점령 기간은 1910년 8월 29일부터 1945년 8월 15일까지다. 당시 조선총독부는 경제 수탈을 목적으로 철도, 도로, 다리 등을 건설하기 위해 대규모 토목공사를 시행하였다. 이를 담당했던 토목국장은 예산을 아끼기 위해 각 공사의 구간을 짧게 나눠 입찰경매에 붙였다. 건설업자 간에 입찰경쟁을 부추겨 값싸게 토목공사를 맡기기 위해서였다. 입찰경매는 어떤 계약을 따내기 위해 여러 명이 가격을 제안하는 행위다. 그런데 입찰경쟁이 과도하면 낙찰가격이 터무니없이 낮아져 낙찰받은 건설업자는 크게 손해 보게 된다.

기업은 서로 경쟁하는 것보다 협력하는 것이 이득이라면 언제든지 서로 협력하는 것을 선택하는 것 같다. 당시 건설업자도 마찬가지였다. 조선총독부로부터 토목공사를 따내려고 입찰경매에 참가해도 손해볼 가능성이 컸던 모양이다. 그래서 이들은 입찰담합을 자행했던 것 같다. 당시 입찰담합은 건설업자들끼리 사전모의를 통해 입찰가격을 정한 후 한 건설업자가 낙찰받으면 다른 건설업자와 함께 낙찰이윤을 균등하게 배분하는 방식으로 이루어졌다. 특히 일본 건설업자들이 이익을 좇아 우리나라로 몰려들면서 입찰담합을 더욱 부추겼다.

당시 입찰담합이 얼마나 기승을 부렸던지 사법당국까지 나섰다. 사법당국은 입찰에 참여한 건설업자가 '담합하지 않은 것 같이 꾸며서 발주자를 기망'하였다고 판단하고 이들에게 사기죄를 선고하였다. 이것이 1917년 제1차 대구 입찰담합 청부 부정 사건의 주요 골자다. 이 사건에 연루된 건설업자 수는 상당하였다. 또한 조선총독부 토목국장도 낙찰이윤의 일부를 뇌물로 받고 건설업자의 입찰담합을 눈감아준 것으로 알려졌다. 물론 이후에도 입찰담합은 계속되었다. 1932년 제2차 대구 입찰담합 청부 부정 사건의 경우 토목공사비의 14%가 낙찰이윤 명목으로 입찰담합에 참가한 건설업자에게 배분된 것으로 조사되었다.

재미있게도 약 100년 전 일본제국의 강제점령 기간에 있었던 입찰담합과 비슷한 사건이 우리가 살고 있는 시대에도 존재한다.[3] 칼 마르크스Karl Marx(1818-1883)의 '역사는 반복된다'는 명제가 쉽게 증명되는 듯하다. 대한민국 제17대 대통령 이명박 정부가 강한 애착을 보인 국책사업인 4대 강 살리기 사업에서도 건설사의 입찰담합이 2012년 6월 5일에 공정거래위원회에 의해 사실로 드러났기 때문이다. S물산의 증언은 4대 강 입찰담합의 실체가 대구 입찰담합 청부 부정 사건과 크게 다르지 않다는 것을 보여준다.

S물산은 2012년 9월에 제기한 공정거래위원회의 과징금 납부명령에 대한 취소소송에서 "이명박 정부가 담합을 알면서도 상황을 조장하고 묵인했다."며 불만을 토로하였다. 또한 S물산은 "정부가 4대 강 사업과 관련해 건설사의 공사에 광범위하게 개입하였고, 건설사들은 정부의 지시에 따라 입찰에 참여했다."며 "담합행위는 발주처의 의사와 정부의 행정지도에 따른 것이기 때문에 부당하지 않다."라고 주장하였다. 얼토당토않은 말이었지만 그렇다고 믿기지 않을 말도 아니었다.

S물산의 주장은 서울고등법원에서 끝내 받아들여지지 않았다. 2014년에 서울고등법원은 공정거래위원회의 손을 들어주었다. S물산의 주장이 틀리지 않더라도 S물산이 입찰담합으로 부당한 이득을 보았다면 상응하는 책임을 져야 한다는 판단이 크게 작용한 듯하다. 한편 2013년 7월 10일에 감사원이 발표한 「4대 강 살리기 사업 설계·시공 일괄입찰 등 주요 계약 집행실태」에 따르면 S물산의 주장에 일리가 있어 보인다. 당시 국토해양부가 입찰 건설사에게 입찰담합 빌미를 제공하고 입찰가격이 사전에 유출된 것으로 확인되었기 때문이다.[4,5]

경매와 입찰

경매auction는 새벽 수산시장에서 흔히 볼 수 있는 장면이다. 수산물 상인들은 경매를 진행하는 경매사와 무엇인지 모를 손동작과 말을 주고받으며 매일 수산물의 낙찰가격을 결정한다. 부동산 경매도 비슷하다. 법원에 가면 아파트, 빌라, 자동차 등 경매 물건들이 공지되어 있다. 미술품이나 골동품도 경매로 판매된다. 1996년 노벨 경제학상 수상자인 윌리엄 비크리William S. Vickrey(1914-1996)는 경매를 크게 네 가지 유형으로 분류하였다.[6,7] 참고로 그는 세상을 떠나기 사흘 전에 노벨 경제학상을 탔다. 학계가 그의 위대한 업적을 뒤늦게 알아차린 탓이다. 성공한 사람들 대부분이 끝까지 포기하지 말라고 조언하는 이유가 여기에 있는 듯하다.

첫 번째 경매방식은 오름입찰 경매ascending price auction 또는 영국식 경매English auction다. 다. 이 경매는 입찰참가자가 입찰가격을 제시하면 경매사가 더 높은 입찰가격을 제시할 참가자가 없는지를 물으며 진행된다. 더 높은 입찰가격을 제시하는 참가자가 없으면 가장 높은 입찰가격을 제시한 참가자가 낙찰받는다. 또한 두 명 이상의 입찰참가자가 동일한 입찰가격을 부르면 경매사는 가격을 다시 올려 입찰의사를 재차 묻는다. 그러나 세상이 그렇게 간단하지 않다. 낙찰가격이 어떻게 결정되는지를 계산해 보면 골머리가 아프다.

입찰참가자가 n명이라고 가정하자. 또한 각 참가자가 생각하는 경매품의 가치(v_i)는 참가자마다 다르며 다음과 같은 관계를 갖는다고 가정하자.

$$v_n < v_{n-1} < v_{n-2} < \cdots < v_3 < v_2 < v_1$$

모든 참가자는 입찰로 이득을 보고 싶어 할 것이기 때문에 입찰가격(b_i)을 자신이 생각하는 경매품의 가치(v_i)보다 낮게 제시할 것이다. 입찰로 손해 볼 것 같으면 경매에 참여할 이유가 없다.

$$b_i \leq v_i$$

영국식 경매에서 최종 낙찰가격(b^*)은 어떻게 결정될까? 우선 경매사가 외친 입찰가격(b)이 각 참가자가 생각하는 경매품의 가치 중에서 두 번째로 높은 v_2에 도달하였다고 가정해 보자.

$$b = v_2.$$

이 경우 참가자 2는 낙찰받아도 이득 될 게 없다. 대신에 참가자 1은 행복한 미소를 머금을 것이다. 더 이상 자기보다 더 높은 가격을 제시할 참가자가 없다는 것을 안다면 말이다. 참가자 1은 입찰가격 v_2에 낙찰받을 수 있다. 물론 머뭇거리다가 v_2보다 살짝 높게 낙찰받을 수 있다. 결국 영국식 경매 또는 오름입찰 경매의 최종 낙찰가격(b^*)은 다음과 같은 범위에서 결정될 것이다.

$$v_2 \leq b^* < v_1$$

두 번째 경매방식은 내림입찰 경매descending price auction 또는 네덜란드식 경매Dutch auction다. 이 경매는 경매사가 입찰가격을 낮추며 낙찰가격을 결정하는 경매방식이다. 또한 각 참가자는 경매품이 낙찰되기 전까지 참가자들에게서 아무 소리도 들을 수 없다. 네덜란드식 경매에서는 경매사가 입찰가격을 제시할 때 먼저 '내 거mine'라고 말하거나 푯말을 들어 올린 참가자가 낙찰받기 때문이다.

네덜란드식 경매에서 최종 낙찰가격(b^*)은 어떻게 결정될까? 경매사가 처음 제시한 낙찰가격이 각 참가자가 생각하는 경매품의 가치 중에서 두 번째로 높은 v_2보다 낮다고 가정하자. 이 경우 참가자 1과 2는 재빠르게 '내 거'라고 동시에 외칠지도 모르겠다. 먼저 외친 참가자가 낙찰받기 때문이다. 한편 경매사가 처음 제시한 입찰가격이 각 참가자가 생각하는 경매품의 가치 중에서 가장 높은 v_1보다 높다고 가정하자. 참가자 1은 입찰가격이 v_1보다 낮아질 때까지 기다렸다가 '내 거'라고 얼른 외칠 것이다.

각 참가자는 입찰이 시작되기 전부터 입찰가격을 마음속에 생각해 놓을 것이다. 네덜란드식 경매에서는 다른 참가자가 생각하는 경매품의 가치를 알 수 없기 때문이다. 곰곰이 생각해 보자. 입찰가격이 자신이 생각하는 경매품의 가치보다 높게 제시되면 절대 '내 거'라고 외치면 안 된다. 그렇게 하면 손해 보기 때문이다. 입찰가격이 자신이 생각하는 경매품의 가치와 같아도 '내 거'라고 외치지 않을 것이다. 그렇다면 각 참가자는 입찰가격(b_i)이 자기가 생각하는 경매품의 가치(v_i)보다 낮을 때 '내 거'라고 외칠 것이다.

$$b_i < v_i$$

네덜란드식 경매에서는 참가자 각자가 생각한 경매품의 가치를 알 방도가 없다. 이 때문에 참가자는 어물쩍대다가 '내 거'라고 외칠 기회를 놓칠 수 있다. 예를 들면, 참가자 1은 입찰가격이 참가자 2가 생각하는 경매품의 가치인 v_2까지 내려올 때까지 '내 거'라고 외치지 않았다. 좀 더 참으면 더 크게 이득 볼 것이라고 믿었다. 그런데 경매사가 입찰가격을 더 내리자 참가자 2가 큰 욕심을 내지 않고 '내 거'라고 먼저 외쳤다. 참가자 1은 허탈할 것이다. 참으면 변비 된다는 말이 이 상황과 딱 맞아떨어진다.

참가자 1이 너무 큰 욕심을 내지 않는다면 네덜란드식 또는 내림입찰 경매의 최종 낙찰가격은 다음과 같은 범위에서 결정될 것이다.

$$v_2 \leq b^* < v_1$$

경매사가 참가자의 입찰가격을 미리 받아본다면 어떨까? 그중에서 가장 높은 입찰가격을 제시한 참자가를 찾기 위해서 말이다. 이러한 경매방식을 봉인입찰sealed-bid auction이라고 한다. 봉인입찰은 참가자 모두가 서로 모르게 입찰가격을 봉투에 적어 밀봉한 후 경매사에게 동시에 제출하는 경매방식이다. 물론 가장 높은 입찰가격을 제시한 참가자가 경매품을 낙찰받는다. 봉인입찰에는 낙찰가격을 결정하는 방식에 따라 차선가 봉인입찰second-price sealed-bid auction과 최고가 봉인입찰first-price sealed-bid auction로 나뉜다.

세 번째 경매방식은 차선가 봉인입찰이다. 차선가 봉인입찰은 가장 높은 입찰가격을 제시한 참가자가 낙찰받고, 두 번째로 높은 입찰가격이 최종 낙찰가격이 되는 경매방식이다. 이는 솔직하게 자신이 생각하는 경매품의 가치만큼 입찰가격을 제시한 입찰참가자에게 보상하기 위해 설계된 경매방식이다. 최종 낙찰만 받으면 자신이 생각하는 경매품의 가치와 두 번째로 높은 입찰가격의 차이만큼 이득 볼 수 있다.

과연 차선가 봉인입찰에서는 참가자가 자신이 생각하는 경매품의 가치만큼 입찰가격을 제시하는 것이 최선의 전략일까? 우선 낙찰가격을 $\hat{b}$라고 가정하자. 또한 참가자 i는 자신이 생각하는 경매품의 가치(v_i)보다 입찰가격(b_i)을 낮게 제시하였다고 가정하자. 세 가지 경우를 생각해 볼 수 있다. 첫째, $b_i < v_i < \hat{b}$인 경우다. 참가자 i의 입찰결과는 탈락이다. 그렇다면 입찰가격(b_i)을 v_i로 제시하지 않을 이유가 없다. 혹시 모르니까! 둘째, $b_i < \hat{b} < v_i$인 경우다. 이 경우에도 참가자 i는 탈락한다. 그런데 입찰가격(b_i)을 v_i로 제시했으면 낙찰받을 수 있었다. 아뿔싸! 셋째, $\hat{b} < b_i < v_i$인 경우다. 이 경우에는 참가자 i가 무조건 낙찰받는다. 그러니까 굳이 입찰가격(b_i)을 v_i보다 낮게 제시할 이유가 없다. 이처럼 차선가 봉인입찰에서 모든 참가자는 입찰가격을 솔직하게 자신이 생각하는 경매품의 가치로 제시할 유인을 갖는다.

$$b_i = v_i$$

그 결과, 경매품의 가치를 가장 높게 생각하는 참가자가 낙찰받고, 최종 낙찰가격은 두 번째로 높은 경매품의 가치(v_2)로 결정된다.

네 번째 경매방식은 최고가 봉인입찰이다. 최고가 봉인입찰은 가장 높은 입찰가격을 제시한 참가자가 그 가격으로 낙찰받는 경매방식이다. 이 때문에 참가자 모두는 낙찰로 이득을 얻기 위해 자기가 생각하는 경매품의 가치보다 조금 낮게 입찰가격을 제시해야 한다. 차선가 봉인입찰처럼 솔직하게 입찰가격을 제시하면 안 된다. 그렇다면 각 참가자는 얼마만큼 낮게 제시할까?

참자가 i가 입찰가격으로 b_i를 제시할 때 낙찰받을 확률을 $P(b_i)$라고 정의하자. 낙찰받으면 b_i를 지불하고 v_i를 얻게 된다. 낙찰받지 못하면 그냥 꽝이다. 두 가지 경우를 고려하면 참가자 i가 기대할 수 있는 낙찰이윤(π_i)은 다음과 같이 계산된다.

$$\pi_i(b_i, v_i) = P(b_i)(v_i - b_i)$$

참가자 i가 높은 이윤을 얻으려면 두 가지를 동시에 고려해야 한다. 첫째, 낙찰받을 확률($P(b_i)$)을 높여야 한다. 그럴수록 기대이윤이 커지기 때문이다. 그렇다면 입찰가격(b_i)을 높여야 한다. 둘째, 자신이 생각한 경매품의 가치(v_i)보다 입찰가격(b_i)을 낮게 제시해야 한다. 자신이 생각하는 경매품의 가치와 입찰가격의 차이($v_i - b_i$)가 클수록 기대이윤도 커지기 때문이다.

말은 그럴듯한데, 계산은 쉬워 보이지 않는다. 갑자기 피곤이 몰려온다. 입찰가격(b_i)을 얼마까지 올리고 내려야 하는지가 헷갈린다. 어떻게 입찰가격(b_i)을 정하란 말인가! 그냥 모두가 쌈박하게 입찰가격을 자신이 생각하는 경매품의 가치만큼 제시하면 어떨까? 분명 그렇게 하라면 어느 누구도 최고가 봉인입찰에 참가하지 않을 것이다. 입찰로 얻을 게 하나도 없기 때문이다.

$$\pi_i(v_i, v_i) = 0$$

찬찬히 생각해 보자. 봉인입찰이기 때문에 서로가 생각하는 경매품의 가치를 알 길이 없다. 이는 낙찰받을 때 낙찰이윤을 극대화하는 입찰가격을 결정하기가 쉽지 않다는 뜻이다. 따라서 누구든지 경매품의 가치 (v_i)가 높다고 생각하면 입찰가격(b_i)도 높게 제시할 것이라고 짐작할 수밖에 없다.

$$v_i > v_j \implies b_i > b_j$$

누구나 똑같이 생각할 것이기 때문에 각 참가자의 입찰가격(b_i)은 자신이 생각하는 경매품의 가치(v_i)에 의해 다음과 같이 결정될 것이다.

$$b_i^* = B(v_i)$$

여기서 b_i^*는 참가자 i가 낙찰받을 경우 가장 높은 이윤을 얻을 수 있는 입찰가격이다. 또한 $B(\cdot)$는 각 참가자가 자신의 경매품의 가치에 따라 입찰가격을 정하는 어떤 함수이다. 그렇다면 참가자 i가 입찰참가로 기대할 수 있는 낙찰이윤은 다음과 같이 정리될 수 있다.

$$\pi_i(B(v_i), v_i) = P(B(v_i)) \left[v_i - B(v_i) \right]$$

이렇게 보니 참가자 i의 기대이윤은 자신이 생각하는 경매품의 가치(v_i)에 의해 결정된다는 것을 알 수 있다.

참가자 i가 입찰가격으로 $B(v_i)$를 제시할 때 기대할 수 있는 가장 높은 낙찰이윤($\Pi_i(v_i)$)을 다음과 같이 정의하자.

$$\Pi_i(v_i) = \max_{v_i} P(B(v_i)) \left[v_i - B(v_i) \right]$$

이를 $B(v_i)$에 대하여 정리하면 다음과 같다.

$$B(v_i) = v_i - \frac{\Pi_i(v_i)}{P(v_i)}.$$

참고로 $v_i > v_j$이면 $B(v_i) > B(v_j)$이기 때문에 $P(B(v_i))$는 $P(v_i)$와 같다. 최고가 봉인입찰에서는 참가자 모두가 입찰가격($B(v_i)$)을 자신이 생각하고 있는 경매품의 가치(v_i)보다 $\frac{\Pi_i(v_i)}{P(v_i)}$만큼 낮게 제시하는 것이 최선의 전략이라는 것을 확인할 수 있다. 그 입찰가격이 얼마인지는 뼈 빠지게 계산해 봐야 알 것 같다.

지금까지 살펴본 경매에서는 경매품의 가치나 입찰가격이 독립적으로 결정된다고 보았다. 각 참가자가 제시하는 입찰가격은 다른 참가자로부터 영향받지 않는다고 보았다. 그러니 흥분할 이유도 없다. 차분하게 자기가 생각한 대로 입찰에 응하면 그만이다. 그런데 세상은 그렇게 녹

록지 않다. 저마다 생각하는 경매품의 가치가 다를 경우 자기가 모르는 가치를 남이 알고 있는 것은 아닌지를 의심하기 쉽다. 이 때문에 사람 맘은 쉽게 흔들릴 수 있다. 자기보다 더 비싼 값을 치르더라도 경매품을 입찰받으려는 사람이 많으면 자신도 모르게 흥분하지 않을 수 없다.

승자의 저주

경매나 입찰에서 참가자가 쉽게 흥분하는 이유는 경매품의 진짜 가치를 잘 알지 못하거나 자신이 생각한 가치를 확신하지 못하기 때문이다. 참가자는 다른 참가자의 입찰가격에 신경 쓸 수밖에 없다. 수소문해서라도 경매품의 진짜 가치를 알고 싶어 한다. 경매에서는 눈치가 곧 실력이다. 눈치가 구단이어야 경매에서 손해 보지 않는다. 경매에서 눈치를 잘못 쓰면 쪽박차기 쉽다.

1950년대에 미국에서 일어났던 일이다.[8] 당시 상당수의 정유회사들은 멕시코만Gulf of Mexico에 매장된 원유와 가스에 대한 시추권drilling rights을 얻기 위해 입찰에 경쟁적으로 참가하였다. 이들이 원유와 가스 매장량을 정확하게 측정할 수 있던 것은 아니었다. 시추권을 우선 따고 보자는 심산이 컸다. 시추권을 낙찰받으면 돈이 된다는 말에 넘어갔던 것이다. 그래서인지 입찰에 참가했던 정유회사들이 제시한 입찰가격에는 상당한 차이가 있었다고 한다. 예를 들면, 입찰가격의 최고값은 최저값의 5~10배나 되었다. 1969년에 실시된 알래스카 북쪽 사면Alaska

North Slope에 대한 최고가 봉인입찰에서도 낙찰가격이 비정상적으로 높았던 것으로 조사되었다. 이들 구역에 대한 낙찰가격의 합계는 두 번째로 높은 입찰가격의 합계보다 약 2.4배 높았다.

흥분의 흔적이 충분했다고 주장할 만하다. 당시 낙찰받은 정유회사들은 원유가 콸콸 쏟아질 것이라고 믿었던 모양이다. 그러나 그 믿음은 곧 산산조각이 났다. 1954년과 1969년 사이에 낙찰된 1,223곳 유정oil well의 세전 수익을 1983년에 계산해 보니, 정유회사가 평균적으로 유정당 약 19만 달러의 손해를 본 것으로 파악되었다. 또한 그중 65.0%의 유정은 수익도 제대로 내지 못하고 말라 버렸고, 16.0%의 유정은 세후 손해였다. 나머지 22.0%의 유정만 세후 18.7%의 높은 수익을 낸 것으로 조사되었다.

하버드 대학교 경영대학원의 맥스 베이저만Max Bazerman(1955-) 교수와 보스턴 대학교 경영대학원의 윌리엄 사무엘슨William Samuelson(1952-) 교수는 1983년에 8달러가 들어있는 동전 항아리jar of coins로 재미난 실험을 하였다.[9] 동전 항아리에 들어 있는 동전 가치를 가장 가깝게 맞춘 학생에게 2달러의 상금을 주고, 가장 높은 입찰가격을 적어낸 학생에게 동전 항아리를 주기로 하였다. 이 실험은 최고가 봉인입찰과 비슷하다. 그렇기 때문에 자신이 생각한 동전 항아리의 가치보다 조금 낮게, 낙찰받을 확률이 높아지도록 너무 낮지 않게 입찰가격을 제시해야 동전 항아리를 얻을 수 있다.

두 교수가 총 12개 수업에서 각각 4번에 걸쳐 실험한 결과, 학생들이 제시한 동전 항아리의 입찰가격 평균값은 5.13달러였다. 학생 대부분이 손해 보고 싶어 하지 않은 듯하다. 그런데 동전 항아리의 낙찰가격 평균값은 10.01달러로 동전 항아리에 들어 있는 동전의 가치보다 더 높았다. 결국 동전 항아리를 낙찰받은 학생은 평균적으로 2.01달러의 손해를 볼 수밖에 없었다. 역시 경매에서 흥분하면 손해 보기 마련이다.

참가자가 경매에서 흥분하는 이유는 주로 자존심 때문인 듯싶다. 누구에게 진다는 것을 굴욕으로 느낀다면 손해 보더라도 이기고 싶어 할 수 있다. 아니면 자신은 남이 모르는 무언가의 가치를 알고 있다고 자만하기 때문일 것이다. 여러 국가들이 적자 볼 게 뻔해도 올림픽Olympic을 개최하려고 애쓰는 이유도 이와 비슷하다.[10] 올림픽은 재미있고 흥미로운 전 세계적인 스포츠 행사다. 이 때문에 각 국가들은 올림픽을 유치하려고 온갖 심혈을 기울인다. 전 세계적인 스포츠행사를 개최한다는 것은 국가 차원에서 큰 영광이라고 믿기 때문이다. 적자본다고 무조건 나쁘다고 볼 수 없다고 주장하는 것도 이 때문이다.

1976년 하계 올림픽은 캐나다 몬트리올에서 개최되었다. 소련 모스크바를 제치고 올림픽 개최에 성공한 몬트리올 시장 장 드라포Jean Drapeau(1916-1999)는 "올림픽에서 적자를 볼 수 없는 것은 남자가 임신할 수 없는 것과 같다."고 호언장담하였다. 자존심이 진하게 묻어난 발언이었다. 올림픽이 끝난 1년 뒤, 몬트리올 일간지 라 프레스La Presse는 만평에 임신한 드라포 시장을 그려 넣으며 약 15억 달러를 투입해 약 12억 달러의 적자를 본 몬트리올 올림픽을 조롱하였다. 캐나다 몬트리올 올림픽은 우리나라가 역사상 최초로 금메달을 딴 올림픽이다. 그 주인공은 레슬링 자유형 62kg급 양정모 선수다.

경매에서는 한 참가자가 흥분하면 다른 참가자도 흥분하기 쉽다. 그렇게 서로가 흥분하다가 입찰가격을 자신이 생각한 경매품의 가치보다 높게 불러 낙찰받으면 손해 볼 공산이 크다. 승자의 저주Winner's curse다. 경매에서 이겨 당장은 기분이 좋겠지만, 뒤돌아서면 후회가 밀려온다. 자신을 저주하고 싶지만, 다시 흥분하지 않으리라 다짐하는 수밖에 없다. 다음에도 다른 참가자가 흥분하면 자신도 다시 흥분할 것을 알면서도 말이다. 그래서 서로가 흥분하지 말자고 약속하고 싶은 유혹이 강하게 생긴다. 입찰담합bid rigging 또는 입찰고리bidding ring의 유혹 말이다.

우리나라에도 2010년 6월에 처음으로 이동통신 주파수 경매제도가 도입되었다.[11] 좀 더 공정하게 이동통신 주파수를 할당하기 위해서다. 이전에는 정부가 주파수를 이통통신사에 임의로 할당하였다. 참고로 주파수는 물리적 파동이 1초 동안 진동하는 횟수를 의미한다. 주파수 단위로는 Hz가 사용된다. Hz는 헤르츠라고 읽는다. 예를 들면, 1Hz는 1초 동안 물체가 1번 진동한다는 것을 뜻한다.

제1차 이동통신 주파수 경매는 2011년 8월 17일에 시작되었다.[12] 경매대상 주파수 대역은 800MHz, 1.8GHz, 2.1GHz였다. 정부는 각 주파수 대역의 최저 입찰가격을 제시하였고, 영국식 경매 또는 오름입찰 경매 방식으로 주파수 경매를 진행하였다. 이 중에서 2.1GHz 대역은 정부가 업계 3위인 L사에게 최저 입찰가격 4,455억 원에 단독입찰하여

〈그림 8.1〉 제1차 이동통신 주파수 경매의 1.8GHz 대역 입찰가격 [13]

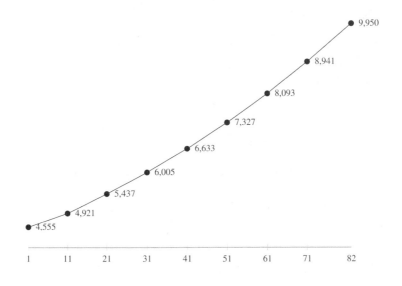

낙찰받도록 사전에 지도하였다. 이 때문에 업계 1위인 S사와 업계 2위인 K사는 800MHz과 1.8GHz 대역 경매에만 참가할 수 있었다.

　제1차 이동통신 주파수 경매는 2011년 8월 29일에 82라운드를 끝으로 종료되었다.[13] 마지막 날에 K사가 800MHz 대역 경매에 최저 입찰가격 2,610억 원으로 단독 입찰하고 1.8GHz 대역 경매에 참가하지 않으면서, S사가 낙찰가격 9,950억 원을 지불하고 1.8GHz 대역을 낙찰받았다. 재미있게도 방송통신위원회는 그날그날 주파수 경매 중간결과를 발표하였다.[14,15,16,17,18,19,20] 그런데 제1차 이동통신 주파수 경매가 시작된 첫날부터 S사와 K사는 서로 흥분한 듯하였다. 서로가 황금대역으로 알려진 1.8GHz 대역을 갖고 싶어 1.8GHz 대역 경매에만 입찰가격을 경쟁적으로 높이며 제시하였기 때문이다.

〈그림 8.1〉은 주파수 1.8GHz 대역에 대한 경매의 기나긴 여정을 보여준다. 1.8GHz 대역의 최종 낙찰가격은 최저 입찰가격의 약 2.2배에 달한다. 주파수 1.8GHz 대역에 대한 경매는 총 13일 동안 9회 82라운드에 걸쳐 실시되었으며, S사와 K사는 매회 적게는 10라운드, 많게는 11라운드까지 열을 올리면서 입찰가격을 올렸다. 매회 적게는 7시간, 많게는 8시간 내내 경매가 진행되었다고 한다. 역사상 처음으로 주파수 경매를 시행한 정부도 어리둥절했을 것이다. S사와 K사가 너무 흥분하는 듯 보였기 때문이다. S사는 원하던 1.8GHz 대역을 얻었지만 K사에 한 방 먹었다는 찝찝한 기분을 지울 수 없었을 것이다. K사는 원하던 주파수 대역을 얻지 못했지만, S사를 한 방 먹인 것으로 꺾인 자존심을 조금이나마 살렸다고 만족한 듯하였다.

제1차 이동통신 주파수 경매가 종료된 후에도 그 후유증은 오래갔다.[21] 우선 정부가 입찰경쟁을 너무 부추긴 것이 아니냐는 비난이 일었다. 주파수 낙찰가격이 너무 높으면 이동통신 요금이 올라갈 수 있기 때문이다. 다만 2011년도 이동통신 3사의 전체 매출액이 22조 원에 달하였고, 마케팅 비용이 약 5조 7천억 원이었다.[22] 이 점을 고려하면 이동통신 3사가 지불한 주파수 낙찰가격은 8년 치 임대료 치고 높은 것은 아니다. 또한 주파수 경매를 주도했던 정부 인사가 S사로부터 3억 원을 수수했다는 의혹도 제기되었다. 정부는 82라운드에 걸쳐 경매가 이루어진 만큼 뇌물수수 주장은 억측이라고 해명하였다.[23] 경매가 S사가 원하는 방향대로 흘러가지 않았다는 점에서 뇌물수수 의혹은 사실이 아닐 수 있다.

정부는 제1차에 이어 2013년 8월 19일에 제2차 이동통신 주파수 경매를 하였다.[24,25] 제1차 주파수 경매 이후 여러 소문을 신경써서인지 입찰방식이 이전보다 상당히 복잡해졌다. 첫째, 경매대상 주파수 대역은 1.8GHz와 2.6GHz이다. 제1차 때와 같이 입찰이 한쪽으로 쏠리는 현상을 방지하기 위해 각 대역을 〈그림 8.2〉와 같이 A, B, C, D블록으로 나누었다. 블록은 특정 주파수 대역의 주파수 구간을 의미한다. 또한 A, B, C블록을 한데 묶어 밴드플랜band plan 1로, A, B, C, D블록을 한데 묶어 밴드플랜 2로 구분하였다.

둘째, 참가자에게 각 밴드플랜에 속한 블록에 대해 입찰가격을 제시하도록 하였다. 또한 각 블록에 대한 입찰가격의 합계가 높은 밴드플랜을 낙찰하기로 하였다. 예를 들면, D블록을 낙찰받고 싶은 참가자는 밴드플랜 1에 속한 각 블록에 대한 입찰가격을 최소한 낮게 제시하고, 밴드플랜 2에 속한 각 블록에 대한 입찰가격, 특히 D블록에 대한 입찰가격을 높게 제시해야 D블록을 낙찰받을 수 있다. 반대로 D블록의 낙찰을 방해하고 싶은 참가자는 밴드플랜 1에 속한 각 블록에 대한 입찰가격을 최대한 높게 부르면 된다.

셋째, S사와 K사가 C블록에 참여하는 것을 두 가지 방법으로 제한하였다. 먼저 밴드플랜 1에 속한 각 블록에 대해 입찰가격을 제시할 때 S사와 K사는 C블록에 대해 입찰가격을 제시하지 못하도록 제한하였다. 다음으로 밴드플랜 2에 속한 각 블록에 대한 입찰가격을 제시할 때

〈그림 8.2〉 제2차 이동통신 주파수 경매대상 대역폭[25]

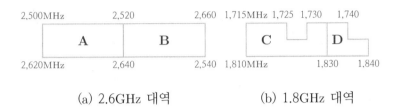

(a) 2.6GHz 대역   (b) 1.8GHz 대역

S사와 K사는 C블록에 대해 입찰가격을 제시할 수 있으나 낙찰받으면 기존에 할당받은 1.8GHz 대역의 주파수를 6개월 이내에 반납하도록 하였다.

넷째, 입찰경쟁이 과열되지 않도록 다음 라운드에서 제시해야 하는 입찰가격의 기본증가분을 직전 라운드에서 제시된 최고 입찰가격의 0.75% 이상으로 낮췄다. 2011년에는 기본증가분이 직전 라운드에서 제시된 최고 입찰가격의 1% 이상이어야 했다. 다만 참가자가 고의로 입찰가격을 적게 써내는 것을 방지하기 위해 3라운드 연속하여 상대방보다 낮게 입찰가격을 제시하지 못하도록 하였다. 또한 참가자가 3명 이상인 경우 2라운드 연속하여 최고 입찰가격을 제시하지 않으면 직전 최고 입찰가격보다 2% 높게 입찰가격을 제시해야 다음 라운드에 참가할 수 있도록 제한하였다. 게다가 3라운드 연속하여 최고 입찰가격을 제시하지 않으면 각 참가자는 직전 최고 입찰가격보다 3% 높게 입찰가격을 제시하도록 지도하였다. 각 블록의 최저 입찰가격은 A블록과 B블록이 각각 4,788억 원, C블록이 6,738억 원, D블록이 2,888억 원으로 책정되었다.

다섯째, 상대방이 포기하지 않을 때까지 라운드가 계속되는 문제점을 해결하기 위해 오름입찰 경매를 50라운드까지만 실시하고, 이후에는 최고가 봉인입찰을 통해 낙찰가격을 결정하기로 하였다.

여섯째, 각 라운드 준비 시간을 30분에서 1시간으로 두 배 확대하였다. 또한 제1차 때와 달리 데이터 통신 기능이 제한된 휴대폰과 노트북뿐만 아니라 팩스도 사용할 수 있도록 허용하였다. 경매 현장에서 너무 흥분하지 말고 본사와 연락해 냉정하게 입찰가격을 결정하라는 의도가 깔린 듯하다.

제2차 이동통신 주파수 경매는 2013년 8월 30일에 종료되었다.[26] 오름입찰 경매가 마지막 50라운드까지 종료되지 않자 경매방식을 최고가 봉인입찰 경매로 전환해 최고가 낙찰가격을 결정하였다. 그 결과, D블록이 포함된 밴드플랜 2가 최종 낙찰되었다. 밴드플랜 2에 속한 블록 중에서 B블록은 최저 입찰가격 4,788억 원에 L사에게, C블록은 최저 입찰가격보다 3,792억 원 높은 1조 500억 원에 S사에게, D블록은 최저 입찰가격보다 6,113억 원 높은 9,001억 원에 K사에게 낙찰되었다.

〈그림 8.3〉은 밴드플랜 1과 2의 입찰가격이 오른 추이를 보여준다. 오름입찰 경매 첫날에는 밴드플랜 2의 입찰가격이 밴드플랜 1을 크게 앞질렀다. 이후 밴드플랜 1과 밴드플랜 2의 입찰가격은 오름입찰 경매 39라운드까지 계속 엎치락뒤치락하였다. 결국 일부 참가자가 오름입찰 경매 40라운드부터 밴드플랜 1에 속한 블록에 대한 입찰을 포기하면서 밴드플랜 2가 낙찰되었다. 한 가지 인상적인 부분은 서로 엎치락뒤치락

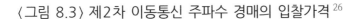

〈그림 8.3〉 제2차 이동통신 주파수 경매의 입찰가격 [26]

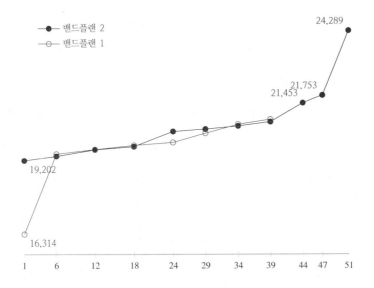

하는 과정에서 밴드플랜 1과 2의 입찰가격은 크게 차이나지 않았다는 점이다.

밴드플랜 1의 입찰가격은 구조적으로 밴드플랜 2보다 높을 수 없었다. 그 이유는 두 가지다. 첫 번째 이유는 S사와 K사는 밴드플랜 1에 속한 C블록에 대해 입찰가격을 제시하지 못하도록 제한받았기 때문이다. 다만 이 제약은 사실상 S사에게만 적용되었다. K사는 원래부터 D블록을 낙찰받고 싶었기 때문이다. 그래서 K사는 줄곧 D블록이 포함된 밴드플랜 2에 입찰가격을 높게 제시하였다. 두 번째 이유는 S사와 L사는 서로 협력해 밴드플랜 1의 입찰가격을 밴드플랜 2보다 높게 제시할 유인이 부족했기 때문이다. 반면 D블록을 강력하게 원했던 K사는 밴드플랜 2의 입찰가격을 밴드플랜 1보다 높게 제시할 유인이 강하였다.

그래서 K사가 강력한 의지만 보여주면 S사와 L사는 흔들리기 쉬웠다.

가장 먼저 흔들린 참가자는 S사였다.[27] S사는 주파수 경매가 밴드플랜 2에 유리하게 흘러가자 기존 1.8GHz 대역폭을 정부에 반납하더라도 1.8GHz 대역의 C블록을 할당받는 게 좋다고 판단한 것으로 보인다. 밴드플랜 1에 속한 C블록을 할당받고 싶어 했던 L사는 K사의 강력한 의지를 감당하려면 S사의 도움이 절실하였다. 그런데 S사는 A 또는 B 블록을 할당받을 유인이 크지 않았던 것으로 보인다. 한편 S사가 처음부터 밴드플랜 2에 집중적으로 입찰하였다면 최종 낙찰가격은 훨씬 높아졌을 것이다. S사도 기존 1.8GHz 대역폭을 반납하지 않아도 되는 D 블록을 K사만큼 낙찰받고 싶었기 때문이다. 이 때문에 S사와 K사는 D 블록을 서로 낙찰받으려고 뜨겁게 경쟁할 가능성이 매우 높았다. 그래서인지 밴드플랜 2가 낙찰되기로 확정되었음에도 오름입찰 경매는 50라운드까지 이어졌다.

오름입찰 경매가 끝나기까지 11라운드가 남아 있는 상황이었다. 이제 K사가 밴드플랜 2에 대한 강력한 의지를 한 차례 더 보여줄 때가 왔다. S사와 L사가 K사에 앞서 반격할 수도 있었다. 그러나 지난 오름입찰 경매에서 밴드플랜 1에 대한 입찰가격을 무리하게 올리지 않았던 S사와 L사가 K사를 반격할 가능성은 매우 낮아 보였다. 그렇다고 S사와 L사가 밴드플랜 2에 대한 K사의 강력한 의지를 또다시 따라잡기에는 오름입찰 경매가 얼마 남지 않았다. 흥분할 것인가 아니면 자제할 것인가. 쉽지 않은 결정이었을 것이다. 자존심을 쉽게 버리고 싶지 않았을 것이다.

S사는 제1차 이동통신 주파수 경매를 떠올렸을 것이다. 지난번에 K사를 이겼지만 K사에게 한 방 먹은 기분은 오래갔다. 그렇다면 이번에는 K사에게 한 방 먹이고 K사가 원하는 것을 던져 주는 것도 좋은 선택일 수 있다. 실제 S사는 40라운드부터 밴드플랜 1을 버리고 밴드플랜 2로 갈아탔다. 이후 밴드플랜 2의 입찰가격은 빠르게 올랐다. S사는 K사에게 두 방 먹이고 싶었을 것이다. 그러나 너무 흥분하다 보면 자충수를 둘 수 있다. S사는 곧 냉정해진 듯 보였다. K사도 S사를 세밀하게 배려하는 듯 보였다. S사가 밴드플랜 2에 속한 D블록에 대한 입찰가격을 무리하게 올렸다면 K사도 밴드플랜 2에 속한 C블록에 대한 입찰가격을 무리하게 올렸을 것이다.

제2차 이동통신 주파수 경매에 참가한 이동통신 3사는 경매가 종료된 후에 매우 만족한다고 자평한 것으로 알려져 있다.[28] 경매가 시작되기 전에 각 사의 노동조합 집행부가 나서서 뜨거운 신경전을 펼친 것과는 대조적이다. 경매가 시작되고 나서는 서로를 애잔하게 생각한 듯하다. 싸우면서 정든다는 말도 있지 않은가. 공정거래위원회가 경매가 종료된 후에 이동통신사의 담합 가능성을 주의 깊게 살펴보겠다고 발표한 이유일 것이다.[29]

제2차 이동통신 주파수 경매의 가장 큰 변화는 매회 오름입찰 경매의 라운드 수가 절반 가까이 줄었다는 것이다. 제1차 때는 많게는 11라운드, 적게는 10라운드가 열렸다. 그러나 제2차 때는 많게는 6라운드, 적게는 3라운드가 열렸다. 재입찰 시간 간격을 1시간으로 늘린 덕분이다. 또한 입찰가격의 상승추세도 완만하였다. 입찰가격의 기본증가분을 제1차 때보다 내린 덕분이다. 두 번째 큰 변화는 참가자가 이전보다 크게 흥분하지 않았다는 점이다. 오름입찰 경매 첫날 S사와 L사는 밴드플랜1을 밀기 위해 연합한 것으로 알려졌다. 첫날 밴드플랜 1과 2의 입찰가격 차이는 86억 원이었다. 그러나 이후에는 두 밴드플랜의 입찰가격이 거의 차이나지 않았다. K사가 밴드플랜 2에 대한 강한 의지를 한 차례 보여주었으나, S사와 L사가 살포시 따라잡는 형세를 유지하였다. 서로가 서로를 간보며 제1차 때처럼 흥분하지 말자고 자제한 듯하다. 입찰담합이 있었던 것처럼 말이다.

2016년 4월 29일에 시작된 제3차 이동통신 주파수 경매는 3일 만에 종료되었다.[30,31,32,33,34] 2016년 5월 2일에 열린 2일차 오름입찰 경매에서 참가자 모두가 2라운드 연속해서 입찰가격을 제시하지 않았기 때문이다. 1일차 오름입찰 경매에서 결정된 최고 입찰가격이 낙찰가격으로 결정되었다. 제3차 이동통신 주파수 경매는 제2차 때와 유사하였다. 다만 오름입찰 경매의 각 라운드 준비 시간을 40분으로 단축하였다. 경매대상 주파수 대역은 700MHz 대역의 A블록, 1.8GHz 대역의 B블록, 2.1GHz 대역의 C블록, 2.5GHz 대역의 D와 E블록이며, 각 블록의 최저 입찰가격은 순서대로 7,620억 원, 4,513억 원, 3,816억 원, 6,553억 원, 3,277억 원으로 제시되었다.

그야말로 제3차 이동통신 주파수 경매는 싱겁게 끝났다. A블록은 유찰되었으며, 나머지 블록의 최종 낙찰가격은 D블록을 제외하고 최저 입찰가격으로 결정되었다. D블록의 최종 낙찰가격은 최저 입찰가격보다 2,947억 원 높은 9,500억 원으로 결정되었다. S사와 K사가 D블록에 대한 오름입찰 경매에서 잠깐이나마 입찰가격을 올렸기 때문이다. D블록은 S사로 돌아갔다. D블록의 최종 낙찰가격을 보면 K사가 S사를 살짝 한 방 먹인 모양새다. 그런데 갈수록 그 한 방이 약해지는 것처럼 보인다.

제3차 이동통신 주파수 경매가 싱겁게 끝난 이유에 대해 말들이 많았다.[35] 이동통신업계는 "적극적으로 경매에 참가할 유인이 낮았던 주파수 대역폭이었다."라고 설명하였다. 한 관계자는 "지나치게 (주파수 낙찰)가격이 높아지면 소비자에게 비용이 전가될 우려가 있었는데 적절한 수준에서 결정돼 소비자의 비용 부담도 그만큼 줄어들 것으로 보인다." 라며 모두에게 좋은 쪽으로 종료되었다고 자평하였다. 이동통신 3사의 담합 가능성이 또다시 거론된 것도 이 때문이다. 물론 이동통신업계는 "미래창조과학부가 눈을 시퍼렇게 뜨고 있는데 (함부로) 담합할 수 있느냐?"며 반문하였다. 눈을 시퍼렇게 계속 뜨고 있으면 초점이 흐려져 앞도 보지 못한다는 사실을 잊은 채 말이다.

이동통신사의 입찰담합에 대한 의혹은 이동통신 주파수 경매가 차수를 거듭할수록 더 커졌다. 매우 합리적인 추론이 아닐 수 없다. 제1차 때는 서로 경쟁하다가 흥분하면 승자의 저주에 걸리게 된다는 교훈을 모두가 배운 듯하다. 제2차 때는 제1차 때를 교훈 삼아 서로가 흥분하는 것을 자제한 듯하다. 제3차 때는 이심전심以心傳心이 있었던 듯하다. 물론 지난 경매에 입찰담합이 있었다고 입증된 바는 없다. 다만 여러 정황을 살펴볼 때 입찰담합의 냄새가 나는 것을 부인하기는 어렵다. 전장에서 피 흘린 승자가 되는 것보다 휴전하는 게 낫다면 누가 방아쇠를 당기려 할까. 전쟁보다 휴전이 낫고, 휴전보다 종전이 낫다. 하물며 이동통신사인들 누가 전장에 나서 피 흘린 승자가 되고 싶을까.

둥글게 둥글게

경매에서 서로가 동맹을 맺으려면 유사한 경매가 계속 계획되어 있어야 한다. 그렇지 않으면 서로가 동맹을 맺을 마땅한 이유가 없다. 동맹을 유지하는 방법은 크게 세 가지로 나뉠 수 있다. 첫째, 경매가 매번 종료될 때마다 낙찰이득을 서로 나눠 먹는 것이다. 역경매reverse auction에서는 최종 낙찰가격이 높을수록 낙찰이득이 커진다. 참고로 역경매는 판매자가 경매품에 대해 가격을 내리면서 입찰받는 경매를 말한다. 예를 들면, 토목공사 입찰경매는 대개 역경매로 진행된다. 둘째, 미리 순번을 정해 돌아가면서 낙찰받는 것이다. 낙찰이득을 배분하면 걸리기 쉽기 때문에 차라리 돌아가면서 낙찰받는 것이다. 이 경우에는 서로 한 번씩 밀어주기 할 가능성이 높다. 셋째, 비슷한 경매가 동시에 있을 때 경매를 할당해 나눠 먹는 것이다.

공정거래위원회는 2012년 6월 5일에 19개 건설사가 4대 강 살리기 사업의 제1차 턴키turnkey 공사에 대한 경매에서 입찰담합에 참여하였다고 발표하였다. 그중에서 보를 낙찰받기로 합의한 8개사에 시정명령과 함께 총 1,115억 원의 과징금 납부명령을, 각 보 공사의 일정 지분을 갖고 하청업체로 참여하기로 합의한 8개사에 시정명령을, 보 배분을 협의했으나 합의하지 않은 것으로 추정되는 3개사에게 경고 조치를 내렸다.[36, 37]

턴키는 단일 사업자가 설계, 시공뿐만 아니라 공사에 필요한 모든 서비스를 발주자에게 제공하는 공사 방식이다. 제1차 턴키공사 중에서 입찰담합에 성공한 13개 보에 대한 예산 금액은 3조 6,226억 원에 달하였다. 이 중에서 93.5%에 해당되는 3조 3,901억 원이 보 배분에 합의한 8개 건설사에 공사 대금으로 지급되었다. 입찰경매에서 낙찰가격을 낮추기 위해 경쟁한 흔적이 거의 없다고 해도 과언이 아니다.

대한민국 제17대 대통령 이명박 정부는 한반도 대운하에 대한 미련 때문인지 4대 강 살리기 사업에 강한 애착을 보였다. 이 사업의 주요 골자는 한강, 낙동강, 금강, 영산강을 준설浚渫하고 보洑를 설치하는 것이었다. 준설은 수중에서 흙과 모래를 퍼내는 작업을 말한다. 보는 물을 저장하기 위해 하천의 횡단 방향으로 설치하는 구조물이다. 일종의 댐과 같다. 댐은 물을 저장할 목적으로 강 상류에 설치된다. 이와 달리 4대 강 보는 물을 가둘 목적으로 강 중류에 설치되었다.

4대 강 살리기 사업의 제1차 턴키공사의 핵심은 16개 보를 설치하는 공사였다. 한강에는 이포보, 여주보, 강천보가, 금강에는 금남보, 부여보, 금강보가, 낙동강에는 함안보, 합천보, 달성보, 강정보, 칠곡보, 구미보, 낙단보, 상주보가, 영산강에는 죽산보, 승촌보가 설치되었다. 16개 보 중에 금남보는 선도사업 차원에서 2009년 5월 14일에 D건설이 낙찰받아 건설하였다. 나머지 15개 보에 대한 공사는 2009년 6월 29일에 발주된 제1차 턴키공사 사업에 포함되어 진행되었다. 참고로 2010년 8월에 금남보는 세종보로, 부여보는 백제보로, 금강보는 공주보로, 강정보는 강정고령보로, 합천보는 창녕합천보로, 함안보는 함안창녕보로 명칭이 변경되었다.

국토해양부와 수자원공사는 2009년 6월 29일에 제1차 턴키공사에 대한 입찰경매 계획을 공고하였다.[38] 수자원공사가 발주한 공사구간은 한강의 강천보, 낙동각의 함안보, 합천보, 달성보, 강정보였다. 당초 15개 보에 대한 입찰일은 9월 9일이었으나, 입찰경매 계획의 정정공고로 일부 보의 입찰일이 9월 14일 또는 15일로 변경되었다. 각 보에 대한 입찰경매 심의는 대체로 9월 27일에, 입찰경매 계획이 정정공고된 일부 보에 대한 입찰경매 심의는 28일 또는 29일에 시작되었다. 입찰경매 심의는 2009년 9월 30일에 모두 종료되었다.

경매는 최종점수가 가장 높은 입찰자에게 낙찰하는 봉인입찰 경매방식을 따랐다. 최종점수는 설계와 가격을 60대 40의 비중으로 가중평균하여 산출되었다. 설계점수는 심의위원의 주관적인 판단으로 매겨지며, 가격점수는 입찰가격이 최저 입찰가격에 가까울수록 높게 매겨지도록 하기 위해 다음 식에 따라 계산되었다. 예를 들면, 자신의 입찰가격이 최저 입찰가격이면 가격점수는 가장 높은 40점을 받는다.

$$가격점수 = 40 \times \frac{최저\ 입찰가격}{입찰가격}$$

이 경매의 특징 중 하나는 아무리 입찰가격을 낮게 제출하더라도 설계에서 점수 차이가 크게 나면 낙찰받기 어렵다는 점이다. 이 때문에 참가자는 가격보다 설계에 더 신경 쓸 수밖에 없었다. 입찰가격을 담합할 유인이 더 클 수밖에 없다. 가격을 일단 고정해 놓고 설계 실력으로 겨뤄보자고 제안하면 싫어할 건설사는 없을 것이기 때문이다. 어떤 건설사도 승자의 저주를 좋아할 리가 없다.

입찰담합은 16개 보 중에 14개 보에서 이루어진 것으로 드러났다. 영산강의 보 2곳은 입찰담합에서 제외되었다. 입찰담합의 형태는 두 가지였다. 첫째, H건설, D산업, D건설, S물산, G건설, S건설, P건설, H개발 등 8개사 중에 상위 6개사가 각각 보 2개씩, P건설과 H개발이 각각 보 1개씩 낙찰받기로 합의하였다. 둘째, 보 배분을 받지 못한 나머지 건설사는 각 보 공사에 하청업체로 참여할 수 있는 일정 지분을 부여받기로 합의하였다. L건설, DS건설, DP건설은 담합조건을 협상하는 과정에서 중도에 탈퇴한 듯하다. 당초 계획대로 낙찰된 보는 14개 중에서 무려 13개에 이른다. 낙동강의 낙단보는 원래 S물산이 낙찰받기로 예정되어 있었으나 DS건설이 공격적으로 입찰에 참여하면서 무산되었다.

공정거래위원회의 행정처분을 받은 19개 건설사 모두는 서울고등법원에 항소를 제기하였다.[39] S물산의 주장대로 이명박 정부가 시켜서 담합한 것인데 처벌받는 것이 억울하다고 느꼈던 모양이다. 이들 중에서 보 배분에 합의한 이유로 과징금 처분을 받은 8개 건설사는 서울고등법원에서 패소 판결을 받았다. 시정명령만 받은 8개 건설사 중에서 2개사만 서울고등법원에서 일부 승소하고 나머지는 전부 패소하였다. 서울고등법원에서 패소한 일부 건설사는 대법원에 상고했으나 다시 패소하였다.[40] L건설, DS건설, DP건설 중에서 L건설만 서울고등법원과 대법원에서 유일하게 승소하였다.

4대 강 입찰담합에 참여한 건설사들은 세상을 둥글게, 둥글게 살고 싶었던 모양이다. 피 터지게 싸웠다가는 본전도 못 뽑고, 4대 강 살리려다 적자만 볼 게 뻔하였던 듯싶다. 그래서 이들은 한데 모여서 반지동맹을 맺은 듯하다. 아니면 대한민국 제16대 대통령 노무현(1946-2009)의 어머니가 민주화 운동을 하며 권력 앞에서 비굴했던 역사를 청산해야 한다며 외치던 아들에게 가훈처럼 자주 하셨던 말씀을 새겨 들었는지도 모르겠다.[41] '야 이놈아, 모난 돌이 정 맞는다. 계란으로 바위치기다. 그만둬라. 너는 뒤로 빠져라. 바람 부는 대로 물결치는 대로 눈치 보면서 살아라.' 2015년 8월 15일에 광복절을 맞이하여 대한민국 제18대 대통령 박근혜(1952-) 정부는 4대 강 입찰담합에 참여한 건설사 대부분을 특별사면하였다.[42]

제 9 장

예방 주사

Don't talk to anyone, don't touch anyone.

– 〈컨테이젼Contagion〉에서 –

2012년 2월 7일에 L그룹은 여의도 L타워에서 사장단 협의회를 열고 「담합 방지 대책」을 발표하였다.[1] S그룹도 2012년 2월 29일에 사장단 회의를 열고 L그룹과 유사한 내용의 「담합근절 종합대책」을 발표하였다.[2] 두 그룹은 그룹 차원에서 담합을 강력하게 근절할 것이며 담합에 연루된 임직원은 지위고하를 막론하고 원칙대로 처벌할 것이라고 강조하였다. 이러한 소식은 언론을 타고 전파되었다. 듣기에는 좋았지만 믿기에는 쉽지 않은 소식이었다. 두 그룹은 담합을 근절하겠다고 발표할 이유가 없다. 담합은 그 자체가 중대한 경제 범죄로 근절할 대상이 아니라 금지된 행위이기 때문이다.

2012년 1월 12일에 공정거래위원회는 S전자와 L전자가 세탁기, 평판 TV, 노트북, PC 등의 가격을 담합한 사실이 적발된 내용이 담긴 보도자료를 발표하였다.[3] 우리나라 국민이라면 대개 S전자 아니면 L전자가 만든 가전제품을 이용한다. 국산품이어서가 아니라 잘 만들기 때문이다. 그런데 두 전자 회사의 가전제품 가격이 담합되었다고 한다. 놀라지 않을 국민이 몇이나 될까 싶다. 그리고 두 달 뒤인 2012년 3월에 공정거래위원회는 S전자와 L전자의 담합사건을 심결하였다. S전자는 과징금 258억 원의 절반을, L전자는 과징금 전액을 감면받았다.[4] S전자와 L전자가 담합조사에 협조한 덕분이다. 많은 국민이 두 번 놀랐을 법하다.

두 그룹은 불행하게도 담합을 근절하는 데 성공하지 못한 것 같다. 두 그룹의 계열사들은 이후에도 담합에 가담한 이유로 계속 처벌받았다. 예를 들면, S그룹의 한 계열사는 2014년부터 2016년 상반기까지 총 11건의 담합으로 과징금 2,395억 원을 부과받았다.[5] L그룹도 크게 다르지 않았다. L전자의 가격담합 책임자였던 세탁기사업부 부사장은 2013년에 사장으로 승진하였고, 2016년에 또다시 부회장으로 승진하였다.[6] 담합하면 해고된다는 말이 무색할 정도다.

모든 기업이 다 그런 것은 아니다. 담합이란 달콤한 유혹에 빠지지 않으려고 온갖 애를 쓰는 기업도 많다. 그런데도 기업은 담합했다고 오인당하는 경우가 종종 있다. 공정거래위원회의 행정처분에 불복해 법원에 소송을 제기한 기업이 승소하는 사례가 있는 것만 봐도 알 수 있다.

기업이 담합으로 오인당하면 손해가 이만저만이 아니다. 가장 큰 손해는 기업의 이미지가 손상되는 것이다. 이를 사전에 방지하려면 임직원이 안팎으로 부당하게 오인당하지 않도록 기업이 담합 예방교육을 임직원을 대상으로 주기적으로 실시하는 것이 좋다.

직장인에게 담합은 알게 모르게 찾아오는 손님과 같다.[7] 모임을 피해야 하지만 모임을 피할 수 없다. 경쟁에서 도태될 수 있기 때문이다. 정보를 교환하지 말라고 하지만 정보를 교환해야 한다. 정보에 뒤처지면 경쟁사를 이길 방도가 없기 때문이다. 문서를 남기라고 하지만 문서를 남기는 게 두렵다. 담합으로 낙인찍힐 수 있기 때문이다. 경쟁사를 믿지 않아야 히는데 믿을 수밖에 없다. 마땅히 의지할 곳이 없기 때문이다. 누구는 담합으로 출세하는데 나는 어쩌란 말인가? 직장인이라면 한 번쯤 스스로 물어봤을 질문이다. 똑똑하게 담합하면 좋은 성과도 내고 빠르게 승진할 수 있다. 진실 같은 미신이고, 미신 같은 진실이다. 거짓은 아니다.

모임을 피하라

장 발장과 자베르는 매주 금요일 저녁에 선술집에서 만났다. 그렇게 자주 만나다 보니 어느새 둘은 동업자가 되었고 돈독한 우정을 나누며 미래를 함께 약속하였다. 그러나 곧 둘은 선술집에 가기가 두려웠다. 남들의 눈총이 두려웠고 피하고 싶었다. 어쩌면 둘은 처음부터 선술집에

가지 말았어야 했다. 갔더라도 서로 만나지 않았어야 했다.

수칙 1 – 경쟁사 임직원을 만나지 마라. 경쟁사 임직원을 전혀 만나지 않을 수 없다. 어쩔 수 없이 만나게 되더라도 서로 오인당하지 않도록 행동하라는 뜻이다. 어쩌다가 길거리에서 마주치면 서로 모른 체 해야 할까? 동병상련을 느끼더라도 경쟁사 임직원은 문자 그대로 경쟁할 상대다. 서로 위로하고 협력할 동지가 아니다. 특히 공정거래위원회는 기업이 서로 만나면 언제나 담합을 작당한다는 애덤 스미스의 말을 굳세게 믿고 있다. 그러니까 담합으로 오인당할 수 있는 꼬투리를 만들지 말아야 한다.

수칙 2 – 반드시 만나야 한다면 사전에 신고하고 사후에 보고하라. 어쩔 수 없이 경쟁사의 임직원을 만나야 할 때가 있다. 이 경우 반드시 사전에 상위책임자나 준법감시인에게 신고해야 한다. 상위책임자나 준법감시인이 승인하지 않으면 경쟁사 임직원을 만나지 마라. 또한 경쟁사 임직원을 만나더라도 담합으로 오인당하지 않도록 언행을 삼가야 한다. 상대방이 오인 살 만한 언행을 하면 강력한 불만을 표시하고 그 자리를 떠야 한다. 경쟁사 임직원을 만난 후에는 그 결과를 상위책임자나 준법감시인에게 상세히 보고해야 한다. 특히 담합으로 오인당할 상황이 있었다면 그 경위를 자세히 보고해야 한다.

수칙 3 – 경쟁사 임직원과 함께 사적인 모임을 갖지 마라. 경쟁사 임직원은 대학 동창, 지연 관계, 골프 모임, 동호회에서조차 만나면 안 된다. 담합으로 오인당하기 쉽다. 단골 술집에서 우연히 경쟁사 임직원을 만날 수 있다. 알고 보니 경쟁사 임직원도 단골이라고 한다. 난감한 상황이다. 이런저런 이야기를 하다 보면 의도치 않게 서로의 어려움을 토로할 수 있다. 장 발장과 자베르처럼 말이다. 담합으로 오인당할 수 있는 여지를 없애려면 단골 술집을 바꿔야 한다.

수칙 4 – 공식적인 사업자 단체회의에 참석할 때도 조심하라. 이 경우에도 사전에 회의자료를 받아보고 담합으로 오인당할 우려가 없는지를 검토해야 한다. 회의주제가 가격, 생산량, 거래조건 등에 관한 것이면 그 회의에 참석하지 않아야 한다. 담합하기로 합의하지 않아도 합의한 것으로 오인당할 수 있기 때문이다. 회의에서 갑작스레 가격, 생산량, 거래조건 등에 대한 말이 나오면 반드시 반대 의사를 명확하게 표시하고 그 자리를 떠야 한다. 또한 명확한 반대 의사를 표시했다는 사실을 회의록에 기록할 것을 요구해야 한다.

서로를 피하지 못해 낭패를 본 한 직장인의 이야기다.[8,9] C사의 Y부사장과 D사의 H상무는 서로 만나지 않았어야 했다. C사의 Y부사장이 어느 날 D사의 H상무에게 전화를 걸었다. 서로 만나 밥이나 먹자고 말이다. 그래서 이들은 2010년 3월 11일 저녁에 서울특별시 강남구 신사동에 소재한 횟집에서 만났다. 이날 자리에서 둘은 그저 밥이나 먹으면서 서로의 고민을 털어놓았던 게 분명하다. 얼마 후 Y부사장은 사나이답게 H상무에게 다시 전화를 걸어 속내를 털어놓았다. 최근 고추장 판매가격이 너무 문란하니 서로 출혈경쟁을 자제하자고 말이다. H상무도 듣고 싶은 말을 들었는지 별다른 저항없이 전화를 끊은 듯하다.

이들은 2010년 3월 26일에 서울특별시 중구 소공동에 소재한 호텔에서 다시 만났다. D사 쪽에서는 H상무와 S팀장이, C사 쪽에서는 P상무와 K팀장이 나왔다. 곧 이들은 가격할인율을 30%로 고정하기로 합의하였다. 쾌재가 아닐 수 없다. 다만 각 사의 사정을 고려해 D사가 2010년 5월부터, C사가 2010년 6월부터 30%로 고정된 가격할인율을 적용하기로 합의하였다. 그런데 D사가 2010년 10월에 먼저 담합을 깨고 가격할인율을 높였다. 4개월 만에 깨질 담합을 왜 했을까? Y부사장과 H상무는 짧은 기간의 담합으로 2011년 6월 17일에 공정거래위원회로부터 고추장 가격할인율을 담합했다는 이유로 검찰에 고발당하였다.

고추장 시장은 두 번의 격변기를 겪었다.[10] 첫 번째 격변기는 1995년에 H고추장이 태양초로 매운맛을 살린 고추장을 출시하면서다. 두 번째 격변기는 2009년에 S고추장이 우리쌀과 태양초로 만든 고추장을 출시하면서다. H고추장은 C사의 고추장 브랜드고, S고추장은 D사의 고추장 브랜드다. C사가 2000년과 2005년에 삼원식품의 지분을 각각 50%씩 인수하면서 삼원식품의 고추장 브랜드였던 H고추장이 C사로 넘어갔다.

첫 번째 승기는 H고추장이 잡았다. H고추장이 1995년에 태양초로 매운맛을 살린 고추상을 출시해 큰 성공을 거두면서다. 태양초는 그냥 말린 고추보다 붉은빛이 더 맑은 건고추다. 햇볕에서 잘 말려야 태양초가 된다. 그래서인지 태양초는 뜨겁지만 청결한 매운맛을 떠올리게 한다. S고추장 고추장도 H고추장을 따라 태양초 고추장을 만들었지만 역부족이었다. 고추장의 본고장을 내세우며 1994년부터 1996년까지 업계 1위를 차지했던 S고추장은 H고추장에 업계 1위 자리를 내줘야 했다. S고추장은 2004년부터 2006년까지 잠시 업계 1위 자리를 탈환하는 듯했지만 이후 업계 1위 자리는 다시 H고추장에 돌아갔다.

두 번째 승기는 S고추장이 잡는 듯하였다. S고추장이 2009년에 우리 쌀로 만든 태양초 고추장을 출시하면서다. 그동안 고추장은 밀가루로 만들어졌던 모양이다. 처음에 S고추장은 고추장 가격을 이전보다 20% 높게 책정하였다. 자신감의 표현이었다. 그런데 우리 쌀로 승부수를 띄웠던 S고추장에게 새로운 고민거리가 생겼다. 이미 만든 밀가루 고추장을 얼른 팔아 치워야 했다. 어쩔 수 없이 S고추장은 밀가루 고추장의 가격을 40~50%씩 할인하는 행사를 추진하였다. 업계 1위 자리를 내놓을 수 없었던 H고추장도 S고추장의 가격할인에 맞대응하였다. 그 결과, 두 기업은 밀가루 고추장의 가격을 경쟁적으로 할인하기 시작하였다. 가격할인율이 60%를 넘을 때도 있었다.

그동안 고추장 가격이 매우 비쌌던 모양이다. 서로 고추장을 싸게 팔지 못해 안달이니 말이다. C사와 D사는 씁쓸하였다. 업계 1위 자리를 놓고 대결하다 보니 매출이 증가해도 손해만 보는 듯하였다. 서로 경쟁을 자제해야 하는데 이미 되돌이킬 수 없는 강을 건넌 듯하였다. 언제까지 이렇게 경쟁해야 하느냐며 속으로 수백 번씩 자문했을 듯하다. 이 때 마침 Y부사장이 전화를 걸어 H상무의 마음을 흔들었던 것이다. 외로우면 쉽게 흔들리는 법이다.

H상무는 경쟁사 임직원인 Y부사장을 만나기 전에 회사의 준법감시인에게 물어야 했다. 또는 변호사를 대동하고 만나야 했다. 그뿐만 아니라 H상무는 Y부사장이 전화를 걸어와 가격할인율을 협의하자고 제안했을 때 상위책임자나 준법감시인에게 신고했어야 했다. D사의 S팀장이 H상무의 지시를 받고 이를 준법감시인에게 알렸다면 어땠을까? 자신의 목줄을 쥐고 있는 상사의 지시를 거절하기 어려웠을 것이다. 아무리 담합 예방수칙을 알더라도 지키기 힘든 게 현실이다. 그래서 언제나 그렇듯 현실은 잔인하다.

정보를 뺏어라

장 발장과 자베르는 금요일 저녁 선술집에서 만나 서로의 정보를 공유하면서 좀 더 편하게 경쟁할 수 있었다. 우선 시장수요를 좀 더 수월하게 파악할 수 있었다. 또한 서로가 얼마씩을 생산할지를 이전보다 더 쉽게 가늠할 수 있었다. 결국 둘은 동업하게 되었지만 말이다. 그렇다. 어쩔 수 없이 만났더라도 서로의 비밀정보를 교환하면 안 된다. 설령 서로에게 필요한 정보를 교환하더라도 선을 넘지 말아야 한다.

　수칙 5 - 경쟁사 임직원에게 정보를 주거나 받지 마라. 일하다 보면 답답할 때가 있다. 이 상황에서 경쟁사는 어떻게 할까? 우리는 어떻게 하면 좋을까? 이 문제를 잘 풀면 다음번에 승진할 수 있을 텐데 말이다. 경쟁사 임직원도 똑같이 고민할 것이다. 엊그제 우연히 협회 회의에서 만난 김 과장에게 문자라도 넣어볼까? 잘 계시냐고 말이다. 그저 서로가 고민이나 풀자는 의미에서 말 한마디 건넬 수 있지 않을까? 달콤한 유혹은 멈추지 않는다. 그러다가 딱 걸린다. 담합을 모의한 주동자로 말이다.

수칙 6 - 경쟁사 임직원이 정보를 요청하면 거절하라. 경쟁사 임직원이 먼저 정보를 달라고 하면 매우 고마운 일이다. 답답하고 외롭던 차였는데 먼저 손을 내밀어 악수를 청해주니 말이다. 그러나 강력하게 거절 의사를 표시해야 한다. 회사 방침상 절대 정보를 제공할 수 없다고 말이다. 이는 주기 싫다는 뜻이 아니라 주고 싶어도 줄 수 없다는 뜻이다. 또한 상위책임자나 준법감시인에게 알려야 한다. 그렇지 않으면 억울한 상황에 맞닥뜨릴 수 있다. 불가피하게 경쟁사에게 정보를 제공해야 한다면 상위책임자나 준법감시인에게 반드시 보고해야 한다.

수칙 7 - 경쟁사의 정보가 필요하면 뺏어라. 서로가 경쟁하다 보면 서로를 알아야 할 때가 많다. 즉 경쟁사의 정보가 필요할 때가 많다. 그런데 서로가 정보를 교환하면 담합으로 오인당하기 쉽다. 이를 방지하기 위해서는 경쟁사의 정보는 제3자를 통해 얻어야 한다. 경쟁자에게 직접 얻으면 담합으로 오인당하기 쉽다. 경쟁사의 가격, 판매조건, 이익률, 판매량, 시장점유율, 판매지역, 매출 현황, 영업지원책, 판촉계획, 신제품 출시계획 등이 이에 해당할 수 있다. 불가피하게 경쟁사와 정보를 교환해야 한다면 담합으로 오인당하지 않도록 유의해야 한다.

경쟁사와 정보를 교환할 때는 정보교환의 시기, 주기, 주체, 방법을 면밀히 살펴야 한다. 정보교환의 시기가 가격을 새롭게 책정하는 시기와 겹치면 담합으로 오인당하기 쉽다. 특히 경쟁사가 가격을 새롭게 책정하는 시기와 겹치면 더욱더 그렇다. 정보교환의 주기도 반복적이고 규칙적이면 담합으로 오인당하기 쉽다. 어쩌다 보니 서로 담합하는 것으로 비치기 쉽다. 정보교환의 주체가 누구인지도 확인해야 한다. 가격 결정에 직접적인 관련성이 높은 임직원끼리 정보를 교환하면 담합으로 오인당할 수 있다. 정보교환의 방법도 유의해야 한다. 정보를 교환할 때 담합으로 오인당할 수 있는 문구를 사용하면 안 된다. 순수하게 시장의 투명성과 효율성을 제고할 목적으로 또는 가격을 합리적이고 독립적으로 책정할 목적으로 정보를 교환한다는 것을 명시해야 한다.

수칙 8 - 경쟁사의 정보는 참고만 하라. 경쟁사의 정보를 이용해 사업전략을 수립할 경우 그 전략은 독립적으로 결정되었다는 증거를 반드시 남겨야 한다. 예를 들면, 기업은 가격을 인상할 시기를 놓고 고민할 수 있다. 마침 경쟁사가 가격을 인상한다는 정보를 얻었다. 이 경우 경쟁사가 가격을 인상한 이유를 먼저 분석해야 한다. 그렇지 않고 경쟁사가 가격을 인상했으니 우리도 인상하면 된다는 식의 의사결정은 담합으로 오인당하기 쉽다.

기업이 경쟁사를 따라 가격을 인상할 수 있는 경우는 크게 두 가지다. 첫 번째 경우가 원가상승이다. 제품의 원재료 가격이 상승하거나 원재료 품질이 개선되면 원가가 높아지기 마련이다. 이때는 가격을 같이 올려도 담합이 아니라고 주장할 수 있다. 두 번째 경우가 시장수요

증가다. 시장수요가 급작스레 증가하면 시장공급이 달릴 수 있다. 이때는 경쟁사와 마찬가지로 가격을 인상해도 된다. 기업이 경쟁사와 같이 생산량을 줄일 수 있는 경우도 원가가 상승하거나 시장수요가 감소할 때다.

기업은 서로 정보를 교환하는 방법으로 묵시적인 밀약을 맺을 때가 종종 있다. 서로 주고받은 정보를 보면 그렇게 하는 것이 서로에게 이득인 것을 알게 되기 때문이다. 공정거래위원회는 2010년 4월 23일에 7개 LPGLiquid Petroleum Gas공급회사가 서로 정보를 교환하는 방법으로 매월 공급가격을 담합하였다고 추정하고, 이들에게 시정명령을 조치하고 과징금 6,689억 원을 부과하였다.[11] 서울고등법원과 대법원도 각각 2012년과 2014년에 공정거래위원회의 손을 들어주었다.[12,13] 이들 회사 간에 명시적인 합의는 없더라도 정보교환의 정황상 담합이 존재한 것으로 추정할 수 있다고 보았기 때문이다.

LPG는 2008년 중에 수입사 2곳에 의해 전체 공급량의 51.6%가, 정유사 4곳에 의해 나머지 48.4%가 공급된 것으로 조사되었다. 수입사 2곳은 E사와 S가스고, 정유사 4곳은 S에너지, G사, H사, S오일이다. 참고로 SK가 2007년 7월 1일에 일반지주회사로 전환되면서 S사의 정유사업 부문이 S에너지로 분리 신설되었다. LPG는 탄소와 수소의 화합물로 원유나 천연가스에서 부수적으로 추출되는 가스다. 또한 가정용 또는 상업용으로 쓰이는 프로판과 차량 연료로 쓰이는 부탄으로 나뉜다.

정부는 2000년 말에 LPG에 대한 가격규제를 폐지하였다. 정부가 그동안 LPG 공급가격을 너무 낮게 제한했다면 LPG 공급가격은 오를 수밖에 없다. 또한 LPG 공급시장은 전형적인 과점시장이다. 따라서 LPG 공급회사는 초과이윤을 얻기 위해 LPG 공급가격을 인상할 수 있다. 이 때문일까? 공정거래위원회가 2002년 10월 31일에 LPG 공급가격 담합에 대한 시정명령을 조치하기 전까지 LPG 공급가격은 이전과 같이 매번 거의 동일하게 결정되었다.

수입사 2곳은 공정거래위원회의 시정명령에 따라 2002년 12월 30일 전후로 각각 다음 달 분 LPG 충전소에 대한 공급가격을 발표하였다. 그런데 일이 생겼다. S가스의 공급가격이 E사보다 1kg당 10원 높았던 것이다. S가스로부터 LPG를 공급받는 충전소들은 고객을 빼앗길 수 있다며 S가스에 강한 불만을 제기하였다. S가스의 가격담당자는 E사의 가격담당자에게 전화를 걸었다. S가스가 1kg당 2원을 인하할 테니 E사는 종전 가격을 유지해 달라고 부탁하였다. E사는 S가스의 제안을 흔쾌히 받아들였다.

이후 수입사 2곳은 2008년 12월까지 서로의 필요에 따라 LPG 공급가격에 대한 정보를 교환하였다. 때로는 지난달 손실분을 보전할 목적으로 다음 달에 얼마를 인상해야 하는지에 대해서도 상의하였다. 가끔은 평일 점심시간에 만나 친목을 다지며 필요한 정보와 의견을 나누기도 하였다. 매년 연말이 되면 서울특별시 강남구 신사동에 위치한 횟집 등에서 더 거하게 친목을 다지기도 하였다.

서울고등법원과 대법원은 LPG 공급가격 담합사건에서 정보교환이 있었다는 사실만으로 기업이 담합하였다고 단정할 수 없으나 정보교환을 통해 담합하였다는 추가증거plus factors가 충분하면 담합을 부인할 수 없다고 판단하였다. 서울고등법원이 제시한 여섯 가지의 추가증거는 다음과 같다.

첫째, LPG 공급가격이 일정 수준의 차이를 보이며 일정 기간 외형상 일치하였다. 둘째, LPG 공급가격의 기초가 되는 기준가격에 대한 정보를 서로 꾸준하게 교환하였다. 셋째, LPG 공급시장은 진입장벽이 존재하고, LPG는 공급사가 다르더라도 품질이 동일하며, 판매처의 LPG에 대한 수요는 가격에 둔감하다. 시장구조적으로 명시적 합의가 없어도 암묵적 담합tacit collusion이 존재할 수 있다는 뜻이다. 넷째, 수입사 2곳이 먼저 LPG 공급가격을 결정하면 나머지 정유사 4곳이 추종한 것으로 보인다. 다섯째, 내부문서에서 '거래처 침탈을 통한 판매증대 지양', 'LPG 시장에서 시장점유율 경쟁 지양', 가격경쟁 및 물량경쟁 자제', '과점이익 향유' 등의 문구가 발견되었다. 여섯째, LPG 공급가격을 공동으로 결정하는 행위의 부당성을 부인할 특별한 사정을 찾을 수 없다.

S가스와 E사는 오랜 기간 정부의 가격규제를 받아왔다. 그렇다보니 어떤 행동이 담합으로 오인당할 수 있는지에 대해 둔감했던 것 같다. 정부의 가격규제가 일종의 업계 관행으로 자리잡혀 있었던 듯하다. 둘은 처음부터 담합할 의도를 가졌던 것은 아닐 수 있다. 그러나 곧 서로가 담합하는 것이 더 이득이라는 것을 깨닫고 선을 넘기 시작한 듯하다. 조금씩 조금씩. 순수한 정보교환이더라도 담합으로 오인당하는 경우가

많은 것도 이 때문이다.

문서로 밝혀라

장 발장은 자베르와 동업하는 것이 이득인지를 살펴보기 위해 수식을 종이에 적으며 계산하였다. 때로는 그림도 그렸다. 이 과정에서 서로가 계속 담합하려면 어떤 조건이 만족해야 하는지도 알게 되었다. 그런데 이러한 사실을 문서로 남기는 것은 매우 위험한 일이다. 나중에 담합으로 적발되면 부인할 수 없는 명백한 증거로 활용될 수 있기 때문이다.

수칙 9 - 담합으로 오인당하지 않도록 문서를 작성하라. 문서는 작성자가 그럴 의도가 없었더라도 글자 그대로 읽히고 해석되기 마련이다. 외부에 공개하지 않고 내부에 보고하기 위해 작성하는 문서도 예외가 될 수 없다. 특히 시장 전반의 동향이나 경쟁사의 사업전략을 담은 보고서는 주의 깊게 작성되어야 한다. 회의록, 이메일, 메모, 메시지 등 문자로 남는 모든 기록도 마찬가지다. 나중에 오해라고 주장해도 소용없는 경우가 다반사다.

수칙 10 - 경쟁사의 정보를 인용하는 경우 그 출처를 명확하게 밝혀라. 그렇지 않을 경우 담합으로 오인당하기 쉽다. 일반적으로 기업은 사업전략을 수립할 때 경쟁사의 동향을 파악한다. 이때 경쟁사의 민감한 정보가 필요하다. 그런데 경쟁사의 민감한 정보는 잘 공개되지 않는다. 결국 경쟁사의 정보를 얼마나 잘 파악할 수 있느냐가 직장인의 영원한 숙제다. 이 숙제를 잘 풀어야 승진도 쉽게 할 수 있다. 다행히 어렵게 경쟁사의 민감한 정보를 확보했다고 가정하자. 그 정보에 대한 출처가 명확하지 않으면 구두로 보고하는 것이 낫다.

수칙 11 – 담합으로 오인당할 표현을 쓰지 마라. 축약형 표현은 업무수첩, 회의록, 개인 일정 등을 기록할 때 자주 쓰인다. 작성자가 짧은 시간에 많은 내용을 기록할 수 없을 때 유용하기 때문이다. 그러나 축약형 표현은 불필요한 오해를 불러일으킬 수 있다. 또한 담합을 암시하는 표현은 사용하지 말아야 한다. 예를 들면, '경쟁자제', '공감대 형성', '공동대응', '공조체계 유지', '거래조건 일치', '시장질서 유지', '과당경쟁 해소', '가격공동결정' 등의 표현은 담합으로 오인당하기 쉽다. 그뿐만 아니라 '보고 후 파기'와 같이 그 내용 자체가 위법하다고 해석될 수 있는 표현은 절대 사용하지 말아야 한다.

수칙 12 – 담합을 증오한다는 증거를 남겨라. 불가피하게 경쟁사의 임직원을 만날 경우 반드시 모임의 성격과 대화의 내용을 기록해야 한다. 사후에 상위책임자나 준법감시인에게 보고하기 위해서 뿐만 아니라 나중에 담합으로 오인당할 경우를 대비하기 위해서다. 상대방이 담합을 넌지시 비추거나 구체적으로 제안할 경우 강력한 반대의사를 표시하고 기록으로 남겨야 한다. 혹시라도 나중에 상대방이 자신에게 뒤집어씌울 수 있기 때문이다. 사람 일은 모른다. 상위책임자가 부당하게 담합을 지시하거나 담합으로 오인당할 행위를 지시한 경우에도 '부당한 담합을 지시받음' 이라고 기록해야 한다. 그렇지 않을 경우 나중에 얼굴을 붉

혀야 할 상황이 발생할 수 있다. 냉정할 수 있을 때 냉정하게 대처하는 것이 난감한 세상을 살아가는 데 큰 도움이 된다.

기업은 담합에 가담하더라도 그 사실을 숨기고 싶어 한다. 선한 의도에서 담합을 시작했더라도 나쁜 의도로 오인당할 수 있기 때문이다. 오로지 기업의 입장에서 보면 말이다. 물론 선한 의도가 나쁜 의도로 변질되는 경우가 더 흔하다. 공정거래위원회가 2013년 12월 27일에 발표한 5개 백판지 제조·판매 회사의 담합도 이와 같은 경우에 해당된다.[14,15] 참고로 백판지는 과자, 의약품, 화장품, 과일, 농산물, 담배, 소형 전자제품 등의 포장재로 사용되는 종이류다. 백판지 판매가격을 담합한 5개 업체는 시정명령과 함께 과징금 1,056억 원을 부과받았다. 또한 공정거래위원회는 담합에 가담한 업체 5곳과 담합을 주도한 임원 5명을 검찰에 고발하였다.

백판지 산업은 1990년대 후반에 H제지가 대규모의 생산설비를 증설하면서 고질적이고 만성적인 초과공급을 겪어왔다. 어느 한 산업에서 초과공급이 존재한다는 것은 수요보다 공급이 많다는 것을 의미한다. 또한 초과공급은 일반적으로 가격이 하락해야 해소될 수 있다. 가격이 낮아지면 일반적으로 수요가 증가하기 때문이다. 결국 백판지 산업에서 초과공급은 출혈경쟁을 초래할 수밖에 없다. 생산설비를 쉽게 줄일 수 없어서 더욱더 그렇다. 기업은 언제까지 출혈경쟁을 감내할 수 있을까? 아마도 초과이윤이 완전히 고갈될 때까지 가격을 인하할 수 있을 것이다.

그런데 백판지 산업은 가격이 낮아진다고 해서 수요가 반드시 증가하는 산업이 아니다. 백판지는 소비자가 최종적으로 소비하는 최종재가 아니라 다른 기업이 제품을 포장하기 위해 소비하는 중간재이기 때문이다. 그래서 가격을 무조건 내린다고 해결될 문제가 아니다. 이들은 서로 백판지 가격 등을 담합하자는 데 의견의 일치를 본 것도 이 때문일 수 있다. 최소한 적자는 면하거나 기존에 누리던 초과이윤을 조금이나마 지키려고 말이다.

공정거래위원회는 백판지 담합이 2007년 2월 이전에도 존재했을 것으로 추정하였다. 그러나 상당한 시간이 지난 탓에 마땅한 근거를 찾기가 이려웠던 것으로 보인다. 이 때문에 공정거래위원회는 백판지 담합이 2007년 2월부터 2012년 4월까지 존재한 것으로 판단하였다. 담합의 내용은 가격인상, 할인율축소, 조업단축 등 매우 다양하였다. 담합을 유지하기 위해 최소한 91회에 걸쳐서 모임도 가졌다. 또한 담합 이탈을 막기 위해 모임에 불참할 경우 합의사항을 통보하였다. 혹시라도 담합이 적발될 것을 우려해 모임에서 논의한 내용은 일절 메모하지 말자는 원칙도 세웠다. 물론 업계 모임이 끝나면 회사에 바로 보고해야 했던 직장인 입장에서 메모는 필수였다.

〈그림 9.1〉에는 2007년 8월 22일에 가졌던 모임에서 논의된 내용이 자세히 적혀 있다. 회의내용은 여섯 가지로 요약된다. 첫째, 2007년 8월 13일에 합의했던 8월 가격인상에 대한 합의가 잘 이행되고 있는지를 점검하였다. 둘째, 8월 판매실적을 월말에 공개하기로 결정하였다.

〈그림 9.1〉 2007년 8월 22일 자 백판지 업계 회의록[15]

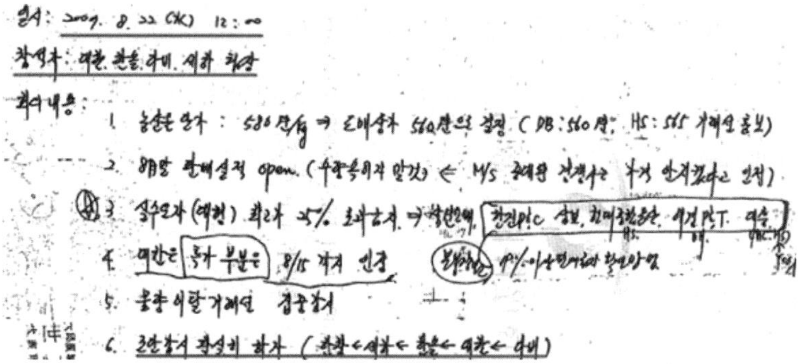

한 회사의 시장점유율이 이전보다 증가했다면 가격인상에 대한 합의가 지켜지지 않은 것으로 판단하기 위해서다. 이를 위해 판매실적을 서로가 속이지 말 것도 당부하였다. 셋째, 가격할인율이 25%를 초과하지 않아야 한다고 약속하였다. 넷째, D제지는 가격인상에 대한 합의를 8월 15일까지 지키지 않고 특별할인을 제공하였다는 정보를 교환하였다. 다섯째, 조업단축에 대한 합의가 잘 이행되는지를 확인하기 위해 D페이퍼는 D제지를, D제지는 H제지를, H제지는 S사를, S사는 HC제지를, HC제지는 D페이퍼를 감시하기로 하였다.

〈그림 9.2〉는 2008년 5월 16일에 작성된 CC사의 내부보고서 일부를 보여준다. 우측 상단에 보이는 '보고 후 폐기'는 매우 인상적이다. 또한 각 사의 이름도 영문 이니셜을 사용한 점도 인상적이다. 지난 모임에 불참한 H제지는 가격인상에 대한 합의를 따르겠다고 통보했다는 내용도 보인다. 이 내부보고서에는 가격인상과 관련하여 각 사별 이행사항을 자세히 기술하고 있다. 빼도 박도 못 할 증거이다. 다만 2008년

〈그림 9.2〉 CC사의 2008년 5월 16일 자 내부보고서 내용 [15]

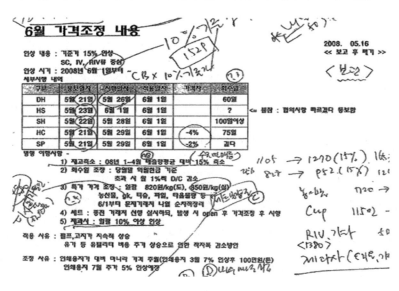

6월 가격조정의 사유를 자세히 읽어보면 원가상승과 같이 가격을 인상할 사정도 있었던 듯하다.

백판지 공급시장의 초과공급은 쉽게 해결될 수 없는, 제지업계의 고질적인 골치거리였다. 이 점을 고려하면 제지회사는 선한 의도로 담합했을 수도 있다. 그러나 공정거래위원회가 제시한 백판지 담합과 관련된 문서를 자세히 뜯어보면 제지회사들의 선한 의도는 쉽게 눈에 띄지 않는다. 제지회사들은 공정거래위원회에 적발되는 것을 우려해 자신들의 담합을 숨기는 데 급급했던 듯하다. 만약 제지회사들이 공동의 가격조정 행위가 제지업계의 고질적인 초과공급을 해소하기 위한 것이라고 충분히 해명했다면 법원은 제지회사들에게 그럴만한 특별한 사정이 있었다고 고려했을 법도 하다.

경쟁사를 믿지 마라

기업은 서로를 만날 이유가 많다. 서로가 정보도 교환하고 싶어 한다. 이 때문에 다른 기업이 담합하자고 유혹하면 쉽게 넘어간다. 그렇게 하는 것이 서로에게 이득이라는 것을 잘 알기 때문이다. 그러나 기업이 담합할 의도가 전혀 없다면 경쟁사를 만날 때나 경쟁사와 정보를 교환할 때 주의해야 한다. 특히 경쟁사를 믿지 말아야 한다. 자기도 모르게 이미 담합에 연루된 상황에 부닥칠 수 있다. 경쟁사에 뒤통수도 맞을 수 있다. 경쟁사가 담합했다고 공정거래위원회에 자진신고할 때가 그렇다. 담합을 자진신고하면 처벌을 감면받을 수 있기 때문이다.

수칙 13 - 업계 모임에 자주 빠져라. 서로가 자주 만나면 서로에게 빠질 수 있다. 서로가 똑같은 고민을 나누다 보면 더욱더 그렇다. 업계 모임에 열성적으로 참석하면 담합의 내부자로 오인당하기 쉽다. 경쟁사 직원을 너무 믿으면 안 된다. 경쟁사 직원은 경쟁자일 뿐 동업자가 아니다. 업계 모임에 자주 빠지는 모습을 보여줘야 한다. 또한 업계 모임에 참석하더라도 서로가 경쟁자라는 사실을 항상 각인해야 한다.

예를 들면, 기업이 최근 원가상승으로 가격인상 압박을 받는 상황이라면 모임에서 이렇게 말할 수 있다. "우리는 최근 원가상승으로 가격을 인상해야 하는 부담이 있어요. 여러분은 어때요? 아무튼 우리는 조만간 가격을 인상할 계획이에요." 이것은 일종의 선전포고다. '우리는 가격을 올리겠다, 너희는 알아서 해라.'는 식으로 말이다. 라면 시장과 같이 품질이 중요한 시장에서는 가격인상이 품질경쟁의 신호탄이 될 수 있다. 그러나 언제, 어떻게 가격을 인상할 것인지에 대한 자세한 정보는 서로 교환하지 말아야 한다. 이는 전쟁터에서 적에게 자신의 전략과 전술을 알려주는 것과 같다.

수칙 14 - 미래를 나누지 마라. 기업은 서로가 정보를 교환하더라도 과거에 대한 정보만을 교환해야 한다. 미래에 대한 정보를 교환하다 보면 서로가 우연을 가장한 필연의 일치로 담합에 이를 수 있다. 서로의 미래를 알고 있는데 어찌 우연이 존재할 수 있겠는가? 서로가 미래를 나누는 사이라면 서로는 경쟁자가 아니라 동업자다. 과거에 대한 정보를 교환한다면 담합으로 오인당할 이유가 없다. 과거에 대한 정보는 미래의 행동을 추정하는 데 사용된다. '이럴 때 이랬으니, 이러면 이렇겠구나!' 하는 식으로 말이다. 한편 과거에 대한 정보를 활용해 경쟁자의 행동을 추정하면 오류가 존재할 수 있다. 특히 과거에 대한 정보가 정확하지 않으면 경쟁자의 행동에 대한 추정도 정확할 수 없다. 서로가 힘겹게 경쟁해야 하는 이유다.

수칙 15 - 서로 합의하지 마라. 경쟁사와는 어떤 합의도 하지 않는다. 계약이나 협정뿐만 아니라 구두, 암묵적 동의에 의한 합의도 하지 마라. 특히 경쟁을 제한하거나 자제하자는 합의는 절대로 하지 마라. 하물며 서로가 경쟁하자고도 합의하지 마라. 경쟁과 관련된 것은 합의의 대상이 될 수 없다. 한편 시장실패market failure를 조율해야 할 때가 있다. 정부가 해주면 더 좋지만, 시장이 자율적으로 조율하는 게 더 나을 때도 있다. 이를 자율규제self-regulation라고 한다. 다만 자율규제를 위한 합의는 공개적으로 이루어져야 한다. 정부와도 논의해야 한다. 그렇지 않을 경우 담합으로 오인당하기 쉽다.

사회정의를 구현할 수 있다면 어떤 이에게는 배신이 될 수 있으나 사회 전체에게는 미덕이 될 수 있다. 자신의 죄를 뉘우치면 말이다. 그러나 배신으로 자기가 받아야 할 처벌을 면제받으려고 한다면 배신은 자신의 죄를 남에게 뒤집어씌우는 수단으로 전락하고 만다. 경쟁사를 믿지 말아야 하는 이유도 이 때문이다. 공정거래위원회가 2010년 4월 23일에 적발한 LPG 공급가격 담합에서도 이와 같은 일이 벌어졌다.[16,17] 당시 담합을 주도한 곳은 S가스였다. 그런데 S가스와 S에너지는 공정거래위원회에 담합 사실을 재빨리 자진신고해 2,595억 원의 과징금을 면제받았다. S가스에 동조해 LPG 공급가격 담합에 동참했던 E사와 나머지 정유사 3곳은 S가스와 S에너지에 뒤통수를 맞았다며 분개하였다.

더 극적인 배신은 공정거래위원회가 2011년 7월 14일에 적발한 컵커피가격 담합사건에서 일어났다.[18,19] 2007년 2월 20일에 D유업과 M유업은 9년째 1,000원에 머물던 컵커피 가격을 1,200원으로 올리기로 전격 합의하였다. M유업은 약속대로 3월 1일에 컵커피 가격을 1,200원으로 인상하였다. 그런데 D유업은 4개월 후에나 합의사항을 이행하였다. M유업의 컵커피 매출은 가격인상 이후 크게 떨어졌다. D유업이 원래 약속대로 컵커피 가격을 올리지 않았기 때문이다. 당시 컵커피 시장은 품질이 유사해 가격에 민감하였다. 이 때문에 가격을 먼저 올린

M유업이 크게 타격받았다. 그 사이에 D유업은 즐거운 비명을 질렀다. M유업은 뒷통수를 맞았다며 분개하였다.

그 후 2년이 지난 2009년에 D유업은 M유업에 원가상승을 이유로 컵커피 가격을 같이 올리자고 제안하였다. 그런데 D유업은 또다시 M유업이 가격을 올린 후에 올리겠다고 떼쓴 모양이다. M유업은 D유업의 제안을 거절하였다. 이후 컵커피 시장에 다양한 신제품이 출시되었고 새로운 양상의 제품차별화 경쟁이 일어났다.

이렇게 컵커피 가격담합은 D유업의 일방적인 배신의 이야기로 역사의 뒤편에 묻히는 듯하였다. 곧 반전이 일어났다. 공정거래위원회가 우유 가격 담합을 조사하면서 2009년 6월에 컵커피 가격담합을 발견하였다.[20] 이 때 M유업은 재빠르게 D유업에 배신당한 사실을 공정거래위원회에 자백하였다. 덕분에 M유업은 과징금 전액을 면제받았다. 담합을 주도했던 M유업의 임원도 검찰 고발을 면제받았다. 이와 달리 D유업은 M유업의 보복으로 74억 원의 과징금을 부과받았다. 담합을 주도했던 D유업의 임원도 검찰에 고발되었다.

제 10 장

경제검찰 공정위

공정위는 대기업의 음성적 담합에 대하여는 관대하였다.

- 춘당 정병휴 -

공정거래위원회는 네 번의 실패를 거듭하다가 1980년 마지막 날에 공정거래법이 국회를 통과하면서 1981년에 설립되었다.[1,2] 공정거래법 제정이 번번이 실패를 거듭했던 이유는 크게 두 가지다. 첫째, 정부의 경제성장 정책과 기업의 불공정거래에 대한 규제의 목적이 서로 충돌하였기 때문이다. 당시 정부는 대기업에 경제력을 집중시켜 일본제국의 경제 수탈과 6·25전쟁으로 파괴된 국가 경제를 재건하고자 하였다. 둘째, 재계가 매번 크게 반발하였기 때문이다. 재계가 반대하는 공정거래법을 도입한다는 것은 기업을 정책적으로 육성해야 하는 정부 입장에서 큰 부담이었다. 그 서슬 퍼렇던 시절에 재계가 대놓고 반발했던 것도 정부의 입장을 잘 알았기 때문인 듯하다.

1963년에 일어난 이른바 삼분三粉사건은 재계와 정부의 관계를 잘 이해할 수 있는 대목이다. 삼분사건은 밀가루, 시멘트, 설탕을 생산하던 D제분, 대한양회, 제일제당이 다른 16개 기업과 담합해 정부 고시가격의 5배가 넘는 가격으로 폭리를 취한 사건이다.[3] 당시 국회의원이었던 김영삼(1927-2015)은 삼분업자들이 (담합으로) 취한 부당이익 약 51억 원 중에서 약 20억 원이 두 번의 선거 과정에서 (당시 여당인) 민주공화당에 유입되었다고 주장하였다.[4] 당시 민주공화당은 대한민국 제5·6·7·8·9대 대통령인 박정희(1917-1979)을 배출한 정당이다.

역사적으로 볼 때 경제세력은 정경유착에 힘입어 성장한 정치세력이 몰락하면 같이 쇠퇴하였다. 중세 유럽의 지역 상인길드가 그랬고, 조선 말기의 보부상이 그랬고, 독일 나치의 카르텔이 그랬다. 그러나 현대사회가 민주주의와 자본주의에 기반하여 발전하면서 그 양상은 다소 달라졌다. 정치세력은 독재가 아닌 경우 다수결의 원칙에 따라 매번 선거로 뒤바뀔 수 있다. 군부세력이 정권을 잡거나 독재자가 나타나지 않는 한 말이다. 이 때문에 경제세력이 정치세력에 의존할 유인은 예전보다 낮아졌다. 이보다는 경제권력의 원천이 되는 자본을 불리는 것이 경제세력의 생존에 더 효과적이게 되었다. 그래서 정경유착도 정치권력을 계속 붙잡고 싶은 정치세력이 불변하는 경제권력을 거머쥔 경제세력에 빌붙는 양상으로 변하였다. 특히 정치세력이 보수적일수록 경제세력에 의존적이고 관대한 경향이 더 짙은 듯하다.

현대사회에서 나타난 또 다른 현상은 관료세력과 경제세력이 서로 돕고 돕는 관경유착이다. 관경유착은 정경유착에 빗댄 표현인 듯하다. 관경유착이 나타나는 이유는 간단하다. 관료세력은 집권하는 정치세력이 바뀌어도 바뀌지 않기 때문이다. 참고로 정치세력은 어공으로, 관료세력은 늘공으로 불린다. 어공은 어쩌다 된 공무원을, 늘공은 국가고시를 합격해 정년까지 자리를 보장받은 공무원을 일컫는다. 춘당春堂 정병휴(1923-2005)는 지난 경험을 회고하며 1988년에 발표한 논문에서 '공정거래위원회는 대기업의 음성적 담합에 대하여는 관대하였다.'라고 기술하였다.[5] 관경유착의 단면을 보여주는 근거다.

우리나라의 정치 민주화는 1987년 6월 10일부터 6월 29일까지 전국적으로 일어난 6월 민주항쟁을 시작으로 1993년 대한민국 제14대 대통령 김영삼의 문민정부가 탄생하면서 본격화되었다. 이때부터 경제세력에 대한 규제와 감시도 강화되기 시작하였다. 공정거래위원회가 경제검찰의 명성을 얻기 시작한 것도 문민정부 때부터다. 공정거래위원회는 1994년에 경제기획원에서 분리되어 국무총리 직속의 독립기관이 되었고, 위원장의 직급이 1996년에 차관급에서 장관급으로 격상되었다.[6] 경제검찰 명성은 대한민국 제15대 대통령 김대중(1924-2009)의 국민의 정부, 대한민국 제16대 대통령 노무현(1946-2009)의 참여정부까지 계속 이어졌다. 특히 1997년 외환위기 이후 실질적인 재벌개혁과 함께 투명하고 공정한 시장경제가 강조되면서 그 위상이 더욱 높아졌다.

2008년 대통령 선거로 정치세력이 소위 진보에서 보수로 바뀌자 경제세력에 대한 규제와 감시의 방향도 과거로 회귀하였다. 제17대 대통령 이명박 정부는 친기업 정책을 하나의 국정철학으로 내세우며 기업이 원하는 것은 다 들어주려고 하였다. 당시 공정거래위원회가 해야 할 일은 이전 정부와 반대로 하는 것이었다. 또한 제18대 대통령 박근혜 정부는 경제민주화 공약을 백지화하고 기업에 대한 규제를 완화하는 데 집중하였다. 당시 공정거래위원회는 박근혜 대통령 후보의 공약을 믿고 경제민주화를 위해 칼을 열심히 갈았다고 한다. 그러나 박근혜 대통령 후보가 제18대 대통령으로 당선된 후 경제민주화 공약을 뒤집자 갈았던 칼을 다시 집어넣어야 했다고 한다. 당시 공정거래위원회를 이빨 빠진 호랑이로 비유한 세평도 이 때문인 듯하다.[7]

공정거래위원회는 온갖 비바람에도 묵묵히 자리를 지키려고 노력한 듯하다. 〈그림 10.1〉을 살펴보면 그래 보인다.[8] 예를 들면, 이명박 정부 말기와 박근혜 정부 초기인 2012년과 2013년의 담합 처리 건수와 시정 건수는 예년에 비해 눈에 띄게 적다. 그러나 2014과 2015년의 담합 처리 건수와 시정 건수는 2012년 이전 수준보다 훨씬 많다. 다만 이전 정부와 달리 박근혜 정부에서는 담합 처리 건수 대비 시정 건수의 비중이 정권 초기부터 계속 하락하는 추세를 보인다. 이 점에서 박근혜 정부의 공정거래위원회가 야박한 평가를 받는 것일지도 모르겠다.

제19대 대통령 선거 후보였던 안철수는 2017년 1월 17일에 SBS뉴스에 출현해 대통령 경제공약 1호로 공정거래위원회를 경제검찰 수준으로 만들겠다고 발표한 바 있다.[9] 이것을 보면 공정거래위원회의 위

〈그림 10.1〉 공정거래위원회의 담합 처리 건수와 시정 건수[8]

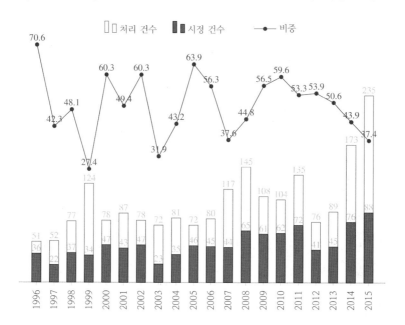

상이 그동안 얼마나 추락했는지를 쉽게 짐작할 수 있다. 이와 같은 평가는 다른 곳에서도 쉽게 찾아볼 수 있다. 참여연대 안진걸 사무처장은 2017년 2월 27일에 CBS노컷뉴스에서 "공정위의 최근 판결을 보면 경제검찰을 포기하고, 기업 봐주기, 편들기로 일관하고 있다."고 비판하였다.[10] 또한 한성대학교 무역학과 김상조 교수는 "현 위원장이 취임한 뒤부터 법 해석과 집행에 관한 부분이 너무 무뎌졌다."고 평가하였다. 여기서 현 위원장은 제18대 공정거래위원회 위원장을 가르키는 듯하다.

공정거래위원회의 위상은 박근혜가 2017년 3월 10일에 헌법질서 수호의지의 부족으로 대통령에서 파면되고 대한민국 제19대 대통령 문재인 정부가 2017년 5월 10일에 출범하면서 서서히 회복되고 있는 듯하다. 특히 재벌개혁의 전도사로 평가받는 김상조 교수가 문재인 정부의 초대 공정거래위원회 위원장으로 임명되면서 과거 경제검찰의 명성을 되찾고 있는 듯하다. 이러한 기세가 얼마나 오래갈지는 모르겠으나, 이런 시절도 오는구나 싶다.

위원회와 사무처

공정거래위원회는 공정거래법에 의한 사무를 독립적으로 수행하기 위해 공정거래법 제35조에 의해 국무총리 산하에 설치된 중앙행정기관이며, 공정거래법 위반사건에 대해 위원회의 합의로 심판기능을 수행하는 준사법적인 합의제 행정기관이다. 공정거래위원회는 위원장 1인과 부위원장 1인을 포함한 위원 9인으로 구성된다. 위원 9인 중에 4인은 비상임이다. 비상임위원은 위원회의 회의에 참여해 의결할 수 있으나 위원회의 사무를 지휘할 권한은 없다. 위원장과 부위원장은 국무총리의 제청으로 대통령이 임명하고, 기타 위원은 위원장의 제청으로 대통령이 임명 또는 위촉한다. 위원장은 국회의 인사청문을 거쳐야 한다.

공정거래위원회 사무처는 공정거래위원회의 사무를 처리하기 위해 공정거래법 제47조에 의해 설치된 행정기관이다. 공정거래위원회는 의결기구나, 공정거래위원회 사무처는 실무기구다. 이 점에서 공정거래위원회와 공정거래위원회 사무처는 동일한 기관이 아니다. 또한 사무처의 장長은 위원장이 아닌 사무처장이다. 다만 사무처장은 위원장의 명을 받아 사무처의 사무를 처리하며 소속직원을 지휘하고 감독한다. 이 점에서 위원장이 실질적으로 사무처를 지휘하고 감독한다고 볼 수 있다. 두 행정기관을 하나의 행정기관으로 간주하는 것도 이 때문이다.

담합과 관련된 사무는 사무처의 카르텔조사국에서 처리한다. 카르텔조사국은 2004년에 조사국이 폐지되면서 새로 출범한 사무처의 핵심 부서로, 카르텔총괄과, 입찰담합조사과, 카르텔조사과, 국제카르텔과로 구성되어 있다.[11] 사무처는 국제적인 담합에 적극적으로 대처하기 위해 2008년에 국제카르텔과를, 기업의 증거인멸에 적극적으로 대응하기 위해 2010년에 디지털포렌식digital forensics조사팀을 신설하였다. 참고로 디지털포렌식은 전자적 증거물 등을 확보하기 위해 데이터를 복구, 수집, 분석, 보고하는 일련의 작업을 말한다. 각 지방사무소에서도 담합과 관련된 사무를 처리한다. 공정거래위원회의 지방사무소는 서울, 부산, 광주, 대전, 대구에 설치되어 있다.

공정거래위원회(이하, 위원회)는 〈그림 10.2〉에 보이는 절차에 따라 네 단계에 걸쳐 담합사건을 처리한다.[12] 첫째, 인지 단계다. 기업의 담합사건은 일반인의 신고 또는 사무처의 인지로 접수된다. 기업의 담합을 신고하고자 할 때는 위원회가 정한 서식에 따라 신고서를 위원회에 제출해야 한다. 사무처는 일반인이 신고한 경우 예비조사를 실시하여 담합사건으로 접수할 것인지를 결정한다. 사건 내용이 공정거래법에서 규정한 담합과 관련이 없으면 각하, 이첩, 회신 등의 방법으로 사건을 종결할 수 있다. 그러나 사건내용이 공정거래법에서 규정한 담합에 해

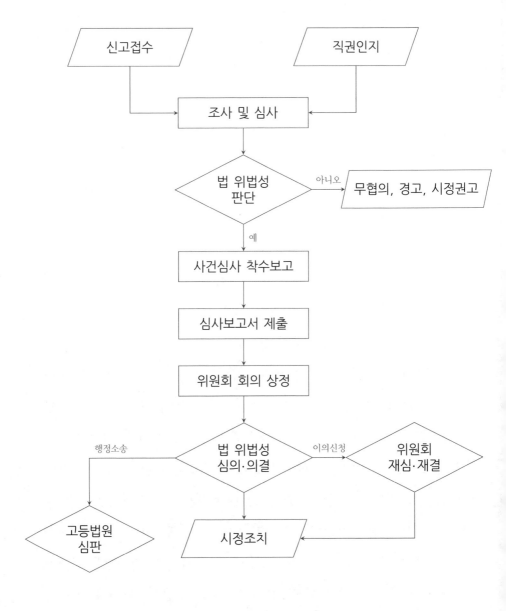

〈그림 10.2〉 공정거래위원회의 담합사건 처리절차

신고접수

직권인지

조사 및 심사

법 위법성 판단 → 아니오 → 무협의, 경고, 시정권고

예

사건심사 착수보고

심사보고서 제출

위원회 회의 상정

법 위법성 심의·의결

행정소송 → 고등법원 심판

이의신청 → 위원회 재심·재결

시정조치

당될 수 있다고 판단되면 사무처장은 카르텔조사국 국장 또는 지방사무소 국장을 심사관으로 지정하여 담합사건을 조사하고 심사하도록 지시해야 한다.

둘째, 조사 및 심사 단계다. 심사관은 조사공무원에게 담합사건에 대한 조사를 지시하고, 그 조사 결과를 바탕으로 법 위반 여부를 일차적으로 심사한다. 심사관은 사건내용이 명백하게 법 위반에 해당하지 않는다고 판단되면 무혐의, 경고, 시정권고 등을 조치하고 사건을 종결할 수 있다. 그렇지 않을 경우 심사관은 위원장에게 사건심사 착수를 보고해야 한다. 이 경우 15일 이내에 담합의 혐의가 있는 것으로 판단되는 피조사인에게 서면으로 통지하여야 한다. 다만 자료나 물건의 인멸 또는 조작의 우려가 있는 것으로 판단될 경우 통지하지 않을 수 있다. 담합사건을 조사한 결과에서 법에 위반되는 내용이 확인된 경우 심사관은 시정명령, 과징금 납부명령 등 조치의견을 제시한 심사보고서를 작성하여 위원회에 상정해야 한다. 이 단계에서 사무처는 일반적으로 기업의 담합 혐의를 보도자료로 작성하여 공개한다.

셋째, 심의 및 의결 단계다. 위원회는 위원 전원으로 구성된 전원회의와 상임위원 1인을 포함한 위원 3인으로 구성된 소회의로 운영된다. 전원회의의 의장은 위원장이, 소회의의 의장은 상임위원 1인이 맡는다. 담합사건은 사안의 중요도에 따라 전원회의 또는 소회의로 구분하여 상정된다. 심의는 위원회가 피심인과 심사관을 회의에 출석하도록 하여 법원에서와 같이 대심 구조 하에 사실관계를 확인하는 절차다. 심의는 피심인에 대한 본인확인, 심사관의 심사보고, 피심인의 의견진술, 심사관의 의견진술, 위원의 질문과 사실관계 확인, 참고인의 증언과 답변, 심사관의 조치의견 발표, 피심인의 최후진술 등의 순서로 진행된다. 법원의 대심구조와 같이 위원은 판사, 피심인은 피고, 심사관은 검사에 해당한다. 피심인은 변호인을 대동할 수 있다.

위원회의 심리와 의결은 공개하는 것을 원칙으로 한다. 그러나 기업의 사업상 비밀을 보호할 필요가 있다고 인정되면 그 범위 내에서 위원회의 심리와 의결의 전부 또는 일부가 공개되지 않을 수 있다. 참고로 담합사건 대부분이 기업의 사업상 비밀을 다루는 경우가 많아서인지 담합사건에 대한 심리와 의결은 잘 공개되지 않는 듯하다. 한편 심사관은 소회의에 상정된 사건의 경우 조치의견이 과징금 또는 고발이 아닌 경우 회의안건 상정 전에 피심인에게 심사관의 조치의견을 수락할지를 물어야 한다. 이에 대해 피심인이 심사보고서에 기재된 행위 사실을 인정하고 심사관의 조치의견을 수락한 경우 위원회는 약식절차에 따라 서면으로 담합사건을 심결한다.

위원회의 심의와 의결은 사법적으로 1심에 해당한다. 의결은 심의가 종료된 후 위원들만 참석하여 비공개로 위법 여부, 조치 내용 등에 대해 논의하고 합의하는 절차다. 전체회의 의결은 재적 위원 과반수의 찬성으로, 소회의의 의결은 구성위원의 전원 출석과 출석위원 전원의 찬성으로 이루어진다. 위원회가 심의를 거쳐 의결할 수 있는 조치는 재심사명령, 심의종료, 무혐의, 종결처리, 조사중지, 경고, 시정권고, 시정명령,

고발 등이 있다. 위원회는 의결이 종료되면 35일 이내에 의결서를 작성하여 5일 이내에 피심인에게 의결서 정본을, 심사관에게 그 사본을 송부해야 한다.

넷째, 불복 단계다. 피심인은 위원회의 처분에 불복할 경우 위원회에 이의신청 또는 고등법원에 행정소송을 제기할 수 있다. 이의신청은 처분을 통지받은 날로부터 30일 이내에 불복사유를 갖추어 위원회에 제기하여야 한다. 위원회는 60일 이내에 이의신청을 재결해야 하며, 30일 내에서 이의신청에 대한 재결을 연기할 수 있다. 한편 시정조치를 받고 이의신청을 제기한 경우 회복하기 어려운 손해를 예방할 필요가 있다고 인정되는 경우에만 당사자의 신청 또는 위원회의 직권으로 시정조치를 정지할 수 있다. 위원회는 피심인의 이의신청이 이유가 있다고 인정될 때에는 위원회의 처분을 취소 또는 변경할 수 있다.

피심인은 위원회의 재심과 재결을 요구하는 이의신청과 별개로 위원회의 처분 또는 재결을 통지받은 날로부터 30일 이내에 고등법원에 행정소송을 제기할 수 있다. 행정소송은 국가 또는 공공단체와 법률관계에서 생긴 분쟁에 대한 재판을 말한다. 따라서 고등법원에서는 담합을 이유로 행정처분을 내린 위원회가 피고, 담합을 이유로 행정처분을 받은 기업이 원고가 된다. 고등법원의 행정소송은 2심에 해당한다. 또한 피고나 원고 중 누구라도 고등법원의 판결에 불복할 경우 대법원에 상고할 수 있다.

죄와 벌

공정거래법 제71조에서는 담합을 중대한 위법행위로 규정하고 있다. 위법행위는 법규를 위반한 행위를 일컫는다. 특히 담합은 혼자가 아닌 여럿이 공모해서 저지르는 위법행위라는 측면에서 중대한 범죄에 속한다. 이에 마땅한 처벌이 필요하다. 공정거래법에서는 담합으로 적발된 기업을 민사, 행정, 형사적으로 처벌할 수 있도록 규정하고 있다.[13] 민사처벌은 담합 무효화, 손해배상 등이, 행정처벌은 시정조치, 과징금 부과, 검찰 고발 등이, 형사처벌은 징역 또는 벌금 부과 등이 있다.

담합에 대한 민사처벌은 공정거래법 제19조 제4항에 따른 담합 무효화와 공정거래법 제56조에 따른 손해배상이 있다. 담합 무효화는 둘 이상의 기업이 담합을 위해 약정한 계약 또는 합의를 원천적으로 무효화할 수 있다는 것을 뜻한다. 위원회의 담합 적발 여부와 상관없이 행사할 수 있는 권한이다. 즉 기업은 담합을 위해 약정한 계약 또는 합의를 언제든지 파기할 수 있다. 공정거래법 제19조 제4항에서 담합 무효화를 명시적으로 규정한 것은 기업이 손해배상에 대한 염려 없이 담합을 위해 약정한 계약 또는 합의를 언제라도 파기할 수 있는 권리를 기업에 보장하기 위해서다. 또한 담합이 파기되더라도 당사자 간에 불필요한 분쟁이 발생하지 않도록 차단하기 위해서다.

담합으로 적발된 기업은 공정거래법 제56조에 따라 담합으로 손해를 입은 자에 대하여 손해배상의 책임을 진다. 또한 담합으로 적발된 기업은 고의 또는 과실로 담합한 것이 입증된 것과 같기 때문에 손해배상의 책임을 면제받을 수 없다. 다만 기업의 담합이 손해배상 청구자에게 손해를 입혔는지는 따져야 한다. 즉 담합 사실과 위법 사실의 인과관계를 입증해야 한다. 공정거래법에서는 손해배상 청구자에게 입증책임을 부담하고 있다. 한편 기업의 담합으로 손해를 입었다고 인정되더라도 명확한 손해액을 추산하기가 어려울 수 있다. 이 경우를 고려해 공정거래법 제57조에서는 법원이 변론 전체의 취지와 증거조사의 결과에 기초하여 상당한 손해액을 인정할 수 있도록 규정하고 있다.

담합으로 손해 보는 자는 기업보다는 소비자인 경우가 많다. 그러나 소비자가 기업을 상대로 손해배상을 청구하는 것은 쉽지 않다. 공정거래위원회가 2012년 3월에 S전자와 L전자의 가전제품 가격담합에 대해 시정명령과 함께 129억 원의 과징금을 부과하자, 소비자 26명이 S전자와 L전자의 담합으로 재산상 손해와 정신적 손해를 입었다며 두 기업을 상대로 1인당 53만 원의 손해배상을 청구하였다.[14] 이에 서울남부지방법원은 2014년 3월 18일에 "S전자와 L전자가 유통업체에 대한 공급가격을 인상하고 유지하기로 합의한 것은 사실이지만, 두 회사가 담합한 유통업체에 대한 공급가격이 소비자에 대한 판매가격에 직접적으로 영향을 미쳤다고 보기 어렵다."고 판결하였다.

소비자가 담합에 대한 손해배상 청구소송에서 승소할 때도 있다. 공정거래위원회가 2001년 5월에 교복업체들의 교복 가격담합에 대해 시정명령과 함께 115억 원의 과징금을 부과하자, YMCA 등 전국 20여개 단체로 구성된 '교복공동구매운동 전국네트워크'가 3,525명의 학부모와 함께 교복업체를 상대로 약 4억 3천만 원(1인당 12만 3천 원)의 손해배상 청구소송을 제기하였다.[15] 서울중앙지방법원은 2005년 6월 17일에 원고들이 실제 지출한 총 구입금액의 80% 정도가 손해액으로 인정된다고 판단하여 교복업체가 원고 3,525명에게 2억 원(1인당 약 5만 6천 원)을 배상하라고 판결하였다.[16] 교복업체는 서울중앙지방법원이 판결한 손해배상액에 불복하여 서울고등법원에 항소하였으며, 서울고등법원은 2007년 6월 27일에 교복업체의 항소를 기각하는 대신에 손해배상액을 1억 5천만 원(1인당 약 4만 2천 원)으로 낮추었다.[17] 이후 교복업체나 학부모 모두는 서울고등법원의 판결에 승복하여 손해배상 청구소송을 종결하였다.

기업도 담합에 대한 손해배상을 청구할 수 있다. 공정거래위원회가 2006년 4월에 밀가루 제조·판매업체의 밀가루 가격담합에 대해 시정명령과 함께 435억 원의 과징금을 부과하자, 같은 해 11월에 제빵회사인 S식품이 D제분, C사, SY사를 상대로 손해배상 청구소송을 제기하였다.[18] S식품은 소장에서 "피고들의 담합행위로 D제분에 대해서는 47억여 원, CJ에 대해서는 91억여 원, SY사에 대해서는 14억여 원의 손해를 봤다."면서 "손해액은 추후 입증 절차를 거쳐 확정할 예정"이라고 밝혔다.

서울중앙지방법원은 2009년 5월 27일에 C사와 SY사는 S식품에게 각각 12억 3천만 원과 2억 2천만 원을 배상하라고 판결하였다.[19] 그러나 S식품은 서울중앙지방법원이 인정한 손해배상액에 만족하지 못하고 서울고등법원에 항소하였다. 이에 서울고등법원은 2010년 10월 14일에 C사와 SY사는 S식품에게 각각 29억 원과 7억 원을 배상하라고 판결하였다. S식품은 서울고등법원의 판결에 다시 만족하지 못하고 대법원에 상고하였다. 대법원은 2012년 11월 29일에 "피고들이 원고에게 장려금을 지급했고 원고가 인상된 밀가루 가격의 일부를 소비자에게 전가한 만큼 손해배상 액수를 일부 감액한 원심의 조치는 손해배상책임 제한에 관한 법리를 오해하지 않았다."라며, C사와 SY사는 S식품에게 각각 12억 3,537만 원과 2억 2,794만 원을 S식품에게 배상하라고 최종 판결하였다.[20] 괜히 대법원까지 가는 바람에 S식품이 받을 수 있는 손해배상액은 서울고등법원이 판결한 금액보다 크게 줄었다.

현행 공정거래법에서 인정하고 있는 손해배상제도는 피해 본 소비자가 직접 손해배상을 청구해야 보상받을 수 있다. 집단소송class action을 인정하지 않는다. 집단소송은 무시무시한 제도다. 이 제도는 담합으로 피해 본 소비자 중 몇몇이 담합한 기업을 상대로 손해배상을 청구해 승소하면 그 기업이 소비자 전체에게 보상해야 하는 제도다. 한때 담합에 대해 집단소송제도를 도입하자는 법안이 국회에 여러 건 제출된 적이 있다.[21,22] 예를 들면, 2012년 8월부터 2013년 5월까지 총 4개 법안이 국회에 제출되었다. 그러나 아무런 성과 없이 입법이 지연되어 폐기되고 말았다.

집단소송은 기업이 나쁜 의도로 담합하면 망할 수 있다는 것을 매우 효과적으로 경고할 수 있는 제도다. 그러나 집단소송이 반드시 좋은 것만은 아니다. 예를 들면, 담합으로 적발된 기업은 집단소송을 피하고자 고의로 위원회의 심결에 불복하고 법원에 항소하거나 상고하려 할 수 있다. 또한 소비자들이 집단소송을 남발할 가능성도 배제할 수 있다. 라면가격 담합사건에서 라면회사가 대법원에서 패소하고 소비자들이 라면회사를 상대로 집단소송을 걸었다면 어떻게 되었을까? 상상만 해도 끔찍하다.

담합에 대한 행정처벌은 공정거래법 제21조에 따른 시정조치, 공정거래법 제22조에 따른 과징금 부과, 공정거래법 제71조에 따른 검찰 고발 등이 있다. 이러한 행정처벌은 위원회의 의결서 주문에 적시된다. 〈그림 10.3〉은 위원회가 2006년 4월 13일에 밀가루 가격담합에 대한 의결서에 적시한 주문을 보여준다.[23] 위원회의 주문은 시정조치, 과징금 부과, 검찰 고발 순으로 적시되어 있다.

담합으로 적발된 기업에 대한 시정조치는 담합행위의 중지, 시정명령을 받은 사실의 공표, 기타 시정을 위한 필요한 조치로 구분된다. 담합행위 중지명령에는 향후 담합행위를 금지하는 명령도 포함된다. 일반적으로 위원회는 담합행위 중지명령을 시정명령 또는 시정조치라고 표현한다. 또한 위원회는 담합행위뿐만 아니라 담합과 관련된 구체적인 행위도 중지 또는 금지할 수 있다. 예를 들면, 〈그림 10.3〉에서 보여주는 바와 같이 위원회는 기업의 정보교환 행위를 중지 또는 금지할 수 있다.

〈그림 10.3〉 공정거래위원회의 의결서 주문 예시 [23]

주 문

1. 피심인들은 밀가루 판매량 또는 생산량을 공동으로 합의하여 결정하는 방법으로 밀가루 시장의 경쟁을 부당하게 제한하는 행위를 다시 하여서는 아니 된다.

2. 피심인들은 밀가루 가격을 공동으로 합의하여 결정하는 방법으로 밀가루 시장의 경쟁을 부당하게 제한하는 행위를 다시 하여서는 아니 된다.

3. 피심인들은 밀가루 판매 시의 장려금 등 거래조건을 공동으로 합의하여 결정하는 방법으로 밀가루 시장의 경쟁을 부당하게 제한하는 행위를 다시 하여서는 아니 된다.

4. 피심인들은 시장을 통한 정보수집의 경우를 제외하고 직접 또는 협회를 통하는 방법, 기타 여하한 방법으로 상호 간의 가격, 밀가루 판매량 또는 생산량에 관한 정보를 교환하여서는 아니 된다.

5. 피심인들은 이 시정명령을 받은 날부터 60일 이내에 자신의 밀가루 판매가격을 재결정하고 그 근거와 결과를 공정거래위원회에 보고하여야 한다.

6. 피심인들은 이 시정명령을 받은 날부터 30일 이내에 위 1. 내지 3.의 행위를 함으로써 독점규제 및 공정거래에 관한 법률을 위반하였다는 이유로 공정거래위원회로부터 시정명령을 받았다는 사실을 〈별지 1〉 기재의 문안대로 2개 중앙일간지에 5단×18.5cm의 크기로 토·일요일 및 공휴일을 제외한 평일에 1회 게재함으로써 공표하여야 한다. 단, 공표 관련 대상 일간지의 범위, 게재면 및 글자크기는 사전에 공정거래위원회와 협의를 거친 것이어야 한다.

7. 피심인들은 다음 각 호에 따라 과징금을 국고에 납부하여야 한다.

   가. 과징금액 : 총계 43,547백만 원

   (1) D제분 주식회사 : 12,234백만 원
   (2) C 주식회사 : 6,630백만 원
   (3) DA제분 주식회사 : 8,236백만 원
   (4) H제분 주식회사 : 4,765백만 원
   (5) 주식회사 SY사 : 3,203백만 원
   (6) DS제분 주식회사 : 3,229백만 원
   (7) SH제분 주식회사 : 1,734백만 원
   (8) YN제분 주식회사 : 3,516백만 원

   나. 납부기한 : 과징금 부과고지서에 명시된 납부기한(60일) 이내

   다. 납부장소 : 한국은행 국고수납대리점 또는 우체국

8. 피심인 D제분 주식회사, DA제분 주식회사, H제분 주식회사, DS제분 주식회사, SH제분 주식회사, YN제분 주식회사, 이○○, 윤○○, 시○○, 박○○, 배○○을 각각 검찰에 고발한다.

담합으로 적발된 기업에게 시정명령을 내린 경우 위원회는 그와 같은 사실을 기업에게 공표하도록 명령할 수 있다.[24] 그러나 이러한 사실공표 명령이 기업에게 담합에 대한 사죄의 의사를 밝히거나 법률 위반행위를 인정하라고 요구하는 것은 아니다. 위원회의 시정명령이 기업의 담합을 확정하는 것은 아니기 때문이다. 또한 위원회의 시정명령은 고등법원이나 대법원에서 언제든지 번복될 수 있기 때문이다.

〈그림 10.3〉의 주문 6은 위원회가 피심인에게 위원회가 정한 문안대로 중앙일간지 2곳에 평일 1회 게재할 것을 요구하고 있다. 이러한 사실공표가 얼마나 실효적인지는 의문이다. 일반적으로 사무처는 담합사건에 대한 안건을 위원회에 상정하기 전에 담합사건에 대한 자세한 조사 결과를 보도자료로 배포한다. 이 과정에서 담합으로 적발된 기업은 신문이나 방송 보도를 통해 대중으로부터 뜨거운 비난을 받는다. 법원의 최종 판결이 있기도 전에 말이다.

위원회는 담합으로 적발된 기업에 내린 시정조치가 잘 이행되는지를 점검하기 위해 필요한 조치를 추가적으로 내릴 수 있다. 예를 들면, 위원회는 시정명령 이행 결과를 보고하라고 조치할 수 있다. 또한 위원회는 담합이 재발되지 않도록 사내 교육을 실시하라고 명령할 수 있다. 그뿐만 아니라 위원회는 기업에게 시정명령이 잘 이행되는지를 확인할 수 있는 기구를 설치하고 점검 활동을 보장하라고 명령할 수 있다. 더나아가 위원회는 시정명령에 대한 이행결과와 관련된 자료를 보관하도록 명령할 수 있다.

위원회는 담합으로 적발된 기업에게 매출액의 10%를 초과하지 않는 범위 내에서 과징금을 부과할 수 있다.[25] 다만 매출액이 없거나 산정하기 어려운 경우 20억 원을 초과하지 않는 범위 내에서 과징금을 부과해야 한다. 과징금은 기업이 담합으로 취득한 부당한 이득을 환수하기 위한 제재수단이다. 그런데 담합으로 적발된 기업은 손해를 배상해야 하거나 형법적으로 벌금을 부과받을 수 있다. 이 점에서 과징금 징수는 이중처벌 금지의 원칙에 위배된다고 볼 수 있다.[26,27] 이 때문에 위원회가 부과하는 과징금을 행정적 제재수단으로 보는 시각도 있다. 매출액이 없어도 과징금을 부과할 수 있다는 점이 이를 뒷받침한다.

위원회는 기업의 담합에 대해 과징금을 부과하는 것을 원칙으로 한다. 특히 다음 세 가지 유형의 담합에 대하여는 반드시 과징금을 부과한다. 첫째, 가격 또는 물량을 직접적으로 결정·유지·변경 또는 제한하거나 가격 또는 물량의 결정·유지·변경 또는 제한을 목적으로 담합한 경우다. 둘째, 가격·물량 외의 거래조건과 관련된 위반행위 중에 경쟁질서를 저해하는 효과가 크거나 다수의 기업 또는 소비자에게 미치는 영향이 중대하다고 인정되는 경우다. 셋째, 담합으로 기업이 현저한 규모의 부당한 이득을 얻었거나 다른 기업이 그 부당한 이득을 얻게 한 경우다.

〈그림 10.4〉는 위원회가 담합으로 적발된 기업에게 부과한 과징금의 현황을 보여준다.[28] 위원회의 담합에 대한 과징금 부과 양상은 2010년을 기점으로 두 가지 측면에서 크게 달라졌다. 첫째, 과징금을 부과

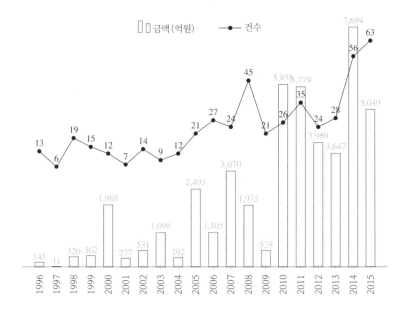

〈그림 10.4〉 공정거래위원회의 담합에 대한 과징금 부과 현황[28]

한 담합사건 수가 예년에 비해 많이 증가하였다. 둘째, 과징금을 부과한 담합사건 수가 비슷하더라도 과징금 액수가 크게 늘었다. 위원회가 2010년부터 2015년까지 과징금을 부과한 담합사건 수는 총 232건이며 과징금도 총 3조 2천억 원에 달한다.

위원회의 담합에 대한 행정처벌 중에서 가장 강력한 수단은 검찰 고발이다. 담합에 적발된 기업뿐만 아니라 이를 주도한 개인이 형사처벌을 받도록 하기 위해서다. 그러나 위원회가 아닌 제3자가 담합을 이유로 기업과 개인을 검찰에 고발할 수 없다. 공정거래법 제71조 제1항에 따라 위원회의 고발이 있어야 검찰이 담합에 대해 공소를 제기할 수 있기 때문이다. 이를 전문 용어로 전속고발권이라고 한다. 다만 위원회가 전속고발권을 소극적으로 행사할 수 있기 때문에 공정거래법에서는 검찰이 스스로 담합사건을 인지한 경우 위원회에 통보하여 고발을 요청할 수 있도록 허용하고 있다.

위원회에 전속고발권을 부여한 이유 중 하나는 담합에 대한 고발이 남발되는 것을 방지하기 위해서다. 기업의 담합을 입증하는 작업은 쉽지 않다. 위원회는 담합으로 심결했지만, 법원이 담합이 아니라고 판결할 때도 많다. 이런 상황에서 위원회가 아닌 제3자에게 기업의 담합을 검찰에 고발하도록 허용할 경우 담합에 대한 고발이 남발될 수 있다. 이 경우 상당한 사회적 비용을 치러야 할 수 있다. 이 점에서 상대적으로 입증이 어려운 담합의 경우 위원회의 전속고발권이 유지되는 것이 바람직할 수 있다.

담합에 가담했다고 해서 모두가 고발되는 것은 아니다. 담합행위의 법 위반 점수가 기준 점수보다 높거나, 특별한 사유 없이 위원회의 시정조치에 응하지 않은 경우에만 검찰에 고발된다. 이 점에서 위원회는 기업의 담합에 대해 형사처벌보다 시정조치와 과징금 부과와 같은 행정처벌을 우선한다고 볼 수 있다. 이 때문에 위원회의 전속고발권을 폐지해야 한다는 주장도 있다.[29] 위원회가 담합에 가담한 자를 소극적으로 고발하여 기업의 담합이 근절되지 않는다고 보기 때문이다.

〈그림 10.5〉는 위원회가 담합을 이유로 검찰에 고발한 담합사건 수를 보여준다.[30] 위원회의 담합에 대한 고발 건수가 시정 건수에 비해 매우 낮다는 것을 확인할 수 있다. 담합에 대한 시정 건수 대비 고발 건수의

〈그림 10.5〉 공정거래위원회의 담합 시정 건수와 고발 건수 [30]

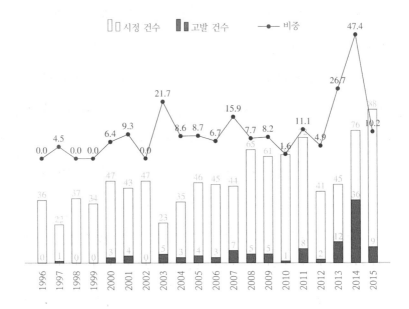

비중이 가장 높았던 때는 2014년이다. 2014년 중에 위원회의 담합에 대한 시정 건수는 총 76건이었는데, 이 중에서 47.4%인 36건이 검찰에 고발되었다. 그러나 대체로 위원회의 담합에 대한 시정 건수 대비 고발 건수의 비중은 10% 안팎이거나 그 미만이다.

이 때문일까? 2018년 8월 21일에 김상조 위원장은 담합에 대한 위원회의 전속고발권을 폐지하겠다고 발표하였다.[31] 그동안 위원회가 기업을 너무 봐준 게 아니냐는 사회적 비판을 수용한 듯하다. 기업을 고발하지 말라고 전속고발권을 부여한 게 아닌데 말이다. 위원회의 전속고발권 폐지는 문재인 정부의 대선공약이기도 하다. 다만 2018년 12월 말 현재 공정거래법 제71조는 수정되지 않은 것으로 파악된다.

위원회의 검찰 고발은 행정처벌이 형사처벌로 이어진다는 점에서 매우 강력한 처벌수단이다. 담합에 대한 형사처벌은 공정거래법 제66조, 제67조, 제70조에 따라 징역형과 벌금형이 있다. 담합한 자 또는 담합을 지시한 자는 공정거래법 제66조에 따라 3년 이하의 징역 또는 2억 원 이하의 벌금에 처할 수 있다. 이 경우 징역형과 벌금형을 같이 내릴 수 있다. 위원회의 시정조치 또는 금지명령을 따르지 않은 자도 공정거래법 제67조에 따라 2년 이하의 징역 또는 1억 5천만 원 이하의 벌금에 처할 수 있다.

공정거래법 제66조에서는 담합 지시자뿐만 아니라 실무자도 징역형 또는 벌금형에 처할 수 있도록 규정하고 있다. 또한 공정거래법 제70조를 자세히 뜯어 보면 담합에 가담한 기업의 대표, 대리인, 그 밖의 임직원도 공정거래법 제66조에 따라 형사처벌을 받을 수 있다. 그런데 전속고발권을 갖고 있는 위원회는 일반적으로 담합을 지시한 고위직 임원만을 검찰에 고발하는 경향이 짙다. 기업의 대표나 실무자가 검찰에 고발되는 경우는 거의 없다. 이 때문에 기업의 담합이 근절되지 않는다고 보는 입장에서는 위원회의 전속고발권을 폐지해야 한다고 주장한다.

담합 지시자 또는 실무자가 속한 기업도 형사처벌을 받을 수 있다. 기업은 물리적으로 징역형이 불가능하기 때문에 벌금형만 받는다. 그런데 담합을 방지하기 위해 상당한 주의와 감독을 게을리하지 아니한 경우에는 벌금형도 받지 않을 수 있다. 기업은 담합하지 말라고 했는데 임직원이 담합했다면 기업이 형사처벌을 받는 것은 부당할 수 있기 때문인 듯하다. 언뜻 보면 그럴 듯한데 생각할수록 이상하다.

담파라치와 리니언시

우리나라 신고 포상금 제도는 세계 최고 수준이다. 2013년 기준 신고 포상금 제도는 약 1,100개에 이른다고 한다.[32] 공정거래위원회도 2002년에 세계 최초로 담합에 대한 신고 포상금 제도를 도입하였다. 위원회는 이를 파파라치paparazzi를 원용해 담파라치라고 부른다. 파파라치는 유명 연예인을 따라다니며 사진을 찍고 이를 신문이나 잡지에 파는 것을 생업으로 하는 사진 전문가를 뜻하는 이탈리아어다. 양아치와는 전혀 관계없는 단어다. 담배꽁초를 무단으로 길거리 등에 투기하는 자에 대한 신고 포상금 제도도 담파라치라고 부른다.

담합을 신고한 것만으로는 포상금을 받을 수 없다. 신고자가 포상금을 받으려면 담합을 입증할 수 있는 증거를 제출해야 한다. 증거는 상·중·하 등급으로 나뉜다. 상급 증거는 합의한 사실을 직접적으로 입증할 수 있는 자료다. 중급 증거는 담합과 관련하여 논의한 사실을 구체적으로 기술한 자료다. 하급 증거는 담합의 정황을 입증할 수 있는 단서나 자료다. 이러한 증거는 사무처도 확보하기 어려운 증거다. 그래서 대체로 담파라치는 담합과 긴밀하게 연관되어 있는 내부자이거나 담합의 정황을 잘 파악할 수 있는 자만이 해낼 수 있다.

담합에 대한 신고포상금은 최대 10억 원 내에서 위원회의 행정처분과 증거가치에 따라 차등하여 지급된다. 포상금 계산은 두 단계로 구분된다. 첫 번째 단계에서는 기준 포상금을 산정한다. 기준 포상금은 각 과징금 구간별 기준 포상금의 합계로 산정된다. 과징금이 없는 경우 기준 포상금은 시정조치 1개당 200만 원, 경고 1개당 100만 원이다. 과징금이 있는 경우 기준 포상금은 최소 500만 원이며, 과징금이 없는 경우 기준 포상금은 최대 500만 원이다. 두 번째 단계에서는 증거가치에 따라 지급 비율을 차등 적용하여 포상금을 확정한다. 제출된 증거가 상급 증거면 기준 포상금의 70~100%, 중급 증거면 30~70%, 하급 증거면 30% 미만이 포상금으로 지급된다.

과징금이 부과된 경우 기준 포상금을 계산하는 방식은 다소 복잡하다. 과징금 구간은 5억 원 이하, 5억 원 초과 및 500억 원 이하, 500억 원 초과로 구분된다. 각 구간의 포상 비율은 5%, 1%, 0.5%로 과징금이 증가할수록 감소한다. 기준 포상금은 각 구간의 과징금에 각 구간의 포상비율을 곱한 값의 합계로 계산된다. 예를 들면, 과징금 총액이 700억 원인 경우 기준 포상금은 총 6억 2천만 원이 된다. 구간별 과징금은 5억 원, 495억 원, 200억 원이 된다. 각 구간별 과징금에 따라 각 포상 비율을 곱한 값을 합하면 기준 포상금이 계산된다. 담파라치도 잘만 하면 돈이 되는 장사다.

$$기준포상금 = 5\% \times 5억\ 원 + 1\% \times 495억\ 원 + 0.5\% \times 200억\ 원$$

담합을 신고해도 포상금을 받지 못할 수 있다. 신고자가 다수일 때는 먼저 증거를 제공한 자가 포상금을 받는다. 다만 여러 사람이 제공한 증거를 종합하여 담합을 입증할 수 있는 경우 포상금은 균등하게 배분된다. 또한 정부기관 또는 공공기관의 직원이 직무상 알게 된 담합을 신고할 경우에는 포상금이 지급되지 않는다. 기업의 임직원이 그 기업의 담합을 신고하면 포상금을 받을 수 있다.

기업의 담합은 입증하기가 쉽지 않다. 위원회조차도 어렵게 입증한다. 담합을 확실하게 입증할 증거를 내놓을 수 있는 유인책이 필요하다. 이를 위해 공정거래위원회는 담합 신고 포상금 제도에 앞서 1997년에 자진신고자 감경제도를 도입하였다. 담합을 빨리 자백할수록 벌의 일부 또는 전부를 면하여 주는 제도다. 이를 리니언시liniency제도라고 한다.

위원회가 담합조사를 시작하기 전에 담합을 신고했다면 자진신고자가 된다. 자진신고자는 담합을 입증할 수 있는 증거를 제공해야 한다. 위원회가 담합조사를 시작한 후에 담합을 입증할 수 있는 증거를 제공했다면 조사협조자가 된다. 자진신고나 조사협조를 했다고 해서 반드시 위원회의 처벌을 감경받을 수 있는 것은 아니다. 첫 번째와 두 번째 자진신고자와 조사협조자만이 위원회의 시정조치와 과징금 처벌을 감경받을 수 있다.

〈표 10.1〉은 자진신고자 감경제도의 내용을 보여 준다. 첫 번째 자진신고자는 시정조치와 과징금 전부를 면제받는다. 가장 센 행정처벌을 받을 것 같으면 재빨리 위원회에 자진신고하는 게 낫다. 첫 번째 조사협조자도 시정조치와 과징금 전부를 면제받을 수 있다. 다만 첫 번째

〈표 10.1〉 자진신고자 감경제도

유형	1 순위		2순위	
	자진신고자	조사협조자	자신신고자	조사협조자
과징금	면제	면제	50% 감경	50% 감경
시정조치	면제	면제 또는 감경	감경 가능	감경 가능

조사협조자는 시정조치를 면제가 아닌 감경받을 수도 있다. 두 번째 자진신고자나 조사협조자는 과징금은 절반으로 감경받고 시정조치에 대해서도 감경받을 수 있다. 늦장 부리다 세 번째로 자진신고나 조사협조하면 욕만 먹고 득도 못 보는 낭패를 겪게 된다. 어떨 때는 뭐든지 빠른게 좋을 수 있다.

자진신고자 감경제도는 입증하기 어려운 기업의 담합을 적발하는 데매우 유용하다. 그러나 자칫 기업이 행정처벌을 경감받기 위해 활용하는 수단으로 악용될 소지도 많다. 공정거래위원회가 2012년 1월 13일에 발표한 S전자와 L전자의 가전제품 가격담합의 사례가 그렇다. 당시 가전제품 가격담합에 참여한 기업은 고작 2곳뿐이었다. 그런데 우연 같은 필연으로 두 곳 모두가 조사에 협조하면서 L전자는 과징금 전액을, S전자는 과징금 절반을 감경받았다. 당시 두 기업은 웃지 못할 잔칫집 분위기였을 것이다.

위원회의 담합 의결서는 보통 100쪽이 넘는다. 사무처가 담합을 입증하기 위해서 부단히 노력한 결과물이다. 이를 위해 사무처는 담합의 당사자, 이해관계인, 참고인의 출석을 요구하고 의견을 청취할 수 있다.

또한 조사대상이 되는 기업의 경영상황 또는 제품원가 등에 대한 자료를 보고받거나 기타 필요한 자료나 물건의 제출을 명령할 수 있다. 뿐만 아니라 사무처가 기업의 사무소 또는 사업장에 출입하여 각종 자료나 물건을 조사할 수 있다. 필요하면 자료나 물건의 제출을 명령할 수 있고 영치할 수 있다.

기업이 사무처의 담합조사에 성실하게 임하지 않을 경우 공정거래법 제69조의 2에 따라 과태료를 부과받을 수 있다. 정당한 사유 없이 사무처 조사에 출석하지 않거나, 필요한 자료나 물건을 보고 또는 제출하지 않거나, 허위로 자료나 물건을 제출한 자는 1억 원 이하의 과태료를 부과받을 수 있다. 더 나아가 자료의 은닉, 폐기, 접근거부 또는 위·변조 등으로 사무처의 조사를 거부, 방해 또는 기피한 자는 2억 원 이하의 과태료를 부과받을 수 있다.

설마 누가 이런 일을 자행하겠느냐고 반문할지도 모르겠다. 1998년부터 2012년까지 공정거래위원회가 조사방해를 이유로 과태료를 부과한 사건은 알려진 것만 해도 15건에 달한다.[33] 이 중에서 다섯 건이 S그룹과 관련되어 있다. 2012년 3월 18일에 일어난 일이다. S전자가 가전제품 가격담합으로 위원회로부터 과징금 처벌을 받고 조사협조했다는 이유로 과징금 절반을 면제받은 지가 2개월도 지나지 않아서였다. S전자 임원 등은 위원회로부터 조사방해 및 증거인멸을 이유로 총 4억 원의 과태료를 부과받았다.

제 11 장

부당한 공동행위

시장은 경쟁을 촉진하는 것이 아니라 담합을 촉진한다.[1]
- 제10대 공정거래위원회 위원장 전윤철 -

담합은 법률 용어가 아니다. 공정거래법에서는 담합을 '부당한 공동행위'라고 부른다. 부당한 공동행위에 대한 법적 정의는 1980년 12년 31일에 공정거래법이 제정된 이래 여러 번의 수정을 거쳐 계속 진화하였다.[2] 1980년 공정거래법 제11조 제1항에 따르면 경제기획원에 등록하지 않은 공동행위는 모두 위법이었다. 이때는 경제기획원에 등록만 할 수 있으면 어떤 담합이더라도 처벌받지 않았다.

'부당한 공동행위'라는 개념이 처음 도입된 것은 1986년에 공정거래법이 개정되면서부터다. 공정거래법 제11조에 따르면 부당한 공동행위는 사업자가 계약·협정·결의 기타 어떠한 방법으로 다른 사업자와 공동으로 일정한 거래 분야에서 경쟁을 실질적으로 제한하는 행위로 정의되었다. 여기서 '실질적으로'라는 의미는 각자의 입장에서 다르게 해석될 수 있는 여지가 있었다. 예를 들면, 실질적 경쟁제한성이란 경쟁을 제한하려고 합의했지만 실질적으로 실행에 옮기지 않았다면 부당한 공동행위에 해당하지 않을 수 있다는 뜻으로 해석될 수 있다. 이 때문에 위원회가 담합을 입증하는 것은 쉽지 않았다. 또한 기업이 공동행위로 경쟁을 제한했다는 실질적인 인과관계가 입증되어야 부당한 공동행위로 판단되는 경우가 많았다.

공정거래법은 1990년에 전면 개정되었다. 이때 담합을 규정하던 제11조는 제19조로 이관되었다. 또한 1992년에 공정거래법이 개정되면서 '부당한 공동행위'의 개념이 이전보다 확장되었다. 특히 둘 이상의 기업이 경쟁을 제한하는 공동행위를 합의하였는지를 입증하면 부당한 공동행위로 판정할 수 있게 되었다. 경쟁을 실질적으로 제한하였는지를 입증하지 않아도 되었다. 그만큼 위원회는 이전보다 수월하게 담합을 적발할 수 있게 되었다.

1996년에 개정된 공정거래법에서는 '부당한 공동행위'에 대한 규제철학이 크게 바뀌었다. 공정거래법 제19조의 제목이 '부당한 공동행위의 제한'에서 '부당한 공동행위의 금지'로 수정되었다. '제한'과 '금지'의 사전적 의미는 매우 다르다. '제한'은 어떤 행위가 일정한 한도를 넘지 못하도록 막는 것이다. 반면에 '금지'는 어떤 행위 자체를 원천적으로 막는 것이다. 정부의 담합규제에 대한 의지가 이전보다 상당히 강화되었다고 볼 수 있다.

1999년에 개정된 공정거래법에서는 '부당한 공동행위'의 개념이 이전보다 더 명확해졌다. 첫째, '경쟁을 실질적으로 제한하는'이라는 문구에서 '실질적으로'가 삭제되고 '경쟁을 제한하는'으로 수정되었다. 그 덕분에 위원회는 둘 이상 기업이 경쟁을 제한하려는 의도만으로도 담합의 위법성을 판단할 수 있게 되었다. 또한 담합의 위법성을 판단할 때 합의의 존재를 입증하는 게 더 중요해졌다. 둘째, '경쟁을 제한하는'이라는 문구 앞에 '부당하게'라는 문구가 새롭게 추가되었다. 이 때문에 '부당하게'를 어떻게 해석하느냐에 따라 담합의 위법성도 다르게 판단될 수 있는 여지가 생겼다.

'부당하게'라는 의미는 세 갈래로 해석될 수 있다.[3] 첫째, '경쟁을 제한하는' 공동행위의 위법성을 강조하는 의미로 해석될 수 있다. 이 경우 경쟁을 제한하는 공동행위 자체가 부당하지만, '부당하게illegally'라는 표현으로 한 번 더 강조한 것으로 볼 수 있다. 둘째, 다른 기업의 공정한 경쟁의 자유liberty of fair competition를 '부당하게unfairly' 제한한 것으로 볼 수 있다. 이 경우 강제적인 경쟁제한 행위가 존재할 때만 담합으로 보겠다는 것으로 해석될 수 있다. 셋째, '경쟁을 제한하는' 공동행위의 범위를 한정하는 의미로 해석될 수 있다. 이 경우 기업의 공동행위가 경쟁을 제한하더라도 부당하지 않을 수 있다는 뜻으로 해석될 수 있다.

마지막으로 2007년에 개정된 공정거래법에서는 '부당한 공동행위'의 유형에 입찰담합이 명시적으로 포함되었다. 기업의 다양한 입찰담합

수법을 효과적으로 적발하고 처벌하기 위해서다.

공정거래법 제19조

공정거래법 제19조에서는 기업의 부당한 공동행위를 금지하고 있다. 부당한 공동행위란 '사업자가 계약·협정·결의 기타 어떠한 방법으로 다른 사업자와 공동으로 부당하게 경쟁을 제한하는 행위를 할 것을 합의' 하는 행위를 말한다. 또한 경쟁을 제한하는 행위를 다음과 같이 9가지 유형으로 구분하여 나열하고 있다.[4]

1. 가격을 결정, 유지 또는 변경하는 행위
2. 상품 또는 용역의 거래조건이나, 그 대금 또는 대가의 지급조건을 정하는 행위
3. 상품의 생산, 출고, 수송 또는 거래의 제한이나 용역의 거래를 제한하는 행위
4. 거래지역 또는 거래상대방을 제한하는 행위
5. 생산 또는 용역의 거래를 위한 설비의 신설 또는 증설이나 장비의 도입을 방해하거나 제한하는 행위
6. 상품 또는 용역의 생산 또는 거래 시에 그 상품 또는 용역의 종류 또는 규격을 제한하는 행위
7. 영업의 주요 부문을 공동으로 수행 또는 관리하거나 수행 또는 관리하기 위한 회사 등을 설립하는 행위
8. 입찰 또는 경매에 있어 낙찰자, 경락자, 투찰가격, 낙찰가격 또는 경

락가격, 그 밖에 대통령령으로 정하는 사항을 결정하는 행위

9. 그 외 방법으로 다른 사업자(그 행위를 한 사업자를 포함한다)의 사업활동 또는 사업내용을 방해하거나 제한함으로써 일정한 거래 분야에서 경쟁을 실질적으로 제한하는 행위

가격을 결정, 유지 또는 변경하는 행위는 경쟁을 제한하는 행위의 대표적인 유형이다. 이를 전문 용어로 가격고정price fixing이라고 한다. 가격이란 사업자가 상대방에게 상품 또는 용역을 제공한 대가로 받아야 하는 경제적 가치를 표시한 것으로, 권고가격, 기준가격, 표준가격, 평균가격, 최저·최고가격 등과 같이 다양한 유형이 있다. 가격고정에는 가격인상뿐만 아니라 가격인하, 가격유지, 가격범위 설정과 같은 행위도 포함된다. 가격에 대한 할증률, 할인율, 이윤율 등 가격 구성요소의 수준이나 한도를 결정, 유지 또는 변경하는 행위도 가격고정에 해당된다. 일률적인 원가 계산식을 따르도록 강제하는 경우도 마찬가지다. 과당경쟁 방지, 고시가격 준수 등을 이유로 서로 할인판매를 자제하자고 합의하는 경우도 가격고정에 해당될 수 있다. 다만 외형적으로는 가격고정처럼 보이지만 납득할 만한 이유가 있는 경우 가격고정으로 보지 않을 수 있다. 예를 들면, 동일한 원가구조를 가진 사업자가 동일한 원재료의 가격이 상승하여 동일한 수준으로 가격을 인상하였다면 가격고정이 아닐 수 있다. 또한 법령에 따라 정부의 행정지도를 받아 가격을 결정, 유지 또는 변경한 경우나 법령 등에 따라 가격을 산정하거나 가격을 규제받는 경우에도 예외로 인정받을 수 있다.

상품 또는 용역의 거래조건이나 대금 또는 대가의 지급조건을 정하는 행위도 경쟁을 제한하는 행위다. 이를 전문 용어로 조건고정term fixing이라고 한다. 상품 또는 용역의 거래조건이란 상품 또는 용역의 품질, 거래장소, 거래방법, 운송조건 등과 같은 조건을 말한다. 또한 대금 또는 대가의 지급조건이란 대금 또는 대가의 지급수단, 지급방법, 지급기간 등과 같은 조건을 말한다. 예를 들면, 상품 등의 인도 장소, 방법 등을 제한하거나, 상품 등의 품질을 고정하기 위해 특정 원재료를 사용하도록 제한하거나, 상품 등의 품질관리를 위한 사후관리 서비스의 기간, 내용, 방법 등을 제한하는 행위가 이에 해당된다. 또한 대금지급 방법을 제한하거나, 원재료 공급업체들의 가격인상 요구에 응하지 않거나, 원재료 가격인상을 결정하거나, 특정 공급업체를 이용하도록 제한하는 행위도 이에 해당된다.

상품의 생산, 출고, 수송 또는 거래를 제한하거나 용역의 거래를 제한하는 행위도 경쟁을 제한하는 행위다. 이를 전문 용어로 생산량고정quata fixing이라고 한다. 예를 들면, 상품의 생산량, 출고량, 수송량을 일정 수준 또는 비율로 할당하거나, 최저 또는 최고 생산량, 재고량 등을 결정하거나, 시설의 가동률, 가동시간, 신설 또는 증설을 제한하는 방법으로 생산량을 제한하거나, 원재료의 구매량, 구매가격, 인도방법 등을 결정하는 행위가 이에 해당된다. 또한 일정 수준 또는 비율로 용역의 거래를 제한하는 행위도 마찬가지다.

거래지역 또는 거래상대방을 제한하는 행위도 경쟁을 제한하는 행위다. 이를 전문 용어로 시장할당market allocation이라고 한다. 시장할당은 임의로 분할된 시장에서 특정 기업이 독점적 지위를 얻게 하는 행위다. 예를 들면, 거래지역 또는 거래상대방을 할당하거나, 특정 지역에서 또는 특정 상대방과만 거래하도록 하거나, 특정 지역에서 또는 특정 상대방과는 거래하지 못하도록 하거나, 상대방을 특정하여 타당한 이유 없이 우량거래처 또는 불량거래처로 지정하는 행위가 이에 해당된다.

생산 또는 용역의 거래를 위한 설비의 신설 또는 증설이나 장비의 도입을 방해하거나 제한하는 행위도 경쟁을 제한하는 행위다. 설비의 신설 또는 증설이나 장비의 도입은 기업의 생산능력 또는 용역의 거래능력과 직결된다. 따라서 이를 제한하는 행위는 경쟁을 제한하는 행위와 같다. 예를 들면, 생산시설 또는 판매시설의 규모를 제한하거나, 설비의 신설 또는 증설을 제한하거나, 설비의 일부를 폐기하도록 하거나, 장비의 교체 또는 도입을 제한하는 행위가 이에 해당된다.

상품 또는 용역의 종류 또는 규격을 제한하는 행위도 경쟁을 제한하는 행위다. 상품 또는 용역의 차별화는 경쟁의 산물 중에 하나다. 기업은 더 많은 이윤을 얻기 위해 또는 시장을 지배하기 위해 같은 값으로 경쟁자보다 더 나은 상품 또는 용역을 팔거나 제공하고 싶어 한다. 또한 기업은 다양한 종류와 규격의 상품 또는 용역을 팔거나 제공하고 싶어 한다. 따라서 이를 제한하는 행위는 경쟁을 제한하는 행위와 같다. 예를 들면, 상품 또는 용역의 규격을 단일화하거나, 상품 또는 용역의 수를 제한하거나, 종류 또는 규격별로 상품의 생산 또는 용역의 제공을 할당하거나, 새로운 상품 또는 용역을 개발 또는 출고를 제한하는 행위가 이에 해당된다.

영업의 주요 부문을 공동으로 수행 또는 관리하는 행위도 경쟁을 제한하는 행위다. 이를 위해 별도의 회사를 설립하는 행위도 마찬가지다. 이를 전문 용어로 신디케이트syndicate라고 부른다. 예를 들면, 상품 또는 용역의 생산, 판매, 거래, 원자재의 구매, 기타 영업의 주요 부분을 공동으로 수행하거나 관리하는 행위가 이에 해당된다. 궁극적으로 상품 또는 용역의 가격이나 생산량을 제한할 수 있기 때문이다.

입찰 또는 경매에서 낙찰자, 경락자, 투찰가격, 낙찰가격 또는 경락가격 등을 결정하는 행위도 경쟁을 제한하는 행위다. 이를 전문 용어로 입찰담합bid rigging이라고 한다. 예를 들면, 사전에 낙찰 예정자 또는 경락 예정자를 결정하거나, 사전에 투찰여부 또는 투찰가격을 결정하거나, 사전에 낙찰 또는 경락받을 비율을 결정하거나, 사전에 설계 또는 시공의 방법을 결정하거나, 그 밖에 입찰 또는 경매의 경쟁요소를 결정하는 행위가 이에 해당된다.

그 외 방법으로 다른 사업자의 사업활동 또는 사업내용을 방해하거나 제한하는 행위도 경쟁을 제한하는 행위다. 다만 이 경우 일정한 거래 분야에서 경쟁을 실질적으로 제한하는 행위만을 인정하고 있다. 1999년에 개정된 공정거래법에서 삭제되었던 실질적 경쟁제한성이 법 제19조 제1항 제9호에 유지된 것은 담합규제가 과도하게 남용되지 않도록 견제하기 위한 것으로 이해된다.

담합 성립요건

부당한 공동행위가 입증되기 위해서는 크게 네 가지 요건이 만족되어야한다. 첫째, 둘 이상의 기업이 공동행위에 참여해야 한다. 둘째, 공동행위에 대한 합의가 존재해야 한다. 셋째, 공동행위가 경쟁을 제한하는 행위여야 한다. 넷째, 부당해야 한다. 현재 위원회는 첫째, 둘째, 셋째요건만 갖추면 부당한 공동행위로 판정한다. 이와 달리 법원에서는 넷째 요건을 추가적으로 고려하여 부당한 공동행위를 판결할 때도 있다.[5]

담합의 첫 번째 성립요건은 '사업자가 계약·협정·결의 기타 어떠한방법으로 다른 사업자와 공동으로 부당하게 경쟁을 제한하는 다음 각호의 어느 하나에 해당하는 행위를 할 것을 합의'하는 행위가 있어야한다. 담합의 행위주체가 사업자가 아니면 담합의 규제대상에 해당되지 않는다. 또한 사업자가 단독으로 부당하게 경쟁을 제한하는 행위는담합에 해당되지 않는다. 기업이 단독으로 경쟁을 제한하면 시장지배적지위 남용행위로 본다.

2018년 상반기에 아파트 가격이 요동치며 상승하자 아파트 가격담합에 대한 소문도 무성하게 일었다.[6] 사실 아파트 가격담합은 어제 오늘의 이야기가 아니다. 아파트 가격이 크게 오를 때마다 제기되었다. 참여정부의 건설교통부는 2006년 7월 21일에 수도권 58개 아파트 단지에서 아파트 가격담합이 확인되었다고 공식적으로 발표하기까지 하였다.[7] 그러나 아파트 가격담합은 공정거래법에서 규정한 부당한 공동행위에 해당되지 않는다. 공정거래법에 근거하여 처벌할 수도 없다. 아파트 부녀회 또는 주민들이 아파트 가격담합을 주도하는 것으로 알려졌기 때문이다.

담합의 두 번째 성립요건은 '사업자가 계약·협정·결의 기타 어떠한 방법으로 (하든지 간에) 다른 사업자와 공동으로 부당하게 경쟁을 제한하는 다음 각 호의 어느 하나에 해당하는 행위를 할 것을 합의'해야 한다. 위원회는 합의의 존재를 가장 중요한 담합의 성립요건으로 여긴다. 서로 경쟁해야 할 기업이 경쟁을 제한하는 행위를 합의했다면 부당하게 이득을 취할 목적이 있다고 판단하는 듯하다. 또한 담합에 대한 합의의 존재를 입증하면 첫째와 셋째 요건도 동시에 입증되는 것과 같다고 판단하는 듯하다. 그런데 경쟁을 제한하기로 합의했다고 해서 반드시 부당한 것은 아닐 수 있다. 즉 넷째 요건을 충족하지 못할 수 있다. 위원회는 이 점을 고의적으로 고려하지 않는 듯하다.

공정거래법 제19조 제1항에서의 '합의'는 그 방식 여하를 불문하고 넓은 의미에서 의사의 합치meeting of minds를 뜻한다.[8] 의사의 합치는 인위적으로 형성된 의사의 연락으로 공통의 인식이 형성된 것을 말한다. 따라서 합의의 존재는 두 가지 조건이 모두 만족될 경우 입증될 수 있다. 첫째, 인위적으로 형성된 의사의 연락이 존재해야 한다. 여기서 '인위적으로 형성된'은 '어떤 특정의 목적을 가진'의 뜻으로 해석된다. 둘째, 그 결과로 공통의 인식이 형성되어야 한다.

합의는 방식에 따라 명시적 합의와 묵시적 또는 암묵적 합의로 구분된다. 전자의 경우 합의의 존재를 입증하기가 쉽다. 합의의 존재를 입증할 수 있는 계약서, 합의서, 결의서, 협정서, 회의록, 내부 보고서, 녹음 또는 영상 등 객관적인 증거가 존재하기 때문이다. 후자의 경우 합의의 존재를 추정해야 한다. 합의의 존재를 입증할 수 있는 객관적인 증거가 없기 때문이다.

공정거래법 제19조 제5항에서는 '해당 거래 분야 또는 상품·용역의 특성, 해당 행위의 경제적 이유 및 파급효과, 사업자 간 접촉의 횟수·양태 등 제반 사정에 비추어 그 행위를 그 사업자들이 공동으로 한 것으로 볼 수 있는 상당한 개연성이 있는 경우' 사업자가 다른 사업자와 부당한 공동행위를 하기로 합의한 것으로 추정할 수 있도록 법적 근거를 규정하고 있다. 예를 들면, 합의의 존재를 입증할 객관적인 증거는 없으나 행위의 외형상 일치가 존재하는 경우다. 이 경우 공정거래법 제19조 제5항에서 제시한 상당한 개연성의 존재가 입증되면 합의의 존재를 추정할 수 있다.

합의의 존재를 추정할 수 있는 근거를 전문 용어로 추가증거plus factors라고 한다.[9] 추가증거는 합의가 존재할 수 있는 정황적 증거와 공동행위의 유인을 설명하는 경제적 증거로 구분된다. 정황적 증거는 사업자 간의 접촉 횟수 및 양태에서 찾을 수 있다. 예를 들어, 빈번한 전화 연락과 회의 개최, 가격·수요·설비 등에 대한 논의, 경쟁사의 비공개 가격전략을 논의한 내부 문건 등이 합의가 존재했다는 정황을 입증하는 근거로 사용될 수 있다. 경제적 증거는 해당 거래 분야 또는 상품·

용역의 특성, 해당 행위의 경제적 이유 및 파급효과 등 담합이 성립될 수 있는 가능성이 높은 시장의 특성에서 찾을 수 있다.

한편 행위의 외형상 일치가 존재한다고 해서 반드시 의사의 합치가 인정되는 것은 아니다.[10] 예를 들면, 과점시장에서 기업들은 전략적인 상호작용에 의해 가격 또는 생산량 등을 결정한다. 다른 기업이 어떤 전략을 선택하느냐에 따라 자신의 전략을 선택한다. 이를 전문 용어로 의식적 병행 행위conscious parallelism 또는 동조적 행위concerted practices라고 한다. 참고로 법원의 판례를 읽다 보면 의식적 병행 행위와 동조적 행위가 혼용되고 있다는 것을 발견할 수 있다. 이는 두 단어가 경제학에서 비롯된 법학 용어여서 언뜻 봐서는 그 뒤에 숨겨진 실체적 의미를 쉽게 분별할 수 없기 때문인 듯하다. 두 개념에 차이가 있다면 전자는 미국에서 쓰이는 용어이고 후자는 유럽에서 쓰이는 용어라는 점이다. 또한 전자는 추가증거가 있어야 합의로 추정되고 후자는 그 자체가 입증되면 합의로 인정된다는 차이점이 있다.

우리나라의 경우 미국과 동일한 입장을 취하고 있다. 행위의 외형상 일치가 공동의 합의에 의한 결과라는 것을 입증하기 위해서는 반드시 추가증거가 제시되어야 한다. 외형상 일치가 존재한다는 이유만으로 합의의 존재가 추정되지 않는다. 시장균형이 합의에 의한 외형상 일치로 오인될 수 있기 때문이다. 이 점을 고려할 경우 과점시장에서 의식적 병행 행위가 존재한다는 이유만으로 합의의 존재를 추정하는 것은 바람직하지 않다. 미국 법원도 "의식적 병행 행위에 대한 증거만으로 합의가 존재했다고 인정할 수 없다."는 입장을 견지하고 있다.

담합의 세 번째 성립요건은 '사업자가 계약·협정·결의 기타 어떠한 방법으로 다른 사업자와 공동으로 부당하게 경쟁을 제한하는 다음 각 호의 어느 하나에 해당하는 행위를 할 것을 합의'해야 한다. 이를 위원 회에서는 경쟁제한성 요건이라고 부른다. 공동행위의 경쟁제한성 요건 은 공정거래법 제19조 제1항에서 나열된 9가지 유형의 경쟁제한 행위 중에 어느 하나에 해당되면 충족한다.

경쟁제한성 요건은 명시적인 합의가 존재하는 경우 쉽게 입증될 수 있다. 그러나 합의의 존재를 추정해야 할 경우 경쟁제한성 요건은 합의 의 존재를 추정해야 하는 것만큼이나 어렵다. 이 때문에 위원회는 합의 의 존재만 입증되면 경쟁제한성 요건은 충족되는 것으로 간주한다. 또 한 공정거래법 제19조 제1항에 나열된 9가지 유형의 경쟁제한 행위의 외형상 일치가 존재하고 이에 대한 추가증거를 근거로 합의를 추정한 경우에도 경쟁제한성 요건은 충족되었다고 간주한다.

담합의 네 번째 성립요건은 '사업자가 계약·협정·결의 기타 어떠한 방법으로 다른 사업자와 공동으로 부당하게 경쟁을 제한하는 다음 각 호의 어느 하나에 해당하는 행위를 할 것을 합의'해야 한다. 이를 부당 성 요건이라고 부르자. 한편 공정거래법에서는 '부당하게'를 명시적으로 정의하지 않았다. 이 때문에 위원회와 법원은 부당성 요건에 대해 종종 이견을 보인다.

부당성 요건은 '부당하게'를 어떻게 해석하느냐에 따라 인정되거나 부인될 수 있다. 경쟁이 항상 좋은 결과를 낳는다는 입장에서는 경쟁을 제한하는 것 자체가 부당하다고 주장한다. 이 경우 부당성 요건과 경쟁 제한성 요건을 구분하여 따질 필요가 없다. 그러나 나쁜 경쟁도 있다. 이 경우 나쁜 경쟁을 제한하는 것은 좋을 수 있다. 나쁜 경쟁을 제한할 경우 공공복리가 증진될 수 있기 때문이다. 그렇다면 경쟁을 제한하는 것 자체가 부당하지 않을 수 있고, 부당성 요건은 경쟁제한성 요건과 별개로 구분되어 평가되어야 한다.

경쟁을 제한하는 행위는 두 가지 경로를 통해 공공복리에 영향을 미친다. 첫째, 경쟁을 제한하면 소비자후생이 항상 감소한다. 둘째, 경쟁을 제한하면 생산자잉여 또는 기업의 초과이윤이 항상 증가한다. 따라서 경쟁을 제한하면 사회 전체의 공공복리는 감소할 수 있지만 증가할 수도 있다. 그렇다면 경쟁을 제한하는 행위가 사회 전체의 공공복리를 증진시킨 경우 그 행위를 부당하다고 판단하는 것이 타당할까? 그렇지 않다고 보는 것이 타당해 보인다. 그런데도 경쟁을 제한하는 것 자체를 부당하다고 주장하는 이유는 경쟁을 제한하면 소비자후생은 감소하지만 기업의 초과이윤은 증가하기 때문이다. 경쟁을 제한하는 행위가 사회 전체의 공공복리를 재분배하기 때문이다.

부당성의 판단대상을 경쟁을 제한하는 행위가 아니라 공동행위 그 자체로 보는 견해도 있다.[11,12,13] 합리의 원칙rule of reason이 이에 해당된다. 합리의 원칙은 공동행위에 대한 합의가 반경쟁적인 손해anticompetitive harm와 친경쟁적인 편익procompetitive benefit을 모두 가져올 수 있다고 가정하고 공동행위의 부당성을 경쟁에 미치는 전체적인 효과overall competitive effect로 판단해야 한다는 입장을 견지한다. 따라서 기업의 어떤 공동행위가 경쟁을 억제하는 효과보다 경쟁을 촉진하는 효과를 더 많이 가져온다면 그 공동행위는 부당하지 않다고 판단될 수 있다.

합리의 원칙은 공동행위에 대한 합의가 존재하면 그것 자체만으로도 부당하다고 판단하는 당연위법 원칙principle of per se illegal의 한계를 극복하기 위해 제시된 판단기준이다. 예를 들면, 시장점유율이 낮은 소형 기업 여럿이 시장점유율이 매우 높은 대형 기업과 경쟁하기 위해 가격인하를 공동으로 합의하였다고 가정하자. 당연위법 원칙에 따르면 가격인하를 합의한 소형 기업 여럿은 부당한 공동행위로 처벌받을 수 있다. 그러나 합리의 원칙에 따르면 부당한 공동행위로 판단받지 않을 수 있다. 소형 기업 여럿이 함께 가격을 인하하면 가격경쟁을 억제한 효과보다 가격경쟁을 촉진한 효과가 더 클 수 있기 때문이다.

합리의 원칙은 당연위법 원칙보다 공동행위의 부당성을 판단하는 데 더 합리적인 것으로 보인다. 그러나 합리의 원칙은 명백하게 경쟁을 제한하는 행위는 그 자체로 친경쟁적인 효과가 인정될 수 없다고 본다. 이 점에서 합리의 원칙에도 한계가 있어 보인다. 예를 들어, 공공복리를 훼손하는 과당경쟁이 존재하는 시장을 고려해 보자. 이 시장에서는 명백하게 경쟁을 제한하는 공동행위가 반경쟁적이라더라도 사회적 편익을 가져다줄 수 있다. 그렇다면 공동행위가 명백하게 반경쟁적이더라도 반드시 손해를 가져오는 것은 아닐 수 있다. 반대의 경우도 마찬가지일 수 있다. 공동행위가 명백하게 친경쟁적이라고 해서 반드시 편익을 가져다주는 것도 아닐 수 있다.

경쟁을 제한하는 공동행위의 부당성은 당연위법의 원칙이나 합리의 원칙보다는 공공복리에 미치는 영향에 따라 판단되는 것이 더 타당할 수 있다.[14] 이 판단기준에 따르면 과당경쟁이 존재하는 시장에서 명백하게 경쟁을 제한하는 공동행위는 부당하지 않을 수 있다. 과당경쟁이 존재하는 시장에서 명백하게 경쟁을 제한하는 공동행위는 소비자후생을 감소시키고 생산자잉여를 증가시킨다. 그러나 사회 전체적인 공공복리는 증가할 수 있다. 과당경쟁으로 기업은 정상이윤조차 벌지 못하는데 소비자에게 너무 많은 혜택이 돌아갔다면 말이다. 따라서 이 경우 공동행위가 명백하게 경쟁을 제한하더라도 사회 전체의 공공복리를 증대시키면 부당하지 않다고 판단될 수 있다.

담합의 성립요건이 모두 충족되면 그 공동행위는 위법한 행위가 된다. 다만 첫째, 둘째, 셋째 요건이 충족되더라도 넷째 요건에 대한 이견으로 인해 담합의 위법성에 대한 다툼이 발생할 수 있다. 위원회는 넷째 요건을 적극적으로 고려하지 않기 때문이다. 이 때문에 위원회가 부당한 공동행위라고 심결했더라도 법원이 일부 또는 전부를 기각할 때가 있다. 한편 담합의 위법성에 대한 위원회의 판단기준은 행정적인 측면에서 규제의 정확성보다 효율성을 더 중시한 것으로 판단된다. 넷째 요건을 입증하는 것이 현실적으로 쉽지 않을뿐더러 넷째 요건의 불충족을 이유로 담합을 합리화할 수 있는 경우는 매우 드물기 때문이다.

공동행위 심사기준

「공동행위 심사기준」은 2002년 5월 8일에 위원회의 예규로 제정되었으며, 이후 다섯 차례의 개정을 걸쳐 현재의 모습을 갖추고 있다.[15] 위원회의 「공동행위 심사기준」은 공정거래법 제19조에 대한 위원회의 유권해석과 같다. 또한 담합의 위법성 판단기준의 객관성을 확보하고 일관성을 대표한다는 점에서 「공동행위 심사기준」이 갖는 의미는 매우 크다. 담합심사의 객관성과 일관성은 담합규제의 신뢰성을 담보하는 중요한 가치이기 때문이다.

위원회의 「공동행위 심사기준」은 당연위법 원칙에 기반하고 있다. 두 개 이상의 기업이 경쟁을 제한하는 공동행위를 합의한 경우 그 공동행위를 위법행위로 판단하고 있다. 다만 그 공동행위의 위법성 정도를 판단하기 위해 합리의 원칙을 부분적으로 수용한 듯하다. 특별한 사정은 없었는지 또는 효율성을 높인 효과는 없었는지를 살핀다. 특별한 사정이 있다면 경쟁을 제한하는 공동행위더라도 봐주겠다는 것이다. 또한 경쟁을 제한하는 행위가 효율성을 높이면 그만큼 봐줄 수 있다는 것이다.

특별한 사정으로 인정되거나 될 수 있는 경우는 네 가지이다. 첫째, 위원회의 인가를 받은 경우다. 공정거래법 제19조 제2항에 나열된 산업합리화, 연구·기술 개발, 불황의 극복, 산업구조의 조정, 거래조건의 합리화, 중소기업의 경쟁력 향상과 같은 타당한 이유가 존재해야 한다. 둘째, 정부의 행정지도가 있는 경우다. 정부의 행정지도가 타당한지의 여부와 상관없이 정부가 지도한 공동행위는 위법하지 않다는 논리다. 셋째, 합리의 원칙에 따라 친경쟁적 효과가 더 큰 경우다. 이 경우 공동행위의 위법성이 기각되는 것은 아니다. 친경쟁적 효과만큼 참작해주겠다는 뜻이다. 넷째, 사회 전반의 공공복리를 증대하는 경우다. 사연 없는 사람이 없듯, 사정없는 기업도 없다. 그럼에도 불구하고 특별한 사정은 제한적으로 인정되어야 한다. 위원회는 첫째와 둘째 갈래를 명시적으로, 셋째 갈래는 제한적으로 인정한다. 법원은 넷째 갈래까지 인정할 때가 있다.

경쟁을 제한하는 공동행위가 효율성을 높인다고 인정되는 경우는 다음과 같다. 먼저 「공동행위 심사기준」에 명시되어 있는 바와 같이 공동마케팅, 공동생산, 공동구매, 공동연구·개발, 공동표준개발 등에 해당되어야 한다. 또한 효율성증대 효과는 반드시 소비자편익 또는 소비자후생의 증대로 연결되어야 한다. 그렇지 않을 경우 효율성증대 효과가 경쟁제한 효과를 압도하더라도 인정되지 않는다. 이 점을 고려할 때 위원회는 합리의 원칙을 부분적으로 수용하고 있다고 볼 수 있다.

이처럼 위원회는 공동행위의 성격을 분석한 결과에 따라 공동행위의 위법성 심사 절차를 다르게 진행한다. 명백하게 경쟁을 제한하는 공동행위라면 경쟁제한성에 대한 구체적인 심사 없이 부당한 공동행위로 판단한다. 다만 명백하게 경쟁을 제한하는 공동행위더라도 특별한 사정이 있었는지를 살펴본다. 경쟁을 제한하는 공동행위가 그 성격상 경쟁제한 효과뿐만 아니라 효율성증대 효과도 가져온다고 판단되면 공동행위의

〈그림 11.1〉 공동행위의 위법성 심사절차

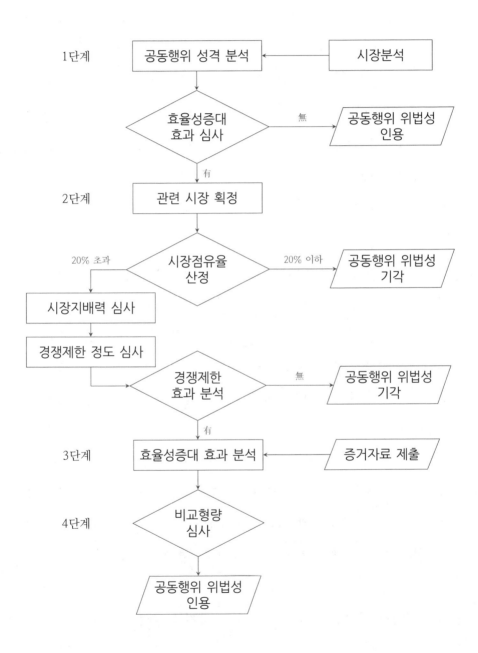

위법성 심사 절차는 〈그림 11.1〉과 같이 복잡해진다.

공동행위의 위법성 심사 1단계에서는 공동행위의 성격과 관련 시장의 특성을 분석한다. 경쟁을 제한하는 공동행위에는 여러 가지 유형이 있다. 명시적인 합의가 존재할 경우 공동행위의 내용과 성격은 쉽게 파악될 수 있다. 그러나 명시적인 합의가 존재하지 않을 경우 공동행위의 내용과 성격은 추정될 수밖에 없다. 합의의 존재를 추정해야 할 경우 추가증거가 필요한 것처럼 공동행위의 성격을 추정해야 할 경우 시장분석이 필요하다.

공동행위의 성격상 명백히 경쟁을 제한하는 경우 또는 경쟁제한 효과만을 발생시키는 것이 명백한 경우 개략적인 시장분석만으로도 공동행위의 위법성이 판단될 수 있다. 따라서 담합심사는 공동행위에 효율성증대 효과가 전혀 없다고 판단되면 종료된다. 다만 명백히 경쟁을 제한하는 공동행위더라도 효율성을 증대시키기 위해 필요한 것으로 인정될 경우 경쟁제한 효과와 효율성증대 효과를 종합적으로 고려하여 위법성 정도가 판단된다.

「공동행위 심사기준」에서는 다음과 같은 네 가지 유형의 공동행위를 명백히 경쟁을 제한하는 경우로 제시하고 있다. 첫째, 사업자 간에 가격을 결정 또는 변경하는 행위다. 둘째, 사업자 간에 생산량을 결정 또는 조정하는 행위다. 셋째, 사업자 간에 거래지역 또는 거래상대방을 제한·할당하는 행위다. 넷째, 사업자 간에 입찰가격 또는 낙찰예정자를 사전에 결정하는 행위다. 이들 공동행위는 과거에 경성 카르텔hard cartel로 불렸다. 그 외 나머지 공동행위는 연성 카르텔soft cartel로 불렸다.

　사무처가 공동행위와 관련된 시장의 생산, 유통, 경쟁 구조 등을 구체적으로 분석하는 이유는 공동행위에 참여한 기업의 시장지배력을 심사하기 위해서다. 참고로 기업의 시장지배력은 기업의 시장점유율market share로 측정된다. 공동행위에 참여한 기업의 시장지배력이 높다는 것은 경쟁을 제한함으로써 더 많은 이윤을 부당하게 취할 수 있다는 것을 의미한다. 이 점에서 기업의 시장지배력은 공동행위의 의도를 판단할 수 있는 기초자료로 활용된다. 또한 사무처는 공동행위의 성격을 파악하기 위해 시장수요의 특성, 가격의 구성요소 등도 살펴본다.

　공동행위의 성격상 효율성증대 효과를 동반하는 경우 경쟁제한 효과와 효율성증대 효과를 비교형량 하기 위해 나머지 심사 절차가 진행된다. 「공동행위 심사기준」에서 공동행위의 효율성증대 효과를 인정하는 것은 기업의 공동행위가 반드시 나쁜 것은 아니라는 것을 인정하는 것처럼 보인다. 다만 그 인정 범위는 매우 제한적이고 엄격해야 한다는 것이 「공동행위 심사기준」의 기본입장이다.

　공동행위의 위법성 심사 2단계에서는 공동행위의 경쟁제한 효과를 분석한다. 공동행위의 성격상 경쟁제한 효과만을 발생시키는 것이 명백한 경우 공동행위에 대한 합의의 존재만으로도 공동행위의 위법성이 입증되기 때문에 별도로 경쟁제한 효과를 분석할 필요가 없다. 이와 달리 공동행위의 성격상 효율성증대 효과가 동시에 발생한다면 구체적인 시장분석을 통해 공동행위의 경쟁제한 효과를 분석한다.

공동행위의 경쟁제한 효과를 판단하기 위한 첫째 요소는 공동행위에 참여한 기업의 시장지배력 정도다. 시장지배력이 높은 기업일수록 공동행위를 통해 경쟁제한 효과를 높일 수 있다. 둘째 요소는 공동행위에 참여한 기업 간의 경쟁제한 정도다. 공동행위가 얼마나 기업의 경쟁기회, 경쟁수단, 경쟁방법을 제한하는지에 따라 경쟁제한 정도가 판단될 수 있다. 공동행위의 경쟁제한 효과는 두 요소를 종합적으로 고려하여 판단된다.

공동행위의 경쟁제한 효과는 다시 5단계로 나뉘어 분석된다. 첫 번째 단계에서는 공동행위가 목적하는 관련 시장을 획정한다. 시장의 범위를 어떻게 정하느냐에 따라 기업의 시장지배력이 달리 측정될 수 있기 때문이다. 두 번째 단계에서는 공동행위에 참여한 기업의 시장점유율을 산정한다. 시장점유율은 매출액 기준으로 산정된다. 세 번째 단계에서는 공동행위에 참여한 기업의 시장점유율 합계가 20% 이하면 공동행위의 경쟁제한 효과가 없거나 미미하다고 판단하여 위법성 심사를 종료한다. 공동행위에 참여한 기업의 시장점유율 합계가 20%를 초과하면 위법성 심사를 계속 진행한다. 네 번째 단계에서는 공동행위에 참여한 기업의 시장지배력을 심사한다. 마지막 단계에서는 공동행위의 경쟁제한 정도를 종합적으로 심사한다.

사무처는 시장점유율, 해외기업의 진출 정도, 신규진입의 가능성 등을 종합적으로 고려하여 공동행위에 참여한 기업의 시장지배력을 심사한다. 공동행위가 기업의 시장지배력 결정, 유지, 증대시키는 데 미치는 영향을 종합적으로 판단하기 위해서다. 경쟁을 제한하는 공동행위가 효과적일 경우 공동행위에 참여한 기업의 시장점유율은 장기간 동일하게 나타나는 경향이 짙다. 그러나 기업의 시장점유율이 장기간 동일하게 유지된다고 해서 경쟁을 제한하는 공동행위가 반드시 존재하는 것은 아니다. 또한 공동행위에 참여한 기업의 시장지배력은 해외기업의 진출 정도에 따라 달라질 수 있다. 그러나 국내외 기업이 함께 담합하는 경우도 존재하기 때문에 해외기업의 진출 정도가 기업의 시장지배력에 별다른 영향을 미치지 않을 수 있다. 신규기업의 시장진입 가능성도 기업의 시장지배력에 영향을 미칠 수 있다. 신규진입이 잦을수록 기존기업의 시장지배력은 유지되기 어렵기 때문이다.

사무처는 공동행위의 경쟁제한 정도를 심사할 때 5가지 요소를 고려한다. 첫째, 공동행위에 대한 모니터링 시스템 또는 제재수단이 존재하는지의 여부를 살펴본다. 공동행위를 유지하기 위해 체계적인 제재수단이 존재한다면 경쟁제한 정도가 높다고 판단될 수 있다. 둘째, 공동행위의 존속기간을 살펴본다. 공동행위가 오랫동안 존속되었다면 그만큼 공동행위의 경쟁제한 정도가 크다고 판단될 수 있다. 셋째, 공동행위에 참여한 기업이 공동으로 사용하는 자산과 시설의 비중과 중요도를 살펴본다. 넷째, 공동행위에 참여한 기업 간에 재무적인 이해 관계가 밀접한지를 살펴본다. 다섯째, 공동행위에 참여한 기업 간에 경쟁을 허용한 수준을 살펴본다. 기업이 경쟁을 제한하는 공동행위에 합의하였더라도 다른 부분에서 서로 경쟁할 여지가 존재할 수 있기 때문이다.

공동행위의 경쟁제한 효과를 종합적으로 분석한 결과, 공동행위가 경쟁제한 효과를 발생시키는 것으로 판단되면 3단계 심사 절차를 진행한다. 다만 공동행위가 경쟁제한 효과를 발생시키지 않는 것으로 판단될 경우 위법성 심사는 종료될 수 있다. 그러나 이 단계에서 위법성 심사가 종료될 가능성은 매우 희박하다. 이 단계에서 위법성 심사가 종료된다는 것은 경쟁제한 효과와 효율성증대 효과가 동시에 발생할 수 있다는 판단을 번복하는 것과 같기 때문이다.

공동행위의 위법성 심사 3단계에서는 공동행위의 효율성증대 효과를 분석한다. 공동행위가 경쟁을 제한하는 효과를 가져오더라도 규모의 경제economies of scale, 범위의 경제economies of scope, 위험 배분, 지식 및 경험의 공유에 의한 혁신 촉진, 중복 비용의 절감 등을 통해 생산 또는 비용 효율성을 증대시킬 수 있다. 공동행위의 효율성증대 효과를 인정받기 위해서는 소비자편익 또는 소비자후생의 증가가 반드시 입증되어야 한다. 단순히 산출량 감축, 시장 분할 또는 시장지배력의 행사로 발생하는 효율성증대 효과는 인정되지 않는다. 공동행위가 상품 및 용역의 품질 저하를 초래할 경우에도 효율성증대 효과는 인정되지 않는다. 생산비용 절감으로 상품 및 용역의 품질이 저하되었다면 효율성이 개선되었다고 주장할 수 없다. 공동행위의 효율성증대 효과는 그 외 방법으로 달성되기 어렵다고 판단되는 경우에만 제한적으로 인정된다. 이에 대한 입증책임은 공동행위에 참여한 기업에 있다.

공동행위의 위법성 심사 4단계에서는 공동행위의 경쟁제한 효과와 효율성증대 효과를 비교한다. 공동행위의 효율성증대 효과가 경쟁제한 효과를 상쇄할 정도로 크다면 공동행위에 대한 처벌 수위는 낮아질 수 있다. 아무리 공동행위의 효율성증대 효과가 크더라도 이 단계에서 공동행위의 위법성이 기각되는 경우는 흔하지 않다.

사무처는 공동행위에 대한 심사가 종료되면 심사결과에 따라 위원회 전원회의 또는 소회의에 상정할 심사보고서를 작성한다. 사무처는 담합 심사에 착수한 사건이라면 최종적으로 위원회에 심사보고서를 안건으로 상정하는 것을 목표로 삼는다. 그만큼 담합에 대한 조사와 심사에 심혈을 기울인다. 또한 담합은 모두에게 민감할 뿐만 아니라 기업이나 소비자에게 중대한 영향을 미칠 수 있는 사안이므로 모든 판단과 심사에 신중을 기한다.

제 12 장

법원의 구원 등판

The Sherman Act aimed at illegal combination.[1]

- John Sherman -

공정거래위원회에는 공정거래법 제1조에 따라 공정하고 자유로운 경쟁을 촉진함으로써 창의적인 기업활동을 조장하고 소비자를 보호함과 함께 국민경제의 균형 있는 발전을 도모할 법적 책임이 있다. 기업의 담합 또는 부당한 공동행위는 공정하고 자유로운 경쟁을 제한하는 중대한 경제 범죄다. 따라서 엄격하게 규제되고 처벌되어야 한다. 그러나 위원회가 한 치의 오차도 없이 기업의 담합을 인지, 조사, 심사하는 것은 쉬운 일이 아니다. 누구라도 남 모르게 몇몇이 자기들끼리만 은밀하게 짜고 하는 담합의 위법성을 분명하고 확실하게 입증하는 것은 쉬울 수 없다.

위원회는 기업의 담합을 오랫동안 조사하고 심사하면서 수많은 기업의 민낯과 위선을 목격했을 것이다. 기업은 자유로운 시장경제를 외치면서 시장을 독점하고 싶어 하는 위선적인 존재라는 것을 뼈저리게 경험했을 것이다. 이러한 경험을 바탕으로 위원회는 기업에게서 어떠한 선한 의도도 찾아볼 수 없다고 믿는 경향이 짙다. 종종 위원회가 기업을 무리하게 몰아붙이는 이유다.

전국경제인연합회(이하, 전경련)는 2015년 8월 27일에 2006년 1월부터 2015년 7월까지 대법원에서 판결된 담합과 관련된 소송 197건 중에서 위원회가 전부패소 또는 일부패소한 소송이 89건이라고 발표하였다.[2] 이에 따르면 위원회는 약 10년 동안 담합과 관련된 대법원 소송 중에서 66% 승소하고 44% 패소하였다. 이 수치만 보면 전경련 입장에서 위원회가 담합사건을 공정하게 심결하지 않았다고 불만을 토로할 만하다.

전경련은 위원회가 높은 패소율을 보인 이유로 세 가지를 제시하였다. 첫째, 담합 증거가 부족한 상황에서 사무처가 담합을 무리하게 추정하고, 이를 위원회가 대부분 인정하기 때문이다. 사무처가 담합의 위법성을 입증하는 일이 간단치 않다는 것을 반증하는 대목이다. 둘째, 정부의 행정지도에 따른 공동행위를 위법하다고 심결하기 때문이다. 이러한 평가는 위원회도 모르게 정부가 가격규제를 애매모호하게 지도하는 경우가 많다는 것을 시사한다. 셋째, 담합의 위법성은 인정되나 과징금을 과도하게 산정하기 때문이다. 과징금을 많이 걷는다고 해서 사무처

임직원이 성과급을 받는 것은 아니다. 과징금을 산정할 때 시장을 잘 아는 기업이 도와주면 될 일이다.

한편 전경련의 계산방식은 두 가지 측면에서 위원회의 패소율을 왜곡하였다. 첫째, 일부패소는 위원회의 입장에서 일부승소에 해당한다. 일부패소를 일부승소로 계산할 경우 위원회의 패소율은 크게 낮아진다. 둘째, 위원회의 담합 심결의 공정성은 소송 수가 아니라 사건 수로 평가되어야 한다. 위원회는 동일한 담합사건에 대하여 담합에 참여한 기업수와 상관없이 대개 동일한 심결을 내리기 때문이다.

위원회가 매년 발행하는「공정거래백서」에서 보고되는 통계로 계산해 보면 2011년부터 2015년까지 최종 판결된 담합사건 110건 중에서 위원회가 전부패소한 담합사건은 8건에 불과하다.[3,4,5,6,7,8] 담합사건 수를 기준으로 위원회의 패소율을 계산하면 7.3%밖에 되지 않는다. 동일 기간에 위원회가 일부승소한 담합사건 20건을 포함하더라도 위원회의 패소율은 25.5%로 전경련이 제시한 수치보다 낮다. 전경련이 주장한 것만큼 위원회가 담합을 잘못 심결한 것은 아닌 듯하다.

위원회는「공동행위 심사기준」에 따라 기업의 담합이 위법한지를 심결한다. 그럼에도 불구하고 위원회의 심결이 언제나 완벽한 것은 아니다. 보이고 싶은 손에 너무 많은 힘이 들어가면 때론 실수할 수 있다. 기업이 위원회의 심결에 승복하지 않고 고등법원에 행정소송을 제기하는 것도 이 때문이다. 법원이 기업의 담합사건에 등판하는 이유다. 또한 기업은 고등법원의 판결에 만족하지 못할 경우 대법원에 상고할 수 있다. 위원회도 마찬가지다.

떨리는 손과 입

2012년 7월에 리보(LIBOR)London Inter-Bank Offered Rates 담합사건이 전 세계를 발칵 뒤집어 놓았다.[9] 세계 유수의 은행인 바클레이즈Barclays, 유비에스UBS, 스코틀랜드 로열 뱅크Royal Bank of Scotland 등이 리보를 담합한 이유로 적게는 5천억 달러, 많게는 1조 5천억 달러의 벌금을 납부하기로 공정거래당국과 합의한 사실이 알려졌기 때문이다. 리보는 유럽 등에서 대출금리, 파생상품, 금리스왑 등 금융상품의 가격산정에 가장 기본이 되는 기준금리다.

이들 은행은 두 가지 이유로 리보를 담합한 것으로 드러났다. 첫째 이유는 금리스왑 거래수익을 임의로 높이기 위해서였다. 금리스왑 거래 담당자는 수익을 낼 수 있는 특정 금리를 리보 제출자에게 요청하였고, 리보 제출자는 이를 받아들여 금리를 제출한 것으로 조사되었다. 리보는 은행이 매 영업일 11시 10분 전까지 영국 은행연합회에 제출한 금리를 평균한 값으로 11시 30분에 고시된다. 둘째 이유는 2008년 글로벌 금융위기 이후 은행 차원에서도 낮은 금리를 제출할 유인이 컸다. 은행이 리보 산정을 위해 제출한 금리는 시장에서 그 은행의 자금조달 상황을 보여주는 지표로 활용되었다. 예를 들면, 은행이 리보를 높게 제출하면 시장은 그 은행의 자금조달 사정이 좋지 않다는 신호로 읽었다. 이를

〈그림 12.1〉 2009년 12월~2013년 6월 중 91일물 CD금리 [11]

원하지 않았던 은행이 금리를 실제보다 낮게 제출했다.

유럽과 미국에서 리보 담합사건이 터지자마자 위원회도 2012년 7월 17일에 우리나라에서 리보와 같은 역할을 하는 CD금리에 대한 담합이 존재하는지를 조사하기 시작하였다.[10] CDCertificate of Deposit는 양도성예금증서의 영문 약자로, 은행이 발행한 예금증서를 타인에게 양도할 수 있는 권리가 부여된 단기금융상품이다. 당시 CD금리도 국내에서 대출금리, 통화스왑, 금리스왑, 파생결합증권 등의 기준금리로 사용되었다. 더구나 CD금리는 2010년과 2011년에 각각 6회씩 영업일 기준 20일 동안, 2012년에는 4월 9일부터 7월 11일까지 고정된 것처럼 위아래로 거의 움직이지 않았다.

〈그림 12.1〉을 살펴보자.[11] 91일물 CP금리는 통안증권금리가 상승하거나 하락할 때 어느 정도 같이 움직였으나, 91일물 CD금리는 마치 고정된 것처럼 거의 움직이지 않을 때도 있었다. 참고로 CP Commercial Paper는 기업어음의 영문 약자로 CD와 같이 단기금융상품 중에 하나다. 통안증권은 한국은행이 발행하는 통화안정증권의 줄임말이다. 이를 근거로 위원회는 외형상 CD금리 담합이 존재했다고 추정할 만하다.

위원회가 CD금리 담합을 조사한다는 소식에 언론도 온갖 의혹을 제기하기 시작하였다. 특히 리보 담합사건과 맞물리면서 국내 은행이 CD금리 담합으로 부당한 이득을 취한 게 아니냐는 의구심이 언론을 통해 급격하게 퍼졌다. 예를 들면, 금융소비자원은 2012년 7월 27일에 CD금리가 은행의 담합으로 높게 유지된 것이라면 은행은 연간 약 1조 6천억 원의 이자수익을 더 올린 것으로 추정된다고 발표하였다.[12]

은행의 CD금리 담합에 대한 논란은 위원회가 담합조사에 착수한 지 4년이 지나서야 일단락되는 듯하였다.[13] 사무처는 2016년 2월에 CD금리 담합을 이유로 은행 6곳에 시정명령과 5조 원이 넘는 과징금을 부과하는 내용의 심사보고서를 작성하였고, 이후 2개월 동안 은행 6곳으로부터 소명의견서를 제출받아 2016년 6월 22일에 위원회 전체회의에 안건으로 상정하였다. 그러나 위원회는 2016년 7월 6일에 열린 제3차 전체회의에서 법 위반여부를 결정하기가 어렵다는 이유로 CD금리 담합에 대한 심의 절차를 종료하기로 의결하였다.

언론에서는 거의 4년 만에 내려진 CD금리 담합에 대한 심의 결과를 두고 무리한 밀어붙이기 수사가 낳은 결과라든지, 지난 4년 동안 변죽만 울렸다든지, 자기 식구도 설득시키지 못했다는 식으로 위원회와 사무처를 강하게 비난하였다.[14] 사무처는 이를 해명하기 위해 이례적으로 제목도 없는 보도참고자료를 배포하였다.[15] 그 내용의 골자는 이렇다. 첫째, 사무처가 전문성이 부족했기 때문에 CD 시장의 상황을 충분히 이해하지 못하고 CD금리 담합이 존재했다고 결론지은 것이 아니냐는 비난은 사실과 다르다. 둘째, 담합조사와 심사가 너무 장기화된 것은 은행의 암묵적 합의를 입증하기 위해 정황적 증거를 세밀하게 검토해야 했기 때문이다. 사무처가 경제적 증거는 살펴보지 않았다는 뜻으로 읽힌다.

사무처는 리보 담합사건이 터지자마자 직권으로 CD금리 담합을 조사하기로 결정하였다. 우연을 가장한 필연이었다. 어쩌면 보이고 싶은 손이 자꾸 꿈틀대서 그런 것일 수 있다. 그런데 CD금리 담합을 조사하면 할수록 미궁에 빠졌던 듯하다. 외형상으로는 분명히 담합의 흔적이 보이는데 마땅한 증거나 정황이 포착되지 않았기 때문이다. 사무처가 CD금리 담합을 조사하기 시작한 시점으로부터 담합이 존재하였다는 판단을 내리기까지 3년 7개월이나 걸렸다. 당장에라도 뽑았던 칼을 숨기고 싶었겠지만 그러질 못하였다. 보이고 싶은 손이 머뭇거린 듯하다.

위원회가 이례적으로 은행의 손을 들어주기 전까지 CD금리 담합에 참여한 것으로 의혹을 받았던 은행 6곳도 떨리기는 마찬가지였을 것이다. 은행들은 사무처가 담합조사에 착수하자 CD금리를 조작할 이유가 없다고 항변하였다. 만약 CD금리 담합이 사실로 드러날 경우 그 파장은 만만치 않았을 것이다. 국회의원 57명이 2016년 7월 26일에 「6개 은행 CD금리 담합사건 검찰 수사 촉구 결의안」을 국회에 제출한 것만 봐도 가히 짐작할 만하다.[16]

사무처의 판단대로 은행이 CD금리를 높게 고정하면 더 많은 이득을 본다는 것은 분명한 사실이다. 이 점에서 사무처가 CD금리 담합사건을 무리하게 조사하였다고 단정하기 어렵다. 그러나 CD금리 담합조사가 뚜렷한 이유 없이 장기화되었다는 점에서 사무처가 여러 비난을 모면하기는 어려웠다. 누구보다도 담합의 특성을 잘 알고 있는 사무처가 심사보고서를 늦게 완료한 것도 변명의 여지가 없다. 특히 사무처는 CD금리 담합사건을 3년 7개월 동안 조사하면서 첫 조사 때 확보한 메신저 기록 이외의 다른 증거를 제시하지 못하였다고 한다.[17]

CD금리가 외형상 담합한 것처럼 보인 이유는 CD 시장에 시장실패market failure가 존재하였기 때문일 수 있다.[18] 당시에 CD는 거의 유통되지 않았기 때문에 CD가 활발하게 발행되어야 의미 있는 CD금리가 고시될 수 있었다. 증권회사는 은행이 발행하는 91일물 CD금리를 매 영업일 오전 11시 30분과 오후 3시 30분에 금융투자협회에 보고한다. 금융투자협회는 이를 취합해 매 영업일 오전 12시와 오후 4시에 CD금리를 공시한다. 그런데 CD가 활발하게 발행되지 않아 CD금리가 고시되지 못할 경우 CD금리를 기준금리로 사용하는 금융상품의 금리 또는 가격이 결정되지 못하는 상황으로 번질 수 있다. 즉 CD 시장의 실패가 다른 시장의 실패로 이어질 개연성이 매우 컸다. 이를 전문 용어로 부(-)의 외부성negative externalities이 존재한다고 말한다.

이러한 사태를 방지하기 위해 증권회사는 최선의 호가를 선택하는 방식으로 CD금리를 보고하였던 것으로 추정된다. 최선의 호가란 CD 발행시장의 상황에 따라 증권회사가 가장 합리적으로 선택할 수 있는 CD금리를 제출하는 행위를 의미한다. 또한 증권회사는 담합으로 오인받지 않기 위해 최선의 호가를 선택할 유인이 매우 높았다. 그런데 CD 발행이 충분하지 못한 시장 상황에서 증권회사가 최선의 호가를 선택하면 CD금리가 변하지 않고 경직적으로 보이는 현상이 역설적으로 나타날 수 있다. 이 때문에 외형상 CD금리 담합이 존재한 것처럼 보였을 수 있다.

증권회사가 최선의 호가를 제출하는 경우는 크게 세 가지다. 첫째, 보고 당일에 CD 발행이 전혀 없는 경우다. 이 경우 증권회사가 선택할 수 있는 가장 최선의 CD금리는 '가장 최근의 시장 상황을 잘 반영하는' 어제의 고시금리다. 물론 증권회사는 CD 발행이 전혀 없더라도 임의로 시장금리와 일정한 격차를 두고 CD금리를 제출할 수 있다. 또는 시장금리가 잘 반영된 CP금리를 참고하여 CD금리를 제출할 수 있다. 그러나 이에 대한 객관적이고 합리적인 근거는 제시되기 어렵다. 여러 증권회사가 동일하게 그렇게 한다면 담합으로 오인당하기 쉽다.

둘째, 보고 당일에 몇몇 증권회사만 CD 발행을 중개한 경우다. 이들 증권회사는 어제의 고시금리와 다른 CD금리를 보고할 수 있다. 당일

CD 발행을 중개하지 못한 증권회사도 이들 증권회사와 동일한 수준으로 CD금리를 보고할 수 있다. 이 경우 CD금리는 어제의 고시금리와 다를 수 있기 때문에 경직성이 나타나지 않을 수 있다. 그러나 그렇게 할 경우 CD금리를 담합했다고 오인당하기 쉽다. 이 때문에 CD 발행을 중개하지 못한 증권회사는 어제의 고시금리를 선택하는 것이 최선이다. 이 경우에도 CD금리는 외형상 경직적으로 보일 수 있다.

셋째, 보고 당일에 모든 증권회사가 CD 발행을 중개한 경우다. 이 경우 각 증권회사는 CD 발행을 중개한 실적을 토대로 CD금리를 보고하면 된다. 어제의 고시금리가 아닌 오늘의 발행금리가 최선의 호가이기 때문이다.

세 가지 경우를 모두 고려해 보면 CD 발행이 활발하지 못할 경우 CD금리는 외형상 경직적으로 보일 가능성이 크다. 그렇다면 외형상 CD금리가 경직적이라는 이유만으로 CD금리 담합이 존재했다고 단정하기는 어렵다. 다만 사무처가 증권회사가 아닌 은행을 상대로 담합 의혹을 제기했다는 점은 다시 한번 짚어볼 만하다. 은행은 증권회사와 달리 CD 발행을 제한하는 방식으로 CD금리를 일정 기간 고정시킬 수 있기 때문이다. 사무처가 이를 알지 못했다면 은행이 아닌 증권회사를 상대로 담합을 조사하고 심사했을 것이다. 이 점에서 전문성이 부족하다며 사무처를 비난하는 것은 부적절하다.

그럼에도 불구하고 CD금리 담합사건은 사무처의 전문성에 큰 타격을 입힌 대표적인 사례다. 잘 보이려고 하다가 떨리는 손을 다시 집어

넣지 못해 민망해진 사례다. 또한 사무처가 작성한 심사보고서의 신뢰도를 크게 떨어뜨린 사례이기도 하다. 법원이 아닌 위원회가 심사보고서를 기각했기 때문이다. 이런 경우도 있는데 기업이 위원회의 심결에 승복하는 것은 어리석어 보인다. 변호인에게 높은 수임료를 지불하더라도 시정명령과 과징금 납부명령을 취소받을 수 있다면 기업은 법원에 행정소송을 제기하는 게 유리하다고 판단할 것이다. 이렇게 법원은 담합사건에서 기업의 요청으로 등판한다.

구원투수 법원

법원이 누구의 구원투수가 될지는 모를 일이다. 기업의 요청으로 담합사건에 등판하지만 매번 기업의 손을 들어주는 것은 아니다. 고등법원이 기업의 손을 들어주더라도 대법원이 이를 파기할 수 있다. 또한 고등법원과 대법원 모두가 위원회의 손을 들어줄 수 있다. 법원이 기업의 손을 들어주는 담합사건은 흔하지 않다. 위원회가 대체로 공정하게 담합을 심결하기 때문일 것이다. 그러나 법원이 기업의 손을 들어줄 때면 법조계, 학계, 시장과 언론의 반향은 꽤 크게 인다.

　라면가격 담합사건은 정보교환 행위만을 근거로 부당한 공동행위가 존재했다고 판단할 수 있는가에 대한 찬반 논쟁을 불러일으키며 공정거래법 제19조의 한계를 드러냈다.[19] 서울고등법원은 2013년 11월 8일에 N사가 위원회의 시정명령과 과징금 납부명령 취소를 청구한 소송에서 가격인상과 관련된 핵심적인 정보를 지속해서 교환해 온 사실 등으로 미루어 보아 암묵적 합의가 존재한다고 판단하여 N사의 청구를 기각하였다.[20] 그러나 대법원은 2015년 12월 24일에 정보교환 행위 자체를 공동으로 가격을 결정 또는 유지하기 위한 합의로 볼 수 없다며 서울고등법원의 판결을 파기하고 사건을 다시 서울고등법원에 환송하였다.[21] 다만 대법원은 오랫동안 가격 등 다양한 정보를 서로 교환하고 각자가 독립적으로 의사결정에 반영한 것은 경쟁제한의 효과가 있다고 볼 수 있다고 판시하였다.

대법원 주문의 주된 판단근거는 크게 네 가지로 요약된다. 첫째, S사가 자진신고한 내용이 직접 경험한 것이 아닐 수 있어 신빙성을 전적으로 부여하기 어렵다. 특히 N사에 업계 선두자리를 빼앗긴 S사는 시장점유율을 고착화할 수 있는 가격담합을 합의할 유인이 크지 않다. 그래서 S사가 가격담합에 대한 합의가 존재했다고 주장하는 것은 받아들여지기 힘들다. 둘째, 단순한 정보교환만으로 암묵적 합의가 성립된다고 볼 수 없다. 합의의 존재는 합의에 관한 의사연결의 상호성 또는 의사의 합치가 입증되어야 인정될 수 있다. 그러나 라면회사들의 가격인상 폭이 다양하여 외형상 일치가 인정될 수 있는지가 불분명하다. 또한 위원회가 합의의 증거라고 제출한 자료는 가격인상에 대한 의사를 서로 연락했는지를 추단하기에 부족하다. 셋째, 2001년부터 선두업체가 라면가격을 올리면 후발업체가 이를 추종하는 것이 오랜 관행이었다. 또한 사실상 정부가 여전히 라면가격을 통제하고 있었다. 그뿐만 아니라 원가상승으로 라면가격을 인상해야 할 상황에서 N사가 정부와 협상해 라면가격을 먼저 인상한 것을 두고 합의에 의한 것이라고 볼 수 없다. 넷째, 구가지원이 담합을 유지하거나 이탈을 제재하는 수단으로 사용되었을 수도 있지만, 원가상승에도 불구하고 가격을 늦게 인상하는 경쟁사에 대응하여 가격경쟁력을 확보하기 위한 수단으로 이해된다.

라면가격 담합사건에 대한 고등법원과 대법원의 판결을 살펴보면 부당한 공동행위의 여부를 판단할 때 담합의 성립요건 중에서 합의의 존재를 가장 비중 있게 다룬다는 것을 알 수 있다. 담합사건을 조사하고 입증해야 하는 위원회도 마찬가지다. 합의의 존재를 담합의 성립요건 중에서 가장 중요한 사안으로 여긴다. 그러나 라면회사가 미래에 대한 정보를 교환했다는 점을 감안할 경우 라면가격 담합사건은 달리 판단될 여지가 존재한다. 라면회사는 서로가 가격인상의 계획을 상세하게 교환하였기 때문에 가격인상에 대한 명시적 합의는 존재하지 않았더라도 암묵적 합의에 도달했을 수 있기 때문이다.

시장경제의 경쟁을 촉진하기 위해 기업의 담합을 규제하는 것이라면 부당한 공동행위에 대한 합의의 존재를 입증하거나 추정하는 것이 중요한 쟁점이 아닐 수 있다. 대법원이 판시했던 것처럼 정보교환 행위 자체가 경쟁을 얼마나 제한하였는가가 더 중요한 쟁점일 수 있다. 예를 들면, 라면가격 담합사건에서 정보교환 행위가 경쟁을 제한하는 공동행위로 연결될 개연성은 부인될 수 없다. 원가상승이 없더라도 라면회사는 가격인상 정보를 서로 교환하는 것만으로도 라면가격을 비슷한 시기에 비슷한 폭으로 인상할 수 있기 때문이다. 라면회사가 가격인상 자체를 명시적으로나 암묵적으로 합의하지 않았더라도 말이다.

합의의 존재를 입증해야 하는 위원회의 입장에서 말해 보자면 정보교환에 대한 합의가 존재한다면 가격인상에 대한 암묵적 합의도 존재한다고 추정할 수 있어야 한다. 그러나 현행 공정거래법 체계에서는 상호인과관계가 분명한 복수의 공동행위를 결합하면 담합의 성립요건을 전체적으로 충족하나 각각의 공동행위가 담합의 성립요건을 충족하지 못하면 부당한 공동행위로 판단하지 않는 듯하다. 또한 기업의 정보교환 행위는 공정거래법 제19조 제1항에 나열된 공동행위에 해당하지 않는다. 이 때문에 가격정보 교환에 대한 합의가 존재해도 부당한 공동행위로 판단될 수 없는 한계가 있다.

대법원이 2014년 7월 24일에 내린 생명보험사 예정이율·공시이율 담합사건에 대한 판결도 라면가격 담합사건에 대한 판결과 크게 다르지 않다.[22,23,24,25] 이 담합사건은 위원회가 서울고등법원이 내린 판결에 불복하여 대법원에 상고한 사례여서 매우 흥미롭다. 서울고등법원은 두 가지 이유를 들어 생명보험사의 손을 들어주었다. 첫째, 16개 생명보험사가 2001년부터 2006년까지 미래의 예정이율과 공시이율에 관한 정보를 교환한 행위가 있었다는 사정만으로 부당한 공동행위가 존재했다고 볼 수 없다. 둘째, 16개 생명보험사가 2001년부터 2006년까지 정보교환 행위를 통해 각자의 이율을 결정하여 왔다는 사정만으로 그들 사이에 '공동으로 이율을 결정'하기로 합의했다고 인정할만한 증거가 부족하다. 대법원도 정보교환 행위 자체는 담합의 판단대상이 아니라며 서울고등법원의 판단이 타당하다고 판결하였다. 생명보험사가 공동으로 이율을 결정하기로 합의한 사실을 입증해야 부당한 공동행위로 인정될 수 있다는 뜻이다.

위원회가 라면가격 담합사건과 생명보험사 예정이율·공시이율 담합 사건에서 패소한 근본적인 원인은 가격의 외형상 일치를 근거로 합의의 존재를 무리하게 주장하였기 때문이다. 특히 암묵적 합의의 존재는 개연성만으로는 입증되지 않는다는 것을 알면서도 말이다. 대법원도 두 사건 모두에서 가격의 외형상 일치가 인정될 만큼 추가증거가 충분하지 않다고 판단하는 방식으로 가격결정에 대한 합의의 존재를 부인하였다. 그럼에도 불구하고 정보교환 행위가 암묵적 합의의 수단으로 활용되었다고 주장한 것은 타당해 보인다. 보험료 대부분을 차지하는 예정이율·공시이율에 대한 정보를 공유한 것 자체가 각 사의 보험료 산정에 영향을 미칠 수 있기 때문이다. 그러나 대법원은 위원회의 주장을 받아들이지 않았다.

위원회가 생명보험사 예정이율·공시이율 담합사건의 위법성에 대한 입증 방법을 달리했다면 대법원에서 패소하지 않았을 것이다. 생명보험사가 예정이율을 낮게 유지하기로 합의하지 않았더라도 예정이율에 대한 정보를 서로 교환함으로써 경쟁을 상당히 제한하였으므로 부동한 공동행위로 처벌되어야 한다고 주장하였다면 말이다. 라면가격 담합사건은 원가상승이 가격인상의 근본적인 원인이었다는 점에서 정보교환

행위 자체가 가격인상에 대한 합의로 이어졌다고 인정되지 않을 수 있었다. 라면회사들이 가격인상을 합의할 뚜렷한 유인도 존재하지 않았다. 그러나 생명보험사 예정이율·공시이율 담합사건은 두 가지 측면에서 다르다. 첫째, 이율에 대한 정보교환 행위가 이율인하에 대한 공동행위로 이어질 개연성이 매우 높았다. 둘째, 생명보험사들이 이율을 낮게 유지할 유인도 매우 컸다.

확정금리형 생명보험상품에 적용되는 예정이율만을 고려해 보자.[26,27] 확정금리형 생명보험상품의 보험료는 기본적으로 예정위험율, 예정이율, 예정사업비율에 기초하여 산출된다. 예정이율이 보험료에 미치는 영향은 약 85%에 이른다. 그만큼 예정이율은 보험료를 결정하는 중요한 가격요소다. 그런데 보험료의 85%를 설명하는 예정이율을 일정 수준으로 고정하면 생명보험사는 보험료의 나머지 15%에 대해서만 경쟁하면 된다. 생명보험사 간에 보험료를 경쟁할 유인이 그만큼 낮아진다고 볼 수 있다. 또한 예정이율이 낮으면 보험료는 높아진다. 생명보험사 입장에서 보험료는 수익revenue이기 때문에 보험료가 높은 게 좋다. 따라서 생명보험사는 보험료 대부분을 설명하는 예정이율을 낮게 유지하는 게 이득이다.

한 연구원의 자료에서는 생명보험사 예정이율·공시이율 담합사건에 대한 대법원의 판결을 다음과 같이 논평하였다.[28] '이번 시정명령 및 과징금 부과 취소 판결의 또 하나의 주요 근거는 각 보험회사가 교환된 정보를 반영하여 "각자의" 이율을 결정하였고, 이에 따라 각자의 이율에도 뚜렷한 외형상 일치가 없었다는 점임. (중간생략) 향후 보험회사는 각자가 보험료를 독자적으로 결정하였다는 근거를 확실하게 남겨 (중간생략) 법규 리스크를 낮출 필요가 있음.' 이는 가격에 대한 정보를 교환하더라도 각자가 독립적으로 가격을 결정한 근거를 남기면 담합규제를 피할 수 있다는 뜻으로 풀이될 수 있다.

위원회나 법원이 부당한 공동행위의 존재 여부를 판단할 때 공정거래법 제19조 제1항에 나열된 경쟁을 제한하는 공동행위에 대한 합의의 존재를 입증하는 것을 중시하는 것은 당연하다. 그러나 합리의 원칙에 기반하여 정보교환 행위를 판단하자면 정보교환 행위는 친경쟁적 편익과 반경쟁적 손해를 모두 야기할 수 있다. 물론 정보교환 행위 자체가 경쟁을 제한하는 공동행위에 해당되지 않기 때문에 합리의 원칙을 적용할 수 없다. 그럼에도 불구하고 정보교환 행위에 따른 반경쟁적 손해가 친경쟁적 편익보다 크다면 담합규제의 목적상 정보교환 행위가 암묵적 담합으로 연결되었다고 인정될 필요가 있다.

법원은 공동행위의 위법성을 판단할 때 위원회와 달리 사회 전체의 공공복리를 고려할 때가 종종 있다. 공동행위의 위법성 성립요건 중에서 네 번째 요건에 해당하는 부당성을 별도로 판단하기 때문이다. 또한 담합의 부당성은 사회 전체의 공공복리에 미치는 영향으로 판단하는 것이 규제의 목적에도 부합한다고 보기 때문이다. 다만 법원이 부당성 요건을 공동행위의 위법성 성립요건으로 인정하는 사례는 아직까지 드물다.

화물자동차 차주로 구성된 화물연대가 2003년 5월 2일에 전면 파업에 돌입하였다.[29,30,31] 당시 화물연대 파업의 표어는 "물류를 멈춰 세상을 바꾸자."였다. 그만큼 화물연대 파업의 파괴력은 상당하였다. 처음으로 물류대란을 겪은 정부는 화물연대 파업을 수습하려고 많은 애를 썼다. 정부는 파업 2주 만인 2003년 5월 15일에 화물연대의 주요 요구안을 수용한 '노·정 합의문'을 발표하였다.

이렇게 화물연대 파업은 일단락되는 듯하였다. 그러나 화물자동차 운송회사가 '노·정 합의문'을 제대로 이행하지 않자, 화물연대는 2003년 8월 21일에 다시 전면 파업에 돌입하였다. 다음날 건설교통부는 이를 해결하고자 「화물연대 관련 컨테이너 운송회사 임원 대책 회의」를 개최하였다. 또한 건설교통부는 회의 직후 운송회사 대표들에게 "화물연대가 파업을 철회하면 운송업체도 운송료를 13% 인상하겠다."는 내용의 성명서를 발표하도록 하였다. 이렇게 정부의 강력한 개입으로 화물연대 파업은 다시 철회되었다.

건설교통부의 부단한 노력으로 화물연대 파업이 마무리되는 듯하였지만, 공정거래위원회는 2003년 12월 11일에 12개 컨테이너 육상운송사업자(이하, 운송회사)에게 컨테이너 운임적용률과 운송관리비를 담합한 이유로 시정명령과 함께 과징금 총 2억 5천 4백만 원을 부과하였다. 이에 12개 운송사업자는 위원회의 의결에 불복하여 서울고등법원에 항소를 제기하였다. 서울고등법원은 2007년 9월 19일에 위원회의 손을 들어주었다. 이에 불복한 12개 운송사업자는 대법원에 상고하였다. 대법원은 2009년 9월 7일에 서울고등법원의 판결 일부를 파기하여 환송한다고 주문하였다.

대법원이 파기한 서울고등법원의 판결 일부는 컨테이너 운임적용률을 공동으로 인상하자는 합의를 부당한 공동행위로 판단한 부분이다. 대법원은 세 가지 이유를 들었다. 첫째, 정부의 행정지도가 있었다고 볼 여지가 있다. 둘째, 화물자동차 운송회사가 받는 운송료가 인상되어야 화물자동차 운전자가 받는 하불료가 인상될 수 있었다. 셋째, 원심은 앞선 두 가지를 상세히 심리하지 않고 컨테이너 운임적용률의 공동인상에 대한 합의가 부당하다고 판단하였다.

대법원이 서울고등법원의 판결을 일부 파기한 근본적인 이유는 담합의 성립요건 중에서 네 번째 요건인 부당성을 고려하였기 때문이다. 대법원은 판결에서 가격을 공동으로 결정하거나 변경하는 행위는 원칙적으로 부당하나 특별한 사정이 있는 경우에는 부당하지 않을 수 있다고 판시하였다. 또한 두 가지 유형의 특별한 사정도 명시적으로 제시하였다. 첫째, 정부의 행정지도에 따라 적합하게 이루어진 경우 명백하게 경쟁을 제한하는 공동행위더라도 부당하지 않을 수 있다. 둘째, 경제 전반의 효율성증대로 인하여 친경쟁적 효과가 매우 큰 경우도 마찬가지다. 여기서 경제 전반의 효율성증대는 공동행위의 결과로 나타난 공공복리 증대 효과로 풀이될 수 있다. 이와 달리 친경쟁적 효과는 합리의 원칙에서 사용되는 개념으로 기업의 공동행위가 특정한 시장에서 경쟁을 촉진하는 효과를 뜻한다. 이 점에서 경제 전반의 효율성증대는 친경쟁적 효과보다 넓은 개념이라고 보는 것이 타당하다.

대법원은 운송회사가 컨테이너 운임적용률을 공동으로 인상하기로 합의한 것은 화물자동차 차주에게 지급할 하급료를 인상한 부문에 대한 재원을 마련하기 위한 것이라고 보았다. 그렇지 않을 경우 운임에 대한 출혈경쟁이 야기될 수 있고 물류대란이 또다시 발생할 수 있다고 보았다. 이 경우 국가 전체가 매우 값비싼 사회적 비용을 치러야하므로 이를 사전에 방지하기 위한 공동행위는 부당하지 않을 수 있다는 것이다. 이 판결은 부당성을 담합의 성립요건 중의 하나로 인정하는 것처럼 보인다. 또한 부당성은 공공복리에 미치는 영향에 따라 판단되어야 한다는 입장을 부분적으로 지지한 것처럼 보인다.

다만 대법원이 컨테이너 운임적용률 공동인상에 대한 합의가 경제 전반의 효율성증대를 가져왔다고 판결한 부분은 추상적이고 설득력이 약하다. 우선 운송회사의 주장과 대법원의 판결대로 운송회사가 컨테이너 운임적용률을 공동으로 인상한 것은 하급료 인상으로 줄어든 수입을 보전하기 위한 것으로 볼 수 있다. 그런데 이것만으로 경제 전반의 효율성이 증대되었다고 판단할 수 있는지는 논란의 여지가 있다. 운송회사가 컨테이너 운임적용률을 공동으로 인상한 것은 과점이윤을 보호할 목적이 더 컸다고도 주장할 수 있기 때문이다.

운송회사가 컨테이너 운임적용률을 공동으로 인상하기로 한 과정과 시점을 자세히 살펴보면 대법원이 서울고등법원의 판결을 일부 파기 환송한 이유가 더 분명하게 드러난다. 운송회사는 2003년 5월 15일 이후 계속해서 화물연대와 하불료 인상을 협상하였다. 그 와중에 운송회사는 2003년 6월 19일에 '공정거래이행협약서'도 체결하였다. 컨테이너 운송 시장의 고질적인 문제였던 운임 출혈경쟁을 방지하기 위한 조치였다. 이 협약서에는 이미 운임적용률에 대한 기준이 포함되어 있었다. 또한 정부와 운송회사는 2003년 11월 말에 새로 발표한 운임표에 기초하여 컨테이너 운임적용률의 최저비율을 공동으로 합의하였다.

대법원의 일부 파기환송에도 불구하고 서울고등법원은 환송심에서 다시 운송회사에 패소 판결을 내렸다. 이러한 공동행위가 부당하지 않다고 판결될 경우 운임적용률이 적정 수준보다 더 높은 수준에서 공동으로 결정될 수 있다고 보았기 때문이다. 또한 부당한 이윤을 취할 목적이 출혈경쟁 방지의 목적을 압도할 경우 운송회사의 컨테이너 운임적용률 공동인상의 부당성은 부인될 수 없으며 금지되어야 한다는 입장을 명시하였다. 더 쉽게 말하자면 자신이 받아가는 화물운임은 높게 올리고 화물자동차 차주에게 지급하는 하급료는 적게 줄 수 있으니 운송회사의 담합은 부당하다는 뜻이다.

서울고등법원의 환송심 판결을 거꾸로 해석하면 출혈경쟁 방지의 목적이 부당한 이윤을 취할 목적을 압도한다면 공동행위의 부당성이 부인될 수 있다는 뜻이 된다. 이는 공동행위의 위법성은 부당성 요건이 충족되어야 성립될 수 있다는 뜻과 같다. 이 점에서 서울고등법원의 환송심 판결은 매우 의미 있다. 위원회가 공동행위의 위법성 성립요건으로 고려하지 않는 부당성 요건을 인정하는 사례이기 때문이다.

끝나지 않은 경기

담합의 위법성은 입증하기가 까다롭다. 사무처와 기업이 하나의 진실을 두고 위원회, 고등법원 또는 대법원에서 다투는 이유다. 위원회는 담합한 기업을 엄중히 처벌하기로 한다. 기업은 억울하게 담합으로 오인당하였다며 진실 또는 거짓으로 법원에 호소한다. 법원은 담합사건의 진상을 파악하고 각각의 주장을 참고해 진실에 가깝게 다가서려고 한다. 그럼에도 불구하고 모든 진실이 제대로 밝혀지는 것은 아니다.

위원회에는 기업이 공정거래법 제19조를 잘 준수하는지를 감시할 책임이 있다. 이를 잘 준수하지 않는 기업을 공정거래법에 따라 처벌할 책임도 있다. 때로는 공정거래법 제19조를 개정할 것을 국회에 요구하기도 한다. 미꾸라지처럼 빠져나가는 기업의 꼼수를 차단하기 위해서다. 그뿐만 아니라 위원회는 법원에서 패소하지 않으려고 노력한다. 물론 가끔 보이고 싶은 손에 너무 많은 힘을 주다가 실수할 때도, 칼자루를 너무 세게 쥐다가 다칠 때도 있지만 말이다.

기업이 공정거래법 제19조를 잘 준수한다면 위원회가 할 일은 줄어들 수밖에 없다. 나쁜 담합은 중대한 경제 범죄다. 그런데 기업은 담합이라는 달콤한 유혹을 쉽게 뿌리치지 못한다. 담합했던 기업이 또다시 담합하는 것만 봐도 그렇다. 꼭꼭 숨어서 몰래 담합한다. 기업은 선한 의도로 담합할 때도 꼭꼭 숨어서 몰래 담합한다. 당당할 수 있는데 그렇게 하지 못한다. 담합에 대해 잘 알지 못하기 때문이다. 위원회가 그냥 봐주지 않기 때문이다.

법원은 형식적으로는 위원회와 기업의 다툼을 조정하고 심판하는 것처럼 보이지만 담합에 대한 판례를 축적하며 공정거래법 제19조의 빈틈을 채운다. 또한 각양각색으로 변모하는 기업의 담합을 공정거래법 제19조로 규제할 수 있는 방향을 제시한다. 이 과정에서 법원은 위원회가 손에 너무 많은 힘을 쥐지 않도록 견제한다. 나쁜 담합을 저지른 기업을 엄중하게 처벌한다.

위원회는 기업의 부당한 공동행위를 잡으려고 애를 쓰고, 기업은 위원회에 잡히지 않으려고 애를 쓴다. 보이고 싶은 손이 보일 수 없는 손을 잡으려는 형국이다. 한편 나쁜 담합이 있듯 좋은 담합도 있다. 위원회는 좋은 담합을 인정하지 않는다. 기업은 나쁜 담합을 좋은 담합이라고 주장한다. 아예 담합이 아니라고 주장한다. 법원이 담합사건에서 구원투수로 등판할 수밖에 없는 이유다. 그래서인지 끝날 법한 경기는 끝날 기미가 보이지 않는다.

부록 1. 수학 개념

이 부록에서는 이 책의 본문에서 사용된 수식을 독자가 쉽게 이해할 수 있도록 중·고등학교에서 배우는 수학 수준에 맞춰 간략하게 정리하였다.

함수와 미분

함수function는 두 변수variable의 일대일one-to-one 대응 관계를 말한다. 예를 들어, 변수 y가 변수 x의 어떤 함수라고 할 때 변수 y는 다음과 같이 정의될 수 있다.

$$y = f(x)$$

여기서 $f(\cdot)$는 어떤 함수이다.

일차 함수first-order function는 함수의 최고차항의 차수가 1인 함수를 뜻한다. 예를 들면, 함수 $f(x) = 3x + 2$는 일차 함수다. 함수 $f(x)$는 $3x^1$과 $2x^0$ 차항으로 구성되어 있으며, 함수 $f(x)$의 최고차항은 $3x^1$이다. 참고로 x^0는 1과 같다. 따라서 함수 $f(x)$의 최고차항의 차수는 1임을 확인할 수 있다. 일차 함수의 두 변수는 선형 관계를 가진다. 선형 관계란 두 변수의 관계가 직선으로 그려진다는 것을 뜻한다. 제4장에서 소개된 수요함수도 변수 P와 변수 Q의 일대일 선형 관계를 갖는 일차 함수다.

$$P = a - bQ$$

여기서 상수 a와 b는 영(0)보다 크다.

이차 함수second-order function는 함수의 최고차항의 차수가 2인 함수를 말한다. 예를 들면, 제4장에서 소개된 이윤함수 π는 이차 함수이다. 이윤함수 π는 총수입함수(TR)total revenue에서 총비용함수(TC)total cost를 차감한 값이다.

$$\pi = PQ - cQ$$

여기서 PQ는 총수입함수(TR)이고, cQ는 총비용함수(TC)다. 이윤함수 π에서 P에 $a-bQ$를 대입하고 Q에 대하여 정리하면 다음과 같다.

$$\pi = -bQ^2 + (a-c)Q$$

따라서 이윤함수 π의 최고차항은 $-bQ^2$이고 최고차항의 차수는 2임을 확인할 수 있다.

미분differentiation은 함수의 순간 변화율을 구하는 계산을 뜻한다. 예를 들어, 함수 $f(x) = 3x+2$를 변수 x에 대하여 한 번 미분하면 함수 $f(x)$의 순간 변화율을 다음과 같이 구할 수 있다.

$$\frac{\partial f(x)}{\partial x} = 3$$

참고로 함수 $f(x)$의 순간 변화율을 함수 $f(x)$의 일차 미분함수first-order derivative function라고 부른다. 변수 x에 대하여 함수 $f(x)$를 한 번 미분했다고 해서 일차 미분함수라고 부른다.

이를 증명해 보자. 함수 $f(x)$는 변수 x가 x_0에서 Δx만큼 변할 때 $f(x_0)$에서 $f(x_0 + \Delta x)$로 변한다. 이를 비율로 표현하면 다음과 같다.

$$\frac{\Delta f(x)}{\Delta x} = \frac{f(x_0 + \Delta x) - f(x_0)}{\Delta x}$$

또한 함수 $f(x)$에 Δx와 $x_0 + \Delta x$를 각각 대입하여 계산하면 다음과 같다.

$$\frac{\Delta f(x)}{\Delta x} = \frac{3(x_0 + \Delta x) + 2 - 3x_0 - 2}{\Delta x} = \frac{3\Delta x}{\Delta x}$$

함수 $f(x)$의 순간 변화율은 Δx가 아주 작아질 때 또는 영(0)에 매우 가까워질 때 $\Delta f(x)$가 변화하는 비율을 말한다. 따라서 함수 $f(x)$의 순간 변화율은 다음과 같이 계산된다.

$$\lim_{\Delta x \to 0} \frac{\Delta f(x)}{\Delta x} = \frac{3\Delta x}{\Delta x} = 3$$

이를 간략하게 표기하면 다음과 같다.

$$\lim_{\Delta x \to 0} \frac{\Delta f(x)}{\Delta x} \equiv \frac{\partial f(x)}{\partial x} = 3$$

이는 Δx가 0에 가까워질 때 함수 $f(x)$의 순간 변화율이 $\frac{\Delta f(x)}{\Delta x}$의 한계값과 같아진다는 것을 뜻한다. 참고로 Δx가 0에 가까워진다는 것은

Δx가 0과 같다는 것을 의미하지 않는다.

유용하게 쓰일 수 있는 몇 가지 미분법칙differentiation rules을 소개한다. 첫째, $f(x) = c$이면 $\frac{\partial f(x)}{\partial x} = 0$이다. 예를 들어, $f(x) = 2$이면 $\frac{\partial f(x)}{\partial x} = 0$이다. 둘째, $f(x) = x^n$이면 $\frac{\partial f(x)}{\partial x} = nx^{n-1}$이다. 예를 들어, $f(x) = x^2$이면 $\frac{\partial f(x)}{\partial x} = 2x$다. 셋째, $f(x) = h(x) + g(x)$이면 $\frac{\partial f(x)}{\partial x} = \frac{\partial h(x)}{\partial x} + \frac{\partial g(x)}{\partial x}$이다. 예를 들어, $f(x) = x^2 + x$이면 $\frac{\partial f(x)}{\partial x} = 2x + 1$이다.

총수입함수(TR)는 PQ와 같으므로 P에 $a - bQ$를 대입하고 Q에 대하여 정리하면 다음과 같다.

$$TR = -bQ^2 + aQ$$

제4장에서 소개된 한계수입함수(MR)marginal revenue는 총수입함수(TR)의 일차 미분함수다. 총수입함수(TR)를 Q로 한 번 미분하면 다음과 같이 계산된다.

$$MR = -2bQ + a$$

총비용함수(TC)를 다음과 같이 정의해 보자.

$$TC = cQ$$

한계비용함수(MC)marginal cost도 총비용함수(TC)의 일차 미분함수다. 총비용함수(TC)를 Q로 한 번 미분하면 다음과 같이 계산된다.

$$MC = c$$

극대화 문제

독점시장에서 기업이 어떻게 이윤을 극대화할 수 있는지를 살펴보자. 독점기업은 경쟁할 상대방이 없기 때문에 남의 눈치를 볼 필요 없이 자신의 이윤을 극대화하면 된다. 다만 시장의 수요함수는 고려해야 한다. 독점기업의 생산량(Q^m)이 시장 전체의 생산량(Q^m)이기 때문이다. 따라서 독점기업의 이윤함수(π^m)는 다음과 같이 정의될 수 있다.

$$\pi^m = PQ - cQ$$

독점기업의 이윤함수(π^m)는 P에 $a - bQ$를 대입하고 Q에 대하여 정리하면 다음과 같다.

$$\pi^m = -bQ^2 + (a - c)Q$$

〈그림 A1.1〉을 살펴보자. 독점기업의 이윤함수(π^m)가 $-Q^2 + 4Q$와 같을 경우 판매량(Q)과 독점이윤(π^m)의 관계를 보여준다. 우선 판매량(Q)이 영(0)이면 독점이윤(π^m)도 영(0)이다. 이후 판매량(Q)이 조금씩 증가하면 독점이윤(π^m)도 조금씩 증가한다. 그러다가 판매량(Q)이 어느 지점에 도달하면 독점이윤(π^m)은 최고점에 이른다. 이 때 독점이윤(π^m)의 순간 변화율은 영(0)과 같아진다. 〈그림 A1.1〉에서는 $Q = 2$일 때 독점이윤(π^m)이 가장 높다. 이어서 판매량(Q)이 증가하면 독점이윤(π^m)은 오히려 감소한다.

〈그림 A1.1〉독점시장에서 생산량(Q)과 독점이윤(π^m)의 관계

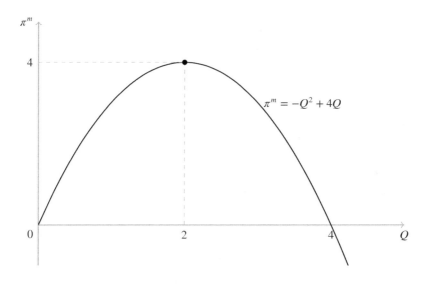

〈그림 A1.1〉을 살펴보면 독점기업의 이윤(π^m)이 어느 지점에서 극대화되는지를 알 수 있다. 이윤함수(π^m)의 순간 변화율이 영(0)인 지점에서 독점기업의 이윤이 극대화된다. 이를 이윤극대화 제1차 조건first-order condition of profit maximization이라고 한다. 그 조건은 다음과 같다.

$$\frac{\partial \pi^m}{\partial Q} = -2bQ + a - c = 0$$

독점시장에서 균형 생산량은 독점기업의 이윤(π^m)을 극대화하는 생산량과 같다. 즉 독점시장의 균형 생산량(Q^m)은 $\frac{\partial \pi^m}{\partial Q} = 0$을 만족한다.

$$Q^m = \frac{a - c}{b}$$

여기서 위 첨자 m은 독점시장monopoly market을 나타낸다.

제4장에서 소개된 바와 같이 독점기업의 이윤(π^m)은 한계수입(MR)과 한계비용(MC)이 같을 때 가장 크다. 그 이유를 살펴보자. 먼저 독점기업의 이윤함(π^m)는 총수입함수(TR)에서 총비용함수(TC)를 차감한 값으로 표현될 수 있다.

$$\pi^m = TR - TC$$

또한 독점기업의 이윤(π^m)은 이윤함수의 일차 미분함수가 영(0)일 때 가장 크다는 것을 알고 있다. 그렇다면 독점기업의 이윤(π^m)은 다음 조건을 만족할 때 극대화된다는 것도 알 수 있다.

$$\frac{\partial \pi^m}{\partial Q} = MR - MC = 0$$

이는 독점기업의 이윤(π^m)은 한계수입(MR)과 한계비용(MC)이 같을 때 가장 크다는 뜻과 같다.

과점시장oligopoly에서 기업은 독점기업과 달리 다른 기업과 경쟁해야 한다. 다른 기업이 얼마나 생산하느냐에 따라 자신의 이윤을 극대화하는 생산량도 결정된다. 이 때문에 과점시장에서 기업의 이윤은 독점기업처럼 $MR = MC$를 만족하는 생산량(Q^m)에서 극대화되지 않는다.

장 발장과 자베르가 경쟁하는 복점시장duopoly market을 생각해 보자. 장 발장의 이윤함수(π_A)는 다음과 같다.

$$\pi_A = P q_A - c q_A$$

이를 P에 $a-bQ$를 대입하고 Q에 q_A+q_B를 대입하여 장 발장의 생산량 q_A에 대하여 정리하면 다음과 같다.

$$\pi_A = -bq_A^2 - bq_Aq_B + (a-c)q_A$$

장 발장은 자베르가 얼만큼 생산하는지 잘 모르기 때문에 자베르의 생산량(q_B)가 주어졌다고 가정하고 자신의 이윤을 극대화하는 생산량을 결정하면 된다. 즉 자베르의 생산량(q_B)을 상수라고 가정한다. 따라서 장 발장의 이윤극대화 제1차 조건은 다음과 같이 계산된다.

$$\frac{\partial \pi_A}{\partial q_A} = -2bq_A - bq_B + a - c = 0$$

또한 장 발장의 이윤극대화 제1차 조건을 장 발장의 생산량(q_A)에 대하여 정리하면 다음과 같다.

$$q_A = \frac{a-c}{2b} - \frac{q_B}{2}$$

이는 제5장에서 소개한 장 발장의 최선대응best response과 같다. 장 발장과 다를 게 없는 자베르의 이윤극대화 제1차 조건을 자베르의 생산량(q_B)에 대하여 정리하면 다음과 같다.

$$q_B = \frac{a-c}{2b} - \frac{q_A}{2}$$

장 발장은 자베르의 생산량(q_B)을 주어진 것으로 생각하고 최선대응에 따라 자신의 생산량(q_A)을 결정한다. 자베르도 장 발장의 생산량

(q_A)을 주어진 것으로 생각하고 최선대응에 따라 자신의 생산량(q_B)을 결정한다. 따라서 과점시장에서 균형 생산량은 장 발장과 자베르의 최선대응이 교차하는 지점에서 결정된다.

$$q_A^d = q_B^d = \frac{a - c}{3b}$$

여기서 위 첨자 d는 복점시장duopoly market을 나타낸다.

기업 수가 N이라면 과점시장 전체의 생산량은 각 기업의 생산량의 합과 같다.

$$Q = q_1 + q_2 + q_3 + \cdots + q_i + \cdots + q_N$$

이는 $Q = \sum_{j=1}^{N} q_j$로 간략히 표현할 수 있다. 이를 수요함수(P)에 대입하면 다음과 같다.

$$P = a - b \sum_{j=1}^{N} q_j$$

그렇다면 과점시장에서 기업 i의 이윤함수(π_i)는 다음과 같이 정리될 수 있다.

$$\pi_i = (a - b \sum_{j=1}^{N} q_j)q_i - cq_i$$

여기서 한 가지 주의할 점이 있다. 기업 i는 자신의 생산량(q_i)만 결정할 수 있다. 다른 기업의 생산량(q_j)은 주어진 조건으로 여겨진다.

기업 i의 이윤은 이윤함수의 생산량(q_i)에 대한 일차 미분함수가 영

(0)일 때 가장 높다. 즉 기업 i의 이윤극대화 제1차 조건은 다음과 같이 계산된다.

$$\frac{\partial \pi_i}{\partial q_i} = -2bq_i - b\sum_{j\neq i}^{N} q_j + a - c = 0$$

과점시장에서 경쟁하는 모든 기업의 총비용함수(TC)가 동일하다면 각 기업의 이윤극대화 제1차 조건도 동일하다. 또한 시장균형에서 각 기업이 생산하는 생산량도 동일하다. 각 기업의 이윤을 극대화하는 생산량을 q^N이라고 하자. 여기서 위 첨자 N은 기업 수를 나타낸다. 이 경우 $\sum_{j\neq i}^{N} q_j = (N-1)q^N$이므로 각 기업의 이윤극대화 제1차 조건은 다음과 같이 정리된다.

$$-2bq^N - b(N-1)q^N + a - c = 0$$

이를 각 기업의 이윤을 극대화하는 생산량(q^N)에 대하여 정리하면 다음과 같다.

$$q^N = \frac{1}{N+1}\frac{a-c}{b}$$

과점시장 전체의 균형 생산량(Q^N)은 각 기업의 이윤을 극대화하는 생산량(q^N)을 합한 값과 같다. 이를 계산하면 과점시장 전체의 균형 생산량(Q^N)은 다음과 같다.

$$Q^N = \sum_{i=1}^{N} q^N = \frac{N}{N+1}\frac{a-c}{b}$$

시장에 기업 수가 많아지면 경쟁은 심화되고 기업은 시장지배력을 잃는다. 결국 기업은 가격에 영향을 미치지 못하고 가격수용자price-taker가 된다. 완전경쟁시장의 균형 생산량을 Q^c 라고 하자. 여기서 위 첨자 c 는 완전경쟁시장perfectly competitive market을 뜻한다. 기업 수가 N인 과점시장의 균형 생산량(Q^N)과 완전경쟁시장의 균형 생산량(Q^c)은 다음과 같은 관계를 갖는다.

$$\lim_{N \to \infty} Q^N = Q^c$$

이는 기업 수가 많아질수록 과점시장의 균형 생산량이 완전경쟁시장의 균형 생산량에 가까워진다는 것을 뜻한다. 완전경쟁시장의 균형 생산량 (Q^c)을 계산하면 다음과 같다.

$$Q^c = \frac{a - c}{b}$$

게임 이론

게임 이론game theory은 상대방의 전략을 고려해 자신의 효용이나 이윤을 극대화하는 최선 전략을 찾는 이론이다. 게임은 혼자 할 수 없다. 예를 들면, 장 발장과 자베르는 각자의 최선대응을 찾고 상대방의 전략에 따라 최선 전략을 선택한다.

게임에는 동시 게임simultaneous game과 순차 게임sequential game이 있다. 동시 게임은 참여자가 동시에 전략을 선택하는 게임이다. 예를 들어,

〈그림 A1.2〉 담합 게임의 보수행렬

자베르

		동업	이탈
장 발 장	동업	3, 3	1, 4
	이탈	4, 1	2, 2

가위바위보는 동시 게임이다. 상대방이 가위를 낸다면 바위를 내야 한다. 상대방이 보를 낸다면 가위를 내야 한다. 이렇듯 동시 게임에서는 상대방의 전략이 주어졌다고 가정하고 최선 전략을 선택한다. 동시 게임에서는 상대방의 전략을 알 수 없기 때문이다. 한편 순차 게임은 참여자가 순차적으로 전략을 선택하는 게임이다. 예를 들어, 바둑이나 장기將棋는 순차 게임이다. 상대방이 두는 수를 보고 모든 경우의 수를 고려해 최선 전략을 선택하면 된다. 순차 게임에서는 상대방의 전략을 알 수 있기 때문이다.

제5장에서 소개된 장 발장과 자베르의 '동업'과 '이탈' 전략을 선택하는 게임은 동시 게임이다. 장 발장과 자베르는 서로 동업하기로 약속하였다. 그러나 장 발장과 자베르는 동업하는 것보다 동업에서 이탈하는 것이 더 이득이라는 것을 알고 있다. 물론 둘 다 동업하지 않기로 결정하면 서로 동업할 때보다 손해라는 것도 안다. 장 발장과 자베르는 서로 협력하는 것이 더 이득인데도 각자의 이기심에 따라 서로 배신하는 것을 선택한다. 이를 죄수의 딜레마prisoner's dilemma라고 한다.

〈그림 A1.2〉는 장 발장과 자베르가 각각 '동업'과 '이탈' 전략을 선택할 때 각각이 얻게 되는 보수payoff를 표시한 보수행렬payoff matrix이다. 직관적으로 이해할 수 있도록 보수를 단순화하였다. 장 발장과 자베르가 모두 '동업' 전략을 선택할 경우 각각 3의 보수를 받는다. 또한 장 발장이 '이탈' 전략을 선택하고 자베르가 '동업' 전략을 선택할 경우 장 발장과 자베르는 각각 4와 1의 보수를 받는다. 반대로 장 발장이 '동업' 전략을 선택하고 자베르가 '이탈' 전략을 선택할 경우 장 발장과 자베르는 각각 1과 4의 보수를 받는다. 마지막으로 장 발장과 자베르가 모두 '이탈' 전략을 선택할 경우 각각 2의 보수를 받는다.

장 발장은 자베르가 어떤 전략을 선택하든지 '이탈' 전략을 선택하는 게 더 이득이다. 장 발장이 '동업' 전략을 선택할 경우 자베르의 전략에 따라 각각 3과 1의 보수를 얻는다. 장 발장이 '이탈' 전략을 선택할 경우 자베르의 전략에 따라 각각 4와 2의 보수를 얻는다. 즉 자베르의 전략과 상관없이 장 발장은 '이탈' 전략을 선택할 경우 '동업' 전략을 선택할 때보다 더 높은 보수를 얻는다. 자베르도 마찬가지다. 장 발장이 어떤 전략을 선택하든지 '이탈' 전략을 선택하는 게 더 이득이다. 따라서 장 발장과 자베르는 이 게임에서 모두 '이탈' 전략을 선택한다. 누가 봐도 이 게임에서 모두가 '동업' 전략을 선택하는 게 서로 이득인데도 말이다.

죄수의 딜레마를 더 자세히 살펴보자. 공범인 두 명의 죄수가 있다. 서로 격리되어 있다. 검사가 두 죄수에게 다음과 같이 제안한다. 첫째,

〈그림 A1.3〉 죄수의 딜레마의 보수행렬

죄수 2

		침묵	자백
죄수 1	침묵	−1, −1	−5, 0
	자백	0, −5	−3, −3

둘 다 죄를 자백하지 않으면 둘 다 징역 1년을 살아야 한다. 둘째, 둘 중 하나가 죄를 자백하면 자백한 자는 집행유예로 풀려나고 자백하지 않은 자는 징역 5년을 살아야 한다. 셋째, 둘 다 죄를 자백하면 둘 다 징역 3년을 살아야 한다. 〈그림 A1.3〉은 전형적인 죄수의 딜레마의 보수행렬을 보여준다.

이 게임에서는 서로 침묵하는 게 좋다. 3년보다 1년 감옥살이가 더 낫기 때문이다. 그러나 각자의 입장에서 생각해 보면 1년 감옥살이도 만만치 않다. 감옥에 안 갈 수만 있다면 누구라도 그렇게 할 것이다. 그렇다면 서로 상대방의 전략을 염두하고 자신의 전략을 선택할 것이다. 죄수 1은 무조건 '자백'을 선택할 것이다. 죄수 2도 마찬가지일 것이다. 그렇지 않으면 감옥에 5년 갇혀 있을 수도 있기 때문이다. 서로 믿고 협력하면 더 나은 결과를 얻을 수 있는데도 불구하고, 죄수 1과 2는 각자의 이기심에 따라 '자백' 전략을 선택한다.

죄수의 딜레마는 두 가지 장치로 벗어날 수 있다. 첫 번째 장치는 상대방의 배신에 보복하는 것이다. 두 번째 장치는 배신하지 않으면 보상

〈그림 A1.4〉 보상과 보복이 있는 보수행렬

죄수 2

		침묵	자백
죄수 1	침묵	4, 4	0, −9
	자백	−9, 0	−12, −12

하는 것이다. 예를 들어, 침묵하면 5년 감옥살이의 가치만큼 금전으로 보상하고 배신하면 9년 감옥살이의 가치만큼 상해를 입힌다고 가정하자. 이 경우 죄수 1과 2의 보수행렬은 〈그림 A1.4〉와 같이 변경된다. 이 경우 죄수 1은 죄수 2가 침묵하면 침묵하는 게 유리하다. 죄수 2가 자백해도 침묵하는 게 유리하다. 죄수 2도 마찬가지다.

치킨 게임chicken game도 죄수의 딜레마와 비슷하게 서로 협조하는 것이 더 유리한데도 불구하고 서로 대립하는 것을 선택하는 상황을 잘 보여주는 게임이다. 그러나 치킨 게임에서는 죄수의 딜레마처럼 절대적으로 선호되는 전략은 없다. 치킨 게임은 1950년대 미국 젊은이들 사이에서 치기 어린 자존심을 자랑하기 위해 벌였던 위험천만한 장난에서 유래되었다. 일명 겁쟁이 게임으로도 불린다. 두 자동차가 마주 보고 정면으로 빠른 속도로 직진하다가 먼저 꺾는 차가 지는 게임이다. 죽느냐 사느냐를 고민해야 하는 게임이다.

〈그림 A1.5〉는 치킨 게임의 보수행렬을 보여준다. 참여자 1과 참여자 2 모두가 '직진' 전략을 선택하면 둘 다 크게 다친다. 반면에 참여자

참여자 2

		회전	직진
참여자 1	회전	−1, −1	−2, 2
	직진	2, −2	−9, −9

1과 참여자 2 모두가 '회전' 전략을 선택하면 둘 다 쪽 팔린다. 참여자 1이 '직진' 전략을 선택하고 참여자 2가 '회전' 전략을 선택하면 참여자 1이 승리하고 참여자 2는 쪽팔린다. 반대로 참여자 1이 '회전' 전략을 선택하고 참여자 2가 '직진' 전략을 선택하면 참여자 1은 쪽팔리고 참여자 2가 승리한다.

치킨 게임에서 최선 전략은 상대방이 '회전' 전략을 선택하면 '직진' 전략을 선택하고 상대방이 '직진' 전략을 선택하면 '회전' 전략을 선택하는 것이다. 즉 치킨 게임에서는 상대방의 전략과 다른 전략을 선택하는 것이 최선이다. 결국 치킨 게임에서 승리하려면 사전에 자신은 무조건 직진할 거라고 강하게 허풍떨며 상대방을 위협할 수 있어야 한다. 상대방이 자신의 위협을 믿으면 치킨 게임에서 승리할 수 있다. 그러나 상대방도 분명 허풍떨 것이다. 즉 치킨 게임은 말 그대로 겁먹는 자가 지는 게임이다.

치킨 게임의 균형을 이해하기 위해서는 내시 균형Nash Equilibrium의 개념을 이해할 필요가 있다. 해변에 남녀가 앉아서 노을을 바라보고 있다. 이때 여자가 남자에게 갑작스레 질문을 던진다. "자기 무슨 생각해?" 노을을 보면서 무슨 생각을 해야 할 필요는 없다. 그런데 갑자기여자가 그런 질문을 남자에게 던지는 의도는 무엇일까? 난감하다. 남자가 '노을이 너처럼 아름다워 보여!'라고 말하면 좋아할까? 그렇다고 '아무런 생각도 안 했는데?'라고 말하면 성의 없어 보인다. 남자가 무슨 말을 해도 쉽지 않은 상황이다. 1994년에 노벨 경제학상을 수상한 존 내시John F. Nash Jr.는 남자에게 이렇게 조언할 것이다. "I think that you think that I think that you think..." 물론 존 내시가 알려준 것처럼 그대로 말하면 욕먹기 쉽다. 그냥 간단하게, "너랑 똑같은 생각을 해!"라고 하는 게 제일 나을 듯하다.

내시 균형은 게임의 각 참여자가 상대방의 전략에 따라 최선 전략을 선택할 때 달성된다. 또한 각 참여자는 내시 균형의 전략에서 벗어날 유인을 갖지 않는다. 그렇게 하더라도 이득 될 게 없기 때문이다. 치킨게임의 내시 균형은 〈그림 A1.6〉에 나타난 보수행렬에서 다음과 같은 순서로 찾을 수 있다. 첫 번째, 참여자 2의 전략에 따라 참여자 1의 최선 전략을 찾는다. 두 번째, 참여자 1의 전략에 따라 참여자 2의 최선 전략을 찾는다. 세 번째, 참여자 1과 참여자 2의 최선 전략의 조합을 찾는다.

먼저 참여자 1의 최선 전략을 찾아보자. 참여자 1은 참여자 2가 '회전' 전략을 선택할 때 '회전' 전략을 선택하면 −1의 보수를 얻고 '직진' 전략을 선택하면 2의 보수를 얻는다. 따라서 참여자 1은 참여자 2가

〈그림 A1.6〉 치킨 게임의 내시 균형

참여자 2

		회전	직진
참여자 1	회전	−1, −1	−2*, 2*
	직진	2*, −2*	−9, −9

'회전' 전략을 선택한다고 생각하면 '직진' 전략을 선택하는 게 이득이다. 이를 기억하기 위해 참여자 2가 '회전' 전략을 선택할 때 참여자 1이 '직진' 전략을 선택하여 얻는 보수(= 2)에 *표를 표시한다. 또한 참여자 1은 참여자 2가 '직진' 전략을 선택할 때 '회전' 전략을 선택하면 −2의 보수를 얻고 '직진' 전략을 선택하면 −9의 보수를 얻는다. 따라서 참여자 1은 참여자 2가 '직진' 전략을 선택한다고 생각하면 '회전' 전략을 선택한다. 이를 기억하기 위해 참여자 2가 '직진' 전략을 선택할 경우 참여자 1이 '회전' 전략을 선택하여 얻는 보수(= −2)에 *표를 표시한다.

다음으로 참여자 2의 최선 전략을 찾아보자. 〈그림 A1.6〉에 나타난 보수행렬을 자세히 살펴보면 보수행렬의 보수의 값이 대칭이라는 것을 알 수 있다. 이는 참여자 2의 최선 전략도 참여자 1의 최선 전략과 같다는 것을 의미한다. 즉 참여자 2는 참여자 1이 '회전' 전략을 선택하면 '직진' 전략을 선택하고 참여자 1이 '직진' 전략을 선택하면 '회전' 전략을 선택하는 것이 최선 전략이다. 이를 기억하기 위해 참여자 2의 최선 전략에도 *표를 표시한다.

마지막으로 참여자 1과 참여자 2의 최선 전략의 조합으로 치킨 게임의 내시 균형을 찾아보자. 치킨 게임의 내시 균형은 두 개다. 치킨 게임의 내시 균형은 〈그림 A1.6〉에 표시된 바와 같이 (직진, 회전) 또는 (회전, 직진)임을 알 수 있다. 참여자 1이 이길지 아니면 참여자 2가 이길지 모른다는 뜻과 같다. 죽을 각오로 임해야 이길 수 있는 게임이다. 그만큼 치킨 게임은 무모한 게임이다. 둘 다 서로를 이겨 보겠다고 다짐하면 둘 다 죽을 테니 말이다.

한 번에 끝나는 게임은 흔치 않다. 게임은 여러 번 반복되는 것이 일반적이다. 이를 반복 게임repeated game이라고 한다. 반복 게임에서 어떤 전략에 대한 보수는 각 동시 게임의 그 전략에 대한 보수의 현재 가치present value의 합과 같다. 이를 위해서는 미래 가치를 현재 가치로 환산해주는 시간할인율time discount을 고려해야 한다. 예를 들어, 오늘의 1원을 저축하면 내일의 $(1+i)$원이 된다. 하루 동안 i만큼 이자가 붙어서 그렇다. 그렇다면 내일의 1원은 오늘의 얼마와 같을까? 오늘의 얼마를 δ라고 하자. δ의 내일 가치는 $(1+i)\delta$이고 1과 같으므로 δ는 다음과 같다.

$$\delta = \frac{1}{(1+i)}$$

여기서 δ는 내일의 1원을 할인하여 환산한 오늘의 현재 가치이므로 시간할인율이라고 부른다.

반복 게임에는 유한으로 반복하는 유한반복 게임과 무한으로 반복하는 무한반복 게임이 있다. 장 발장이 매일 1원의 이윤을 남긴다고 가정해 보자. 그렇다면 장 발장이 오늘부터 앞으로 얻을 이윤의 현재 가치 Π_A는 다음과 같이 계산한다.

$$\Pi_A = 1 + \delta + \delta^2 + \delta^3 + \cdots$$

장 발장이 오늘부터 앞으로 얻을 이윤의 현재 가치 Π_A는 $\Pi_A - \delta\Pi_A = 1$를 이용할 경우 다음과 같이 간단하게 정리된다.

$$\Pi_A = \frac{1}{(1 - \delta)}$$

앞서 살펴본 담합 게임에서 장 발장과 자베르는 서로 동업하지 않는 것이 최선 전략이었다. 물론 서로 동업하면 더 많은 이득을 얻을 수 있는 것을 알면서도 말이다. 담합 게임을 유한으로 반복해도 결과는 동일하다. 담합 게임을 유한으로 반복할 경우 마지막 게임에서 장 발장과 자베르는 '이탈' 전략을 선택할 것이다. 이를 잘 알고 있기 때문에 마지막 바로 이전 게임에서도 장 발장과 자베르는 '이탈' 전략을 선택할 것이다. 이렇게 역진적으로 담합 게임의 균형을 찾아보면 장 발장과 자베르는 매번 '이탈' 전략을 선택할 것이다.

그런데 제6장에서 소개된 것처럼 담합 게임을 무한으로 반복하면 장 발장과 자베르는 영원한 친구가 될 수 있는 조건을 찾을 수 있다. 즉 무한반복 게임에서는 장 발장과 자베르가 '동업' 전략을 선택할 수 있다.

이유는 간단하다. 게임을 무한으로 반복한다는 것은 매 게임마다 무한 반복 게임을 다시 시작하는 것과 같기 때문이다. 이는 과거보다 미래가 더 중요하다는 것을 의미한다. 따라서 이전에 자신의 이기심에 따라 '이탈' 전략을 선택하였더라도 무한으로 반복되는 담합 게임에서는 서로가 협력하여 '동업' 전략을 선택하는 것이 이득이다. 그렇다면 장 발장과 자베르는 처음부터 '동업' 전략을 선택할 것이다.

예를 들어, 무한으로 반복되는 담합 게임 중에서 첫 번째 게임에서 장 발장과 자베르는 각각 '이탈' 전략을 선택했다고 가정해 보자. 둘 다 '동업' 전략을 선택하는 것이 더 이득인 줄 알면서도 말이다. 첫 번째 게임을 치렀지만 달라진 것은 아무것도 없다. 앞으로도 게임은 무한으로 반복될 것이다. 그런데도 장 발장과 자베르는 두 번째 게임에서도 각각 '이탈' 전략을 선택할까? 계속 무한으로 반복되는 게임에서 장 발장과 자베르는 서로에게 더 이득이 되는 전략을 선택하는 것이 최선이라는 것을 안다. 그렇다면 처음부터 서로 '동업' 전략을 선택하는 것이 합리적이다.

무한으로 반복되는 담합 게임에서 장 발장과 자베르가 계속 '동업' 전략을 선택할 때 장 발장이 오늘부터 앞으로 얻게 될 보수의 현재 가치 Π_A^j는 다음과 같이 계산된다. 참고로 장 발장과 자베르가 서로 동업할 때 장 발장은 π_A^j만큼 이윤을 얻는다.

$$\Pi_A^j = \sum_{t=0}^{\infty} \delta^t \pi_A^j = \frac{1}{1-\delta}\pi_A^j$$

이와 달리 장 발장과 자베르가 계속 '이탈' 전략을 선택할 때 장 발장이 오늘부터 앞으로 얻게 될 보수의 현재 가치 Π_A^d 는 다음과 같이 계산된다. 참고로 장 발장과 자베르가 서로 경쟁할 때 장 발장은 π_A^d 만큼 이윤을 얻는다.

$$\Pi_A^d = \sum_{t=0}^{\infty} \delta^t \pi_A^d = \frac{1}{1-\delta} \pi_A^d$$

무한 반복되는 담합 게임에서 장 발장과 자베르가 계속 '이탈' 전략을 선택하는 것보다 계속 '동업' 전략을 선택하는 것이 합리적이라는 것은 쉽게 증명될 수 있다. 장 발장과 자베르는 서로 경쟁할 때보다 서로 동업할 때 더 많은 이윤을 얻는다는 것을 안다. 즉 $\pi_A^j > \pi_A^d$ 이다. 그렇다면 $\Pi_A^j > \Pi_A^d$ 이다. 장 발장과 자베르가 '동업' 전략을 선택하지 않을 이유가 없다.

장 발장과 자베르가 영원한 친구가 되기 위해서는 또 다른 조건이 만족되어야 한다. 둘은 서로 계속 동업하기로 약속하였다. 그런데 그 약속을 깨면 한 순간 높은 이윤을 얻을 수 있다. 즉 배신으로 당장에 얻을 이윤이 충분히 크다면 장 발장이나 자베르는 서로 동업하기로 한 약속을 깰 것이다. 그렇기 때문에 배신으로 얻을 이윤보다 동업으로 얻을 이윤이 커야 둘은 영원한 친구가 될 수 있다.

장 발장이 자베르를 배신할 경우 오늘부터 앞으로 얻게 될 보수의 현재 가치 Π_A^o 는 다음과 같이 계산된다. 참고로 첫 번째 게임에서 자베르를 배신하면 장 발장은 π_A^o 만큼 이윤을 얻고, 두 번째 게임부터 자베르와 경쟁하게 되면 장 발장은 π_A^d 만큼 이윤을 얻는다.

$$\Pi_A^o = \pi_A^o + \sum_{t=1}^{\infty} \delta^t \pi_A^d = \pi_A^o + \frac{\delta}{1-\delta} \pi_A^d$$

장 발장이 자베르를 배신할 경우보다 자베르와 계속 동업할 경우가 더 이득이면 장 발장은 자베르와 계속 동업하는 것을 선택할 것이다. 자베르도 마찬가지다. 즉 장 발장과 자베르가 영원한 친구가 되기 위한 조건은 $\Pi_A^j \geq \Pi_A^o$ 면 된다.

$$\frac{1}{1-\delta} \pi_A^j \geq \pi_A^o + \frac{\delta}{1-\delta} \pi_A^d$$

이 조건을 시간할인율 δ 에 대하여 정리하면 다음과 같은 조건을 얻을 수 있다. 참고로 $\pi_A^o > \pi_A^j > \pi_A^d$ 이고 $\pi_A^o - \pi_A^d > \pi_A^o - \pi_A^j$ 이다.

$$\delta \geq \frac{\pi_A^o - \pi_A^j}{\pi_A^o - \pi_A^d} \equiv \delta^*$$

따라서 시간할인률 δ 가 δ^* 보다 크거나 같다면 무한으로 반복되는 담합 게임에서 장 발장과 자베르는 서로 동업하는 것을 선택할 것이다.

확률 이론

확률probability은 어떤 사건 x 가 일어날 가능성의 정도 $P(x)$ 를 말한다. 확률 $P(x)$ 는 1보다 클 수 없고 0보다 작을 수 없다. 어떤 사건이 일어날 가능성이 1보다 클 수 없고 0보다 작을 수 없다는 뜻이다. 예를 들어, 어떤 동전이 정상적인 동전fair coin이라고 가정하자. 이는 동전을 던져 동전의 앞면과 뒷면이 동시에 나올 수 없고, 앞면이 나오거나 뒷면이 나올 확률이 동일하다는 뜻과 같다. 그렇다면 앞면이 나올 사건을 H 라고 할 때 앞면이 나올 사건 H 의 확률은 다음과 같다.

$$P(H) = \frac{1}{2}$$

반대로 뒷면이 나올 사건을 T 라고 할 때 뒷면이 나올 사건 T 의 확률은 다음과 같다.

$$P(T) = \frac{1}{2}$$

동전의 앞면과 뒷면이 동시에 나올 수 없기 때문에 두 사건 H 와 T 는 서로 독립적이다. 따라서 동전의 앞면과 뒷면이 동시에 나올 사건 $H \cap T$ 의 확률은 다음과 같다.

$$P(H \cap T) = 0$$

동전을 한 번 던져서 앞면 또는 뒷면이 나올 사건의 확률은 앞면이 나올 사건 H 의 확률와 뒷면이 나올 사건 T 의 확률의 합에서 앞면과 뒷면이 동시에 나올 사건 $H \cap T$ 의 확률을 뺀 값과 같다.

$$P(H \cup T) = P(H) + P(T) - P(H \cap T) = P(H) + P(T) = 1$$

모든 사건의 집합을 표본 공간sample space이라고 한다. 표본 공간의 확률 $P(\Omega)$는 항상 1이다.

$$P(\Omega) = 1$$

예를 들면, 동전을 던져 나올 사건들의 표본 공간(Ω)은 다음과 같다.

$$\Omega = \{H, T\}$$

집합 A의 여집합complement set을 A^c로 표기하자. 집합 A의 확률이 $P(A)$이면 집합 A^c의 확률($P(A^c)$)은 다음과 같다.

$$P(A^c) = P(\Omega) - P(A) = 1 - P(A)$$

표본 공간은 모든 사건의 집합이기 때문에 표본 공간의 여집합(Ω^c)은 공집합null set이다. 공집합은 $\emptyset$로 표기한다. 따라서 $\Omega^c = \emptyset$이다. 그렇다면 공집합의 확률($P(\emptyset)$)은 다음과 같이 계산된다.

$$P(\emptyset) = P(\Omega^c) = 1 - P(\Omega) = 0$$

동전의 앞면이 나올 사건 H의 여집합 H^c은 뒷면이 나올 사건 T와 같다. 그렇다면 사건 H^c의 확률은 뒷면이 나올 사건 T의 확률과 같아야 한다.

$$P(H^c) = P(\Omega) - P(H) = P(H) + P(T) - P(H) = P(T)$$

게임은 상대방의 전략에 따라 또는 경우의 수에 따라 자신의 전략을 선택하는 것이기 때문에 확률 계산이 필요하다. 예를 들어, 게임에 한 번 참여하는 비용을 500원이라고 가정하자. 또한 동전을 한 번 던져 앞면이 나오면 1,000원을 돌려 받고, 뒷면이 나오면 아무 것도 돌려 받지 못한다고 가정하자. 그렇다면 이 게임의 기대이윤($E[\cdot]$)은 다음과 같이 계산된다.

$$E[\pi] = P(H) \times (1,000 - 500) + P(T) \times (0 - 500)$$

여기서 우변의 첫 번째 항목은 앞면이 나올 때 얻는 기대이윤이고, 두 번째 항목은 뒷면이 나올 때 얻는 기대이윤이다. 이를 계산하면 참여자의 기대이윤($E[\pi]$)은 다음과 같다.

$$
\begin{aligned}
E[\pi] &= P(H) \times (1,000 - 500) + P(T) \times (0 - 500) \\
&= \frac{1}{2} \times 500 - \frac{1}{2} \times 500 \\
&= 0
\end{aligned}
$$

제6장에서 테나르디에가 시장에 진입할 확률이 존재할 때 장 발장과 자베르가 계속 동업할 조건을 찾았다. 테나르디에가 시장에 진입할 확률을 μ라고 하자. 참고로 μ는 뮤라고 읽는다. 테나르디에가 시장에 진입하지 않는다면 장 발장은 자베르와 계속 동업할 수 있다. 그러나 테나르디에가 시장에 진입하면 장 발장은 자베르와 동업할 수 없다. 이 경우 사건은 두 가지다. 테나르디에가 시장에 진입하거나 진입하지 않거나. 두 사건은 동시에 일어날 수 없으며 서로 독립적이다. 따라서 테

나르디에가 시장에 진입할 확률이 μ이면, 테나르디에가 시장에 진입하지 않을 확률은 $(1 - \mu)$이다.

테나르디에가 시장에 진입할 확률이 존재할 때 장 발장이 기대할 수 있는 이윤($E[\Pi_A]$)은 다음과 같다.

$$E[\Pi_A] = (1 - \mu) \times \pi_A^j(2) + \mu \times \pi_A^c(3)$$

우변의 첫 번째 항목은 테나르디에가 시장에 진입하지 않을 때 장 발장과 자베르가 동업으로 얻을 수 있는 기대이윤이고, 두 번째 항목은 테나르디에가 진입할 때 장 발장, 자베르, 테나르디에가 경쟁하여 얻을 수 있는 기대이윤이다.

부록 2. 참고 문헌

이 부록에서는 이 책의 본문을 작성하는 데 참고하거나 인용한 문헌을 각 장별로 정리하였다. 각 장별 참고 문헌의 번호는 각 장의 본문에 달린 위 첨자 번호와 동일하다.

제1장

[1] 말리부 해적, 2017, 「영웅 2030」, KW북스.

[2,3] 풀무원, 2011, "라면 먹고 싶어지게 하는 영화/만화/노래/프로그램/TV 프로그램/," http://blog.pulmuone.com/1521

[4] 함종선, 2018, "러시아선 '라면=팔도 도시락'…마요네즈면 잘나가네," 중앙일보, 2018년 8월 6일.

[5] 저자미상, 2017, "한국 라면 글로벌식품으로 뜬다… 해외수출규모 10년 새 3배↑," 헤럴드경제 미주판, 2017년 1월 29일.

[6] 김광기, 2010, "우리 안의 라면, 라면 속의 한국," 사회이론, 2010년 가을/겨울호.

[7] 안선경, 2008, "쌀 한가마 3.86원 → 20만 원: 60년 동안 물가 얼마나 올랐나?" 나라경제, 2008년 8월호.

[8] 장연주, 2015, "[애증의 라면①] 서민식품이라고?..가격 천장 깨졌다," 헤럴드경제, 2015년 12월 21일.

[9,10] 공정거래위원회, 2012a, "라면값 담합 인상 적발…과징금 1,354억 원," 보도자료, 2012년 3월 22일.

[11,13] 문병기·강유현, 2012, "국민 물먹인 '국민 먹거리'," 동아일보, 2012년 3월 23일.

[12] 공정거래위원회, 2012b, "4개 라면 제조·판매 사업자의 부당한 공동행

위에 대한 건," 의결 제2012-107호, 2012년 7월 12일.

[14,15] 박기환, 2013, "법원 "라면값 담합 공정위 과징금 정당" 판결... 업계는 반발(종합)," 조선비즈, 2013년 11월 8일.

[16,17] 김성훈, 2014, "8700억 원 라면 담합 소송의 두가지 관문," 헤럴드경제, 2014년 11월 14일.

[18] 엠브레인 이지서베이, 2011, 「2011 라면 소비 관련 조사」.

[19] 채서일·유창조, 1999, "농심의 성공사례연구 : 라면시장의 후발 주자가 강력한 리더가 되기까지," 마케팅연구, 제14권 제3호.

[20] 대법원, 2015, "대법원 2015. 12. 24. 선고 2013두25924 판결," 2015년 12월 24일.

[21] 이상규, 2013, "사업자간 정보교환행위의 경제적 효과 및 규제기준 연구," 공정거래위원회 연구용역보고서.

제2장

[1] 박정근, 2006, "대학생을 위한 『論語(논어)』 선독", 철학과 문화, 제12집.

[2] 정재윤, 2007, "[한눈에 쏘옥]담합의 유혹," 동아일보, 2007년 3월 14일.

[3,4] 저자미상, 1974, "고대섬유기술을 더듬어서," 섬유기술, 제3권 제4호.

[5] 이정재, 2016, "[분수대]담합," 중앙일보, 2006년 3월 7일.

[6] Kropff, Antony, 2016, "An English translation of the Edict on Maximum Prices, also known as the Price Edict of Diocletian," https://www.academia.edu/23644199.

[7] Dessí, Roberta and Piccolo, Salvatore, 2003, "Social capital and collusion: the case of merchant guilds," University of Cambridge, Working Paper.

[8] Dessí, Roberta and Piccolo, Salvatore, 2009, "Two is Company, N is a Crowd? Merchant Guilds and Social Capital," Center for Economic Policy Research, Discussion Papers, 7374.

[9] Gelderblom, Oscar and Grafe, Regina, 2010, "The Rise and Fall of the Merchant Guilds: Re-thinking the Comparative Study of Commercial Institutions in Premodern Europe," The Journal of Interdisciplinary History, Vol. 40, No. 4.

[10] Greif, Avner, Milgrom, Paul, and Weingast, Barry R., 1994, "Coordination, commitment, and enforcement: the case of the merchant guil," Journal of Political Economy, Vol. 102, No. 4.

[11] Ogilvie, Sheilagh, 1995, "Were merchant guilds really beneficial? A comment on Grief, Milgrom & Weingast," University of Cambridge, Working Paper.

[12] Oglivie, Sheilagh, 2011, Institutions and European Trade: Merchant Guilds, 1000-1800, Cambridge University Press.

[13] 김병하, 1971, "商人길드와 褓負商," 마케팅, 제5권 제9호.

[14] 시사저널, 1996, "개성 상인 정신으로 경제난 뚫자," 제362호.

[15] 조영준, 2009, "19-20세기 보부상 조직에 대한 재평가: 원홍주륙군 상무우사(元洪州六郡商務右社)를 중심으로," 경제사학, 제47권.

[16] 조재곤, 1998, "대한제국 말기(1904-1910) 보부상 단체의 동향," 북악사론, 제5권.

[17] 최진옥, 1986, "한말 보부상의 변천," 정신문화연구, 제29권.

[18] Fear, Jeffrey, 2007, "Cartels and Competition: Neither Markets nor Hierarchies," Harvard Business School, Working Paper, 2007-011.

[19] 이의영, 2001, "미국 경쟁법의 입법배경과 입법의도: 셔먼법," 산업조직연구, 제9권 제4호.

[20] House of Representatives, 1901, "Report of the Industrial Commission on Trusts and Industrial Combinations(second volume on this subject)," Government Printing Office, Washington, D.C..

[21] Priest, George L., 2012, "Rethinking the Economic Basis of the Standard Oil Refining Monopoly: Dominance Against Competing

Cartels," Yale Law School, Research Paper, 445.

[22] Reksulak, Michael and Shughart II, William F., 2010, "Of Rebates and Drawbacks: The Standard Oil(N.J.) Company and the Railroads," Georgia Southern University, Working Paper.

[23] 차성민, 2003, "독일 카르텔법의 목적과 기능," 경쟁법연구, 제9권.

[24] 최영순, 1999, "독일 카르텔의 입법화논쟁 및 그 과정," 경제사학, 제 26권.

[25] 한국공정경쟁협회, 1996, "독일의 독점금지제도," 공정경쟁, 제7권.

[26] Feldenkirchen, Wilfried, 1992, "Competition Policy in Germany," Business and Economic History, Vol. 21.

[27] Lübbers, Thorsten, 2009, "Is Cartelisation Profitable? A Case Study of the Rhenish Westphalian Coal Syndicate, 1893-1913," Max Planck Institute, Working Paper, 2009/9.

[28] Resch, Andreas, 2005, "Phases of Competition Policy in Europe," Vienna University, Working Paper, AY0504.

[29] Schwalbach, Joachim and Schwerk, Anja, 1998, "Stability of German Cartels," Humboldt Universität zu Berlin, Working Paper, 98-2.

[30] Mason, Edward S., 1946, *Controlling World Trade: Cartels and Commodity Agreements*, McGraw-Hill.

[31] Bouwens, Bram and Dankers, Joost, 2007, "The invisible handshake: Cartelisation in the Netherlands, 1930-1980," Utrecht University, Working Paper.

제3장

[1] Mankiw, Gregory, 2006, ""Invisible Hand" author," Greg Mankiw's Blog, July 4, 2016.

[2] Stiglitz, Joseph, 2002, "There Is No Invisible Hand," The Guardian, December 20, 2002.

[3] 통계개발원, 2015, "시장구조분석," 공정거래위원회 연구용역보고서.

[4] 한국개발연구원, 2011, "시장구조조사," 공정거래위원회 연구용역보고서.

[5] 장승규, 2009, "2009년 연중 특별기획 '기업가 정신이 희망이다': '창조적 파괴'가 경제 성장 원동력," 한경Business, 제688호.

[6] Schumpeter, Joseph, 1042, *Capitalism, Socialism and Democracy.* Harper & Brothers.

[7] 광파리, 2012, ""아이폰 실패할 것이다" 초기 반응," 광파리의 IT 이야기.

[8] Lynn, Matthew, 2007, "Apple iPhone Will Fail in a Late, Defensive Move," Bloomberg, January 14, 2007.

[9] 한지훈, 2017, "애플, 세계 스마트폰 영업익 83% 독차지… 삼성은 13% 그쳐," 한국경제, 2017년 6월 4일.

[10] Ritholtz, Barry, 2011, "Apple's Creative Destruction of Competitors," The Big Picture, http://www.ritholtz.com/blog/2011/08/apples-creative-destruction-of-competitors.

[11] Markoff, John, 2006, "Michael Dell Should Eat His Words, Apple Chief Suggests," The New York Times, January 16, 2006.

[12] Bouwens, Bram and Dankers, Joost, 2007, "The invisible handshake: Cartelisation in the Netherlands, 1930−1980," Utrecht University, Working Paper.

[13,16] 공정거래위원회, 2011a, "5개 치즈 제조·판매 사업자의 부당한 공동행위에 대한 건," 의결 제2011-143호, 2011년 8월 9일.

[14] 박성민, 2012, "법원 "남양유업 치즈가격 담합 맞다"…과징금 부과 정당," 재경일보, 2012년 8월 31일.

[15] 김창남, 2013, "대법, 치즈가격 담합한 남양유업 과징금 정당," 조선비즈, 2013년 2월 28일.

[17] 공정거래위원회, 2011b, "치즈담합, 전형적 과점시장에서의 담합," 대한민국 정책브리핑, 2011년 7월 1일.

제4장

[1] Rey, José-Manuel, 208, "If we all go for the blonde," https://plus.maths.org/content/if-we-all-go-blonde.

[2] Stucke, Maurice E., 2013, "Is competition always good?" Journal of Antitrust Enforcement, Vol. 1, No. 1.

[3] 박기현, 2012, 「유대인들은 원하는 것을 어떻게 얻는가」, 소울메이트.

[4] 조찬현, 2012, "금호동 일원 주유소 담합 여부 의혹 제기," 광양경제 신문, 2013년 10월 23일.

[5] 양승민, 2012, ""기름값이 똑같네"…주유소 담합 의혹", 충청투데이, 2012년 5월 16일.

[6] Hardin, Garret, 1968, "The Tragedy of the Commons," Science, Vol. 162.

[7] 최지영·장정훈·구희령·김영민, 2013, "사료값만 270만 원… 농가 빚더미, 소비자는 비싸서 못 먹어," 중앙일보, 2013년 3월 18일.

[8] 박정배, 2018, "[박정배의 미식한담] 한민족, 소고기 120개 부위로 분류… 세계에서 가장 세밀하게 먹어," 조선일보, 2018년 10월 22일.

[9] 농림축산식품부, 2013, "한우 소비촉진 및 수급안정방안," 브리핑자료, 2013년 7월 29일.

[10] 공정거래위원회, 2018, "신규출점은 신중하게, 희망폐업은 쉽게!" 보도참고자료, 2018년 12월 3일.

[11] 곽정수, 2018, "편의점 근접출점 제한, 18년만에 부활," 한겨레, 2018년 11월 28일.

[12] 김정호, 2009, "'LPG 가격' 경쟁과 담합 사이," 한국경제, 2009년 11월 05일.

[13] 인어공주, 2012, "노량진 수산시장에서 회 싸게 먹는 법," 인어공주 놀이터 블로그, 2012년 12월 23일.

[14] 임동진, 2012, "노량진수산시장 현대화 '진통'," WOW한국경제TV, 2012년 12월 27일.

15 마수라, 2009, "re: 노량진 수산시장~," http://www.menupan.com/re staurant/restqna/restqna_view.asp?id=18743

제5장

1 CJ E&M, 2012, "Investor Relations 2012," http://en.cjenm.com/

2 American Bar Association, 2000, "리신 담합 : 담합미팅 필기록," ADM소송 테이프, 2000년 6월 28일.

3 Conner, John M., 2001, "Our Customers Are Our Enemies: The Lysine Cartel of 1992–1995," Review of Industrial Organization, Vol. 18, No. 1.

4 Weissman, Robert, 1998, "The Competitor is our friend, the customer is our enemy," http://lists.essential.org/1998/corp-focus/msg00023.html.

5 Tirole, Jean, 2007, *The Theory of Industrial Organization*, MIT Press.

6 Osborne, Martin J., 2004, *An Introduction to Game Theory*, Oxford University Press.

제6장

1 Henry A. Kissinger, 1979, 「The White House Years」, Simon & Schuster.

2 공정거래위원회, 2011, "정유 4사 "주유소 나눠먹기" 담합… 과징금 4,348억원," 보도자료, 2011년 5월 26일.

3 조민근, 2011, "정유사 담합 6시간 공방...4348억 원 놓고 업체끼리 '죄수의 딜레마'," 중앙일보, 2011년 5월 27일.

4 임선태, 2013, "정유사, '주유소 담합' 굴레 모두 벗었다." 아시아경제, 2013년 8월 21일.

5 신소영, 2015, "[판결] 정유사 담합 인정 어려워… 1356억원 SK 과징금 취소," 법률신문, 2015년 2월 12일.

  ⁶ 미상, "우정에 관한 13가지 명언," 행복한 아침편지, http://www.he artsaying.com/archives/2254

^{7,9,12} Ivaldi, Marc, Jullien, Bruno, Rey, Patrick, Seabright, Paul, and Tirole, Jean, 2003, "The Economics of Tacit Collusion," Final Report for DG Competition, European Commission.

  ⁸ 공정거래위원회, 2012a, "20개 증권사의 부당한 공동행위(2011카총 1318)에 대한 건," 의결 제2012-276호, 2012년 12월 26일.

 ¹⁰ 골제희(rhfwpgml), "매슬로우와 욕구단계이론," http://blog.naver.com /rhfwpgml/140155010648

 ¹¹ 윤대현, 2014, 「마음 성공」, 민음사.

 ¹³ 공정거래위원회, 2014, "제주지역 7개 자동차대여사업자의 부당한 공동행위(2014카조1853) 및 제주특별자치도 자동차대여사업조합의 사업자단체금지행위(2013카조1909)에 대한 건," 의결 제2014-239호, 2014년 10월 28일.

 ¹⁴ 제주특별자치도관광협회, 2010, "2010년 7월 관광객 입도 현황," 제주관광통계, http://visitjeju.or.kr/

 ¹⁵ 한병영, 2009, "시장진입장벽의 발생원인에 관한 고찰," 경쟁법연구, 제19권 제1호.

 ¹⁶ 최민영, 2013, "[기자 칼럼]'먹방'이 뜨는 이유," 경향신문, 2013년 3월 20일.

 ¹⁷ 공정거래위원회, 2012b, "냉연·아연도·칼라강판 판매가격 및 아연할증료를 담합한 철강 업체 첫 제재," 보도자료, 2012년 12월 28일.

 ¹⁸ 이상규, 2013, "사업자간 정보교환행위의 경제적 효과 및 규제기준 연구," 공정거래위원회 연구용역보고서.

제7장

  ¹ 신은하, 2015, "나로부터 시작되는 변화," https://brunch.co.kr/@alin e86/12

  ² Green, Charles H., 2010, "Why Competitors Hate Competition,"

THE TRUST MATTERS BLOG, September 7.

[3,4] Ivaldi, Marc, Jullien, Bruno, Rey, Patrick, Seabright, Paul, and Tirole, Jean, 2003, "The Economics of Tacit Collusion," Final Report for DG Competition, European Commission.

[5] Bagwell, Kyle and Staiger, Robert W., 1997, "Collusion over the Business Cycle," The RAND Journal of Economics, Vol. 28, No. 1.

[6] 공정거래위원회, 2014, "각종 컵·용기 제작용 종이의 가격을 담합한 6개 사업자 제재," 보도자료, 2014년 10월 15일.

[7] 공정거래위원회, 1998, "종이컵원지 제조 4개사의 부당한 공동행위(9802단체0208)에 대한 건," 의결 제98-76호, 1998년 5월 19일.

[8] 박해영·정인설, 2012, "EU, LG전자·삼성SDI에 "TV브라운관 담합 혐의" 6000억 과징금 폭탄," 한국경제, 2012년 12월 6일.

[9] 배해경, 2012, "삼성전자-청화픽처스튜브 '신경전'," 일요신문, 제1075호, 2012년 12월 16일.

[10] 설성인, 2013, "LG전자, 美 브라운관 담합 소송 2500만달러 지급 합의," 조선비즈, 2013년 2월 17일.

[11] 박정현, 2014, "삼성SDI, 美서 브라운관 담합 혐의… 배상금 325억원 합의," 조선비즈, 2014년 3월 11일.

[12] 손욱, 2011, "[손욱의 혁신 경영 이야기] 브라운관 사업의 위기와 삼성SDI의 혁신," 한경Business, 제838호.

[13] DisplaySearch, 2012, "Worldwide FPD Shipment and Forecast Research," 2012년 1/4분기.

[14] Fattouh, Bassam and Mahadeva, Lavan, 2013, "OPEC: What difference has it Made?" The Oxford Institute for Energy Studies, University of Oxford.

[15] Bloomberg.

[16] Stevens, Paul, 2012, "The Arab Uprisings and the International Oil Market," Briefing Paper, CHATHAM HOUSE.

[17] 오정석, 2014, "셰일혁명과 글로벌 석유권력의 재편 가능성," 국제금융센터, Issue Analysis.

[18] 박혁진, 2015, "셰일 vs 오일 魔의 6개월 누가 오래 버티나," 주간조선, 2015년 1월 13일.

[19] 김현석, 2018, "사우디 "70달러 돼야" vs 이란 "60달러 충분"… OPEC '감산동맹' 흔들린다," 한국경제, 2018년 3월 12일.

[20] 김승찬, 1996, 「한국민족문화대백과사전」, http://encykorea.aks.ac.kr/Contents/Index?contents_id=E0055715

[21] Lai, Zhenyu, 2011, "One Stage Deviation and Repeated Games," Harvard University, Econ 1051, Section 10.

제8장

[1] 이금도·서치상, 2006, "일제강점기 건설청부업단체의 담합에 관한 연구," 건축역사연구, 제15권 5호.

[2] 이진현, 2010, "일제강점기 대구의 토목건축청부업자에 관한 연구," 건축역사연구, 제19권 6호.

[3] 김선식, 2014, "삼성물산 "정부가 4대강 입찰 담합 묵인"," 한겨레, 2014년 7월 8일.

[4] 강건태, 2013, "대운하 미련이 '4대강 짬짬이' 여지 키웠다," 매일경제, 2013년 7월 10일.

[5] 감사원, 2013, "4대강 살리기 사업 설계·시공 일괄입찰 등 주요계약 집행실태," 분야별 감사결과, 2013년 7월 10일.

[6] Ausubel, Lawrence M., 2008, "Auctions(Theory)," The New Palgrave Dictionary of Economics, Second Edition.

[7] Levin, Jonathan, 2014, "Auction Theory", http://web.stanford.edu/~jdlevin/Econ%20286/Auctions.pdf.

[8,9] Thaler, Richard H., 1988, "Anomalies: The Winner's Curse," The Journal of Economic Perspectives, Vol. 2, No. 1.

[10] 김연기, 2012, "올림픽과 돈 그 불편한 진실…," 한겨레, 2012년 6월

27일.

11 박지성, 2015, "[알아봅시다] 이동통신 주파수 경매의 역사," 디지털 타임스, 2015년 12월 27일.

12 방송통신위원회, 2011a, "800MHz·1.8GHz·2.1GHz 주파수 경매 중간 결과," 보도자료, 2011년 8월 17일.

13 방송통신위원회, 2011b, "이동통신 주파수 경매 결과," 보도자료, 2011년 8월 29일.

14 방송통신위원회, 2011c, "800MHz·1.8GHz 주파수 경매 중간결과," 보도자료, 2011년 8월 18일.

15 방송통신위원회, 2011d, "800MHz·1.8GHz 주파수 경매 중간결과," 보도자료, 2011년 8월 19일.

16 방송통신위원회, 2011e, "800MHz·1.8GHz 주파수 경매 중간결과," 보도자료, 2011년 8월 22일.

17 방송통신위원회, 2011f, "800MHz·1.8GHz 주파수 경매 중간결과," 보도자료, 2011년 8월 23일.

18 방송통신위원회, 2011g, "800MHz·1.8GHz 주파수 경매 중간결과," 보도자료, 2011년 8월 24일.

19 방송통신위원회, 2011h, "800MHz·1.8GHz 주파수 경매 중간결과," 보도자료, 2011년 8월 25일.

20 방송통신위원회, 2011i, "800MHz·1.8GHz 주파수 경매 중간결과," 보도자료, 2011년 8월 26일.

21 전현정, 2011, "최초 주파수 경매…방통위 "성공적이었다"," 지디넷코리아, 2011년 9월 2일.

22 미래창조과학부, 2013a, "이동통신용 주파수 할당 관련 설명자료," 해명자료, 2013년 7월 9일.

23 방송통신위원회, 2012, "이동통신용 주파수 1.8GHz 대역 경매, 금품수수 가능성 없어," 해명자료, 2012년 1월 4일.

24 미래창초과학부, 2013b, "미래부, 1.8GHz 및 2.6GHz 대역 이동통신 주파수 할당계획 확정," 보도자료, 2013년 6월 28일.

25 미래창초과학부, 2013c, "미래부, 주파수 경매 세부 시행계획 발표," 보도자료, 2013년 8월 8일.

26 미래창초과학부, 2013d, "이동통신용 주파수 경매 최종 결과," 보도자료, 2013년 8월 30일.

27 광파리, 2013, "주파수 경매가 남긴 세 가지 오점," 광파리의 IT 이야기, 2013년 8월 31일.

28 권명관, 2013, "모두가 웃었다는 주파수 경매, 조금 비틀어보기," IT 동아, 2013년 9월 2일.

29 이지헌, 2013, "공정위, LTE 주파수경매 담합 가능성 예의주시," 연합뉴스, 2013년 7월 30일.

30 미래창초과학부, 2016a, " 미래부, 2016년 이동통신 주파수 경매 계획(안) 토론회 개최," 보도자료, 2016년 3월 4일.

31 미래창초과학부, 2016b, "주파수 경매 세부 시행계획 마련," 보도자료, 2016년 4월 11일.

32 미래창초과학부, 2016c, "주파수 경매를 위한 주파수 할당 신청 접수 결과," 보도자료, 2016년 4월 18일.

33 미래창초과학부, 2016d, "이동통신용 주파수 경매 중간 결과," 보도자료, 2016년 4월 29일.

34 미래창초과학부, 2016e, "이동통신용 주파수 경매 종료," 보도자료, 2016년 5월 2일.

35 이충신, 2016, "소문난 잔치로 끝난 주파수 경매," 한겨례, 2016년 5월 2일.

36,38 공정거래위원회, 2012, "4대 강 살리기 사업 1차 턴키공사 입찰 관련 건설업자들의 부당한 공동행위에 대한 건," 의결 제2012-199호, 2012년 8월 31일.

37 서울중앙지방검찰청, 2013, "『4대 강 살리기 사업』 입찰 담합 사건 수사결과," 보도자료, 2013년 9월 24일.

39 원나래, 2014, "건설업계, 4대강 담합 패소...과징금 폭탄에 '망연자실'," 토마토뉴스, 2014년 6월 17일.

40 김청환, 2015, "4대강 담합 건설사에 법정 최고형, 그러나 벌금은 고

작 7,500만원," 한국일보, 2015년 12월 25일.

[41] 제16대대통령선거백서발간위원회, 2003, 「노무현은 이렇게 말했다」.

[42] 유지웅, 2015, "4대강 입찰 담합 17개 건설사, 100% 사면," 프레시안, 2015년 9월 16일.

제9장

[1] 박근태, 2012, "LG그룹 "담합 근절 위해 경쟁사 접촉 원천 봉쇄", 조선비즈, 2012년 2월 8일.

[2] 삼성그룹, 2012, "삼성그룹, '담합' 근절 종합대책 발표," 삼성뉴스, 2012년 2월 29일.

[3] 공정거래위원회, 2012a, "세탁기, 평판 TV 및 노트북 등 가격담합 적발·제재," 보도자료, 2012년 1월 12일.

[4] 공정거래위원회, 2012b, "삼성전자(주) 및 엘지전자(주)의 부당한 공동행위에 대한 건," 의결 제2012-041호, 2012년 3월 21일.

[5] 선상원, 2016, "박용진 의원, 3년간 대기업 건설사 담합 과징금 1조원 넘어," 이데일리, 2016년 8월 29일.

[6] 이재영, 2016, "담합 적발에도 CEO는 승진," 뉴스토마토, 2016년 12월 26일.

[7] 삼성전기, 2014. "카르텔 예방을 위한 Compliance 가이드라인 – DO'S & DONT'S."

[8] 공정거래위원회, 2011a, ""30%정도만 할인하자"… 고추장 가격 할인율 담합 적발," 보도자료, 2011년 6월 20일.

[9] 공정거래위원회, 2011b, "씨제이제일제당(주) 및 대상(주)의 부당한 공동행위에 대한 건," 의결 제2011-133호, 2011년 8월 1일.

[10] 최영철, 2010, "우리쌀 고추장이냐 밀가루 고추장이냐," 주간동아, 제755호.

[11] 공정거래위원회, 2010, "7개 액화석유가스(LPG) 공급회사의 부당한 공동행위에 대한 건," 의결 제2010-045호, 2010년 4월 23일.

[12] 김재형, 2012, "LPG공급사의 공정위 소송 '일단락'," 가스신문, 2012

년 9월 13일.

13 대법원, 2014, "대법원 2014. 6. 26. 선고 2013도5456 판결," http://www.law.go.kr/precInfoP.do?mode=0&precSeq=177766

14 공정거래위원회, 2013, "백판지 판매가격 등을 담합한 5개 업체에 총 1,056억원의 과징금 부과," 보도자료, 2013년 12월 27일.

15 공정거래위원회, 2014, "5개 백판지 제조·판매 회사의 부당한 공동행위에 대한 건," 의결 제2014-114호, 2014년 5월 26일.

16 관리자, 2016, "〈LPG 가격 담합 논란〉 SK '배신의 추억' 후폭풍," 일요신문차이나, 2016년 9월 25일.

17 이준, 2009, "담합과 배신," 조선일보, 2009년 12월 4일.

18 공정거래위원회, 2011c, "컵커피값 담합인상 적발…과징금 128억원," 보도자료, 2011년 7월 15일.

19 박현준, 2011, "컵커피, 담합과 배신의 2중주," 아시아경제, 2011년 7월 15일.

제10장

1,6 공정거래위원회, 2010, 「공정거래위원회 30년사」.

2 한국경제 60년 편찬위원회, 2010, 「한국경제 60년사-제I권 경제일반」.

3 이현진, 2013, "삼분폭리사건(三粉暴利事件)," 한국민족문화대백과사전.

4 울라마, 2014, "[스크랩] 박정희는 어떻게 한국경제를 망쳤나," http://m.blog.daum.net/economicpot/3645.

5 정병휴, 1988, "韓國의 公正去來政策에 관한 研究," 경제논집, 제27권 제2호.

7 맹석주, 2016, "'경제검찰은 옛말'…관료 TK출신에 점령당한 공정위," 노컷뉴스, 2016년 6월 7일.

8,28,30 공정거래위원회, 2016a, 「2015년도 통계연보」.

⁹ 김디모데, 2017, "안철수 "공정위 경제검찰로", 사면초가 공정위 원군 만나," 비지니스포스트, 2017년 1월 17일.

¹⁰ 최훈길, 2016, "[국감]"경제검찰 안 보인다".. 여야 쓴소리 맞은 공정위," 이데일리, 2016년 10월 11일.

¹¹ 정사균, 2010, "국내외 카르텔 정책 및 규제 동향," 공정거래위원회 카르텔총괄과 발표자료.

¹² 공정거래위원회, 2016b, 「공정거래위원회 회의 운영 및 사건절차 등에 관한 규칙」, 공정거래위원회 고시 제2016-2호.

¹³ 권수진·신영수·김호기, 2011, "담합행위에 대한 형사법적 대응방안," 한국형사정책연구원, 연구총서, 11-03.

¹⁴ 이장호, 2014, "삼성·LG 가전제품 가격담합 피해 소비자 소송냈지만," 법률신문, 2014년 3월 20일.

¹⁵ 이호승, 2001, "교복 제조사 상대로 학부모 집단 손해訴," 경향신문, 2001년 12월 19일.

¹⁶ 송은지, 2016, "담합으로 인한 손해배상소송의 현황과 손해액의 추정," 산업조직연구, 제24권 제1호.

¹⁷ 서울고등법원, 2004, "서울고등법원 2004. 8. 18. 선고 2001누17717 판결," https://glaw.scourt.go.kr/wsjo/panre/sjo100.do?contId=2033283.

¹⁸ 편집인, 2006, "삼립식품, 가격담합 밀가루 회사에 손해배상 소송 제기," 법률신문, 2006년 11월 23일.

¹⁹ 이환춘, 2009, "밀가루 담합회사는 제빵업체에 배상해야," 법률신문, 2009년 6월 1일.

²⁰ 이태성, 2012, "'밀가루 담합' CJ·삼양사, "삼립식품에 14억 배상해야"," 중앙일보, 2012년 12월 3일.

²¹ 신현윤, 2010, 「공정거래분야에서의 집단분쟁조정제도 도입」, 공정거래조정원 연구용역보고서.

²² 최난설헌, 2013, "공정거래법상 집단소송제 도입을 위한 논의와 최근 동향," 선진상사법률연구, 제63호.

²³ 공정거래위원회, 2006, "8개 밀가루 제조·판매업체들의 부당한 공동행

위에 대한 건, ” 의결 제2006-079호, 2006년 4월 13일.

24 공정거래위원회, 2015, 「공정거래위원회로부터 시정명령을 받은 사실의 공표에 관한 운영지침」, 공정거래위원회 예규 제206호.

25 공정거래위원회, 2016c, 「과징금부과 세부기준 등에 관한 고시」, 공정거래위원회 고시 제2016-22호.

26 김일중·변재욱·전수민·이주원, 2017, “과징금 제도 운영 현황 및 개선방안에 관한 연구,” 국회예산정책처 연구용역보고서.

27 참여연대, 2010, “담합 관련 과징금 제도의 문제점과 대안,” 이슈리포트, IR-20100819.

29 유엄식, 2011, “공정위를 경제검찰로 부르는 이유 ‘전속고발권’,” 한국경제, 2011년 4월 18일.

31 전슬기, 2018, “‘경제검찰’ 포기한 공정위… 전속고발권 폐지, 담합조사권 대거 검찰에 넘어갈 듯,” 조선비즈, 2018년 8월 21일.

32 이호정, 2015, “[탐사플러스] 1천종 넘는 신고포상금 제도…곳곳 부작용 속출,” JTBC 뉴스룸, 2015년 1월 15일.

33 장용욱, 2012, “삼성, 상습적 조사방해…솜방망이 처벌로 반복,” 연합인포맥스, 2012년 3월 19일.

제11장

1 장영희, 1999, “한국 경제 움직이는 인물 ‘사상 검증’,” 시사저널, 1999년 10월 14일.

2 이성복·이승진, 2014, “금융산업의 특성을 고려한 담합의 판단기준에 대한 연구,” 자본시장연구원 연구보고서, 14-03.

3,5,18 이성복·이승진, 2014, “담합규제 개선방향: 공동행위의 부당성 판단기준을 중심으로,” 규제연구, 제23권 제1호.

4,14 공정거래위원회, 2015, 「공동행위 심사기준」, 위원회 예규 제235호.

6 이건희, 2018, “[이건희칼럼] 아파트가격 담합과 ‘보이지 않는 손’,” MoneyS, 2018년 5월 23일.

7 유경수, 2006, “건교부, 아파트값 담합 단지 58개 공개,” 연합뉴스,

2006년 7월 21일.

[8] 이선희, 2011, "독점규제법상 부당한 공동행위에 있어서 합의의 개념 과 입증," 서울대학교 법학, 제 52권 제3호.

[9] Werden, Gregory J, 2004, "Economic Evidence On The Existence Of Collusion: Reconciling Antitrust Law With Oligopoly Theory," Antitrust Law Journal, Vol. 71, No. 3.

[10] 강상덕, 2013, "가격고정에 대한 미국 판결에 나타난 당연위법과 합리 의 원칙," 法曹, 제678권.

[11] Stucke, Maurice E., 2009, "Does the Rule of Reason Violate the Rule of Law?" UC Davis Law Review, Vol. 42, No. 5.

[12] Federal Trade Commission and U.S. Department of Justice, 2000, "Anti-trust Guidelines for Collaborations Among Competitors."

제12장

[1] Bork, Robert H., 1966, "Legislative Intent and the Policy of the Sherman Act," Journal of Law and Economics, Vol. 9.

[2] 전국경제인연합회,2015, "공정거래위원회 대법원 패소율 44% 달해, 담 합 관련 규제 개선 시급," 보도자료, 2015년 8월 27일.

[3] 공정거래위원회, 2011, 「공정거래백서」.

[4] 공정거래위원회, 2012, 「공정거래백서」.

[5] 공정거래위원회, 2013, 「공정거래백서」.

[6] 공정거래위원회, 2014, 「공정거래백서」.

[7] 공정거래위원회, 2015, 「공정거래백서」.

[8] 공정거래위원회, 2016, 「공정거래백서」.

[9] 김도형, 2013, "리보(LIBOR)금리 조작 사건의 이해 및 법률 쟁점," BFL, 제62호.

[10,11,18] 이성복·이승진, 2014, "금융산업의 특성을 고려한 담합의 판단기준에

대한 연구," 자본시장연구원 연구보고서, 14-03.

[12] 금융소비자원, 2012, "CD금리 담합피해, 대출자에 년 1.6조원," 보도 자료, 2012년 7월 24일.

[13] 민경락, 2016, "'CD금리 담합' 4년여만에 사실상 무혐의 결론," 연합 뉴스, 2016년 7월 6일.

[14] 양모듬, 2016, "공정위 'CD금리 담합' 조사, 4년간 변죽만 울렸다," 조선비즈, 2016년 7월 7일.

[15] 공정거래위원회, 2016b, "CD금리 관련 보도참고자료," 보도참고자료, 2016년 7월 6일.

[16] 제윤경 외 56인 의원, 2015, 「6개 은행 CD금리 담합사건 검찰수사 촉구 결의안」, 대한민국 국회, 의안번호 1186.

[17] 나현준, 2016, "증거없이 밀어붙이는 공정위, 곳곳서 기업활동 발목잡 아," 매일경제, 2016년 7월 6일.

[19] 손계준, 2016, "정보교환과 카르텔-라면 담합 사건을 중심으로," 판례 연구, 제30집 제1권.

[20] 서울고등법원, 2013, "「2012누24223 과징금 등 처분취소 청구」판결 문," 제2행정부, 2013년 11월 8일.

[21] 대법원, 2015, "「2013두25924 과징금 등 처분취소 청구」판결문," 제 2부, 2015년 12월 24일.

[22] 대법원, 2014, "「2013두16951 시정명령 및 과징금납부명령 취소청구 의 소」판결문," 제1부, 2014년 7월 24일.

[23] 강지원·김애진, 2015, "'정보교환 행위'를 근거로 한 담합 판단기준의 문제점과 개선방안," 국회입법조사처, 이슈와 논점, 제1060호.

[24] 최순웅, 2016, "[판결속으로] 공정위 "정보교환은 담합" vs 법원 "그결 론 부족"," 조선비즈, 2016년 9월 25일.

[25] 황치오, 2016, "정보교환과 부당공동행위(담합)의 성립 관련 최근 대 법원 판결 동향 정리," 황치오 변호사 소송지원센터 블로그, 2016년 9월 2일.

[26] 공정거래위원회, 2011, "생명보험사 예정이율·공시이율 담합…과징금 3,613억원," 보도자료, 2011년 10월 14일.

[27] 공정거래위원회, 2011, "16개 생명보험 사업자의 부당한 공동행위에 대한 건," 의결 제2011-284호, 2011년 12월 15일.

[28] 이승준, 2014, "보험회사 이자율관련 공동행위에 대한 대법원 판결과 시사점," KiRi Weekly 포커스, 2014년 8월 4일.

[29] 허환주, 2012, "10년간 세번 파업...화물연대 요구안은 왜 늘 똑같을까?" 프레시안, 2012년 7월 27일.

[30] 공정거래위원회, 2006, "12개 CY보유 컨테이너육상운송회사업자들의 부당한 공동행위에 대한 건," 의결 제2006-279호, 2006년 12월 11일.

[31] 이봉의, 2012, "공정거래법상 공동행위의 부당성과 '특별한 사정'," 인권과정의, 제430권.

부록 3. 전문 용어

이 부록에서는 이 책의 본문에 사용된 전문 용어를 쉽게 찾아볼 수 있도록 한글 자음 순으로 정리하였다.

나만 몰랐던 가격의 진실

담합이야기

© 이성복 2019

초판 1쇄 발행 2019년 12월 24일

지은이 이성복

펴낸이 권영주

펴낸곳 생각의집

디자인 메이드

출판등록번호 제 396-2012-000215호

주소 경기도 고양시 일산서구 후곡로 60, 302-901

전화 070·7524·6122

팩스 0505·330·6133

이메일 jip2013@naver.com

ISBN 979-11-85653-64-8 (03320)

CIP 2019048619

*이 도서는 한국출판문화산업진흥원의 '2019년 출판콘텐츠 창작 지원 사업'의 일환으로
  국민체육진흥기금을 지원받아 제작되었습니다.